www.ingramcontent.com/pod-product-compliance
Lightning Source LLC
Chambersburg PA
CBHW081943160726
47999CB00008B/2489

ספר
עֵץ חַיִּים
לרבינו
חַיִּים וִיטאל זצ"ל
שֶקִיבֵּל ממרן הֹאר"י זלה"ה
שַׁעַר הָעֲקוּדִים
שַׁעַר ו' פרק זז'
דכ"ט ע"א – ד"ל ע"א
תש"פ
SimchatChaim.com
בהוצאת
שִׂמְחַת חַיִּים

בס"ד

הקדמה

ירפא **ה**מאציל **ו**יושיע **ה**בורא את כל חולי בני ישראל, וישלח להם רפואה שלימה, רפואת הנפש ורפואת הגוף, בכל אבריהם ובכל גידיהם לעבודתו יתברך.

בי"ב במנחם אב תשס"ה, הובהלתי לבית החולים, הרופאים לא נתנו לי סיכוי לחיות יותר מכמה שעות בגלל מספר תסבוכות. עם כל זאת בזכות התפילות של בני ישראל הקדושים, ברחמיו הרבים, ריחם עלי הקדוש ברוך הוא, ונשארתי בחיים.

עם כל זאת, הובחנה אצלי מחלה קשה בכליות, ונאמר לי שהצטרך למכונת דיאליזה. בשבילי זה היה שוק!!! אף פעם לא הייתי אצל רופא, או בבית חולים. כך בעל כרחי התחברתי למכונת דיאליזה, ומכונה זאת הייתה[1] קשורה בי ככלב במשך שמונים חודשים בדיוק, כמניין **יסוד**, במשך 10-12 שעות ביום.

בשבת פרשת **ויחי יעקב** י"ב טבת תשע"ב, בזכות בני ישראל, שכולם אהובים כולם ברורים כולם גיבורים כולם קדושים... וכולם פותחים את פיהם באהבה פעמים ביום, ואומרים - **ברוך אתה... רופא חולי עמו ישראל**, וכללותם כל האברכים, תלמידי הישיבות, רבנים וחכמים, חסידים, מקובלים עם תינוקות של בית רבן, זקנים עם נערים, בחורים וגם בתולות, בארץ הקודש ובעולם. ומצד שני בנות ישראל היקרות מפז, שהתפללו וקבלו עליהם כל מיני קבלות, מהפרשת חלה עד צניעות וכיסוי הראש, עם הרבנים, המנהלים, המורים, המורות **והתלמידות של בית יעקב** דטורונטו שכל יום התפללו, וכללו בתפילתם שבקעה את כל הרקיעים אותי, ונושעתי אני הקטן. הושתלה בי כליה. והתנתקתי ממכונת הדיאליזה.

אמר המלך דוד - לולי[2] תורתך שעשעי אז אבדתי בעניי. מה שנתן לי חיות היא התורה הקדושה, בשעות הרבות שהייתי מחובר למכונת הדיאליזה (כ12 שעות ביום), ערכתי סדרתי וכתבתי במחשב את הקונטרסים שלמדתי במשך שנים. וקונטרסים אלו הפכו לחיבור, ואחרי התלבטויות ובקשות מבני גילי, החלטתי בעזרתו יתברך להדפיס קונטרסים אלו.

ידוע הוא כי כל דברי האר"י זלל"ה ותלמידו נאמן ביתו, רבינו חיים ויטאל הם סתומים וחתומים באלפי שרשראות ומנעולים, והרב ז"ל גֶּלָה טפח וכיסה אלפים אמה, וכלל דבריהם הוא משלים, עם כל זאת העוסק במשל פועל בעלמות העליונים בנמשל. לכן צריך זהירות גדולה לא להגשים את המשלים, בסוד המבואר בספר הזוהר הקדוש **ועלייהו אתמר** ועליהם נאמר - **ארור האיש אשר יעשה פסל ומסכה וגומר, ושם בסתר, מאי בסתר** מהו בסתר - **בסתרו דעלמא** בסתר העולם. **ובגין דא אמר קודשא בריך הוא לא תעשון אתי** ומפני זה אמר הקדוש ברוך הוא לא תעשון אתי **אלה"י כסף ואלה"י זהב, והכי אוקמוה חבריא לא תעשון אתי כדמות שמשי שמשמשין אותי** וכך העמידוהו החברים לא תעשון אתי כדמות שמשי שמשמשים אותי במרום, **לצייירא בסתר דילי שום ציור או דמיון** לצייר בסתר שלי שום ציור או דמיון, **דכל מאן דצייר לעיל לקודשא בריך הוא** שכל מי שמצייר למעלה לקדוש ברוך הוא, **בסתר** (דאיהי שכינתיה, כלילא מעשר

---

[1]

גמרא סוטה ד"ג ע"ב - גמרא סוטה ד"ג ע"ב – רבי אלעזר אומר, **קשורה בו ככלב**, שנאמר - ולא שמע אליה לשכב אצלה להיות. עמה לשכב בעולם הזה. להיות עמה לעולם הבא.

[2]

תהלים קי"ט צ"ב

ספיראן שהיא שכינתו, כלולה מעשר ספירות(, **שום ציור, וצלם, ודמות, כגוונא דמצטיירין בשמשין דיליה** שמצטיירים בשמשים שלו, **נשמתיה אתלבשא בההוא צלמא** נשמתו מתלבשת באותו צלם.....

וכן הוא בסוף ענף ד' דשער א' בספר עץ חיים שער ההקדמות, וז"ל הטהור - ואמנם דבר גלוי הוא כי אין למעלה גוף ולא כח גוף חלילה. וכל הדמיונות והציורים אלו לא מפני שהם כך חס ושלום. אמנם **לשכך את האוזן** לכשיוכל האדם להבין הדברים העליונים, הרוחניים, בלתי נתפסים, ונרשמים בשכל האנושי. לכן ניתן רשות לדבר בבחינת ציורים ודמיונים, כאשר הוא פשוט בכל ספרי הזוהר. וגם בפסוקי התורה עצמה כולם כאחד עונים ואומרים בדבר הזה, כמו שאמר הכתוב עיני הוי"ה המה משוטטים בכל הארץ. עיני הוי"ה אל צדיקים. וישמע הוי"ה. וירח הוי"ה. וידבר הוי"ה. וכאלה רבות. וגדולה מכולם מה שאמר הכתוב - ויברא אלהי"ם את האדם בצלמו בצלם אלהי"ם ברא אותו זכר ונקבה וגו'. **ואם התורה עצמה דברה כך** גם אנחנו נוכל לדבר כלשון הזה, עם היות שפשוטו הוא למעלה שם שאין שם אלא אורות דקים בתכלית הרוחניות, בלתי נתפשים שם כלל, וכמו שאמר הכתוב - כי לא ראיתם כל תמונה, וכאלה רבות. ואמנם יש עוד דרך אחרת כדי להמשיך ולצייר בה הדברים העליונים, והם בחינת כתיבת צורת אותיות, כי כל אות ואות מורה על אור פרטי עליון, וגם תמונת זו דבר פשוט הוא כי אין למעלה לא אות ולא נקודה, **וגם זה דרך משל וציור לשכך את האוזן** כנזכר.....

ולכן כל המבואר כאן בחיבור זה הוא כדי **לשכך את האוזן.** והתרשימים שבסוף החיבור הם כדי **לשבר את העין,** לכן אין שום ביאור והסבר שלם, ואין שום תרשים שלם בתכלית השלמות.

ידוע כי[3] דברי תורה עניים במקומן ועשירים במקום אחר, **ועל אחת כמה וכמה** בדברי הרב ז"ל, שכל סוגיה חסרה[4] במקומה, וחלקיה מפוזרים במקומות אחרים. **זאת ועוד** הרב ז"ל מערבב בדרוש אחד כמה וכמה סוגיות, כאשר בפשטות דבריו נראה שכל הדרוש הוא דרוש אחד, ולא מחולק לסוגיות שונות, ושמועות שונות, **ביאור** דברי הרב ז"ל כאן הם **בעומק, והוא בעצם ליקוט** עד איפה שידי הקצרה הגיעה, מכל חלקי ספר עץ חיים, ושמונה השערים המצוינים לרב ז"ל, מבוא שערים ושאר ספרי הרב ז"ל, והוא גם על פי הקדמת רחובות הנהר למרן הרש"ש, דרושי פנימיות וחיצוניות, דרוש הדעת, סוגיות ערכין, סוגיות דכללות והתכללות, פרטות וכללות, וסוגיות עובי ואורך, ועל פי ביאור גדולי רבותינו חכמי המקובלים לדורותם זלה"ה זי"ע.

ידוע כי[5] אין בר בלי תבן, כך אין ספר בלי טעויות, ועוד יודע אני כי דל ועני אני, **ואין**[6] **עני אלא בדעה.** לכן מבקש אני בכל לשון של בקשה אם יש לכל אחד שאלות, הערות, הארות, תיקונים, נא לשלוח ל - book@simchatchaim.com והשתדל לענות, ולתקן את הצריך תיקון.

בברכה והצלחה בלימוד התורה הקדושה

ובעיקר בפנימיות התורה, תורת האר"י הח"י.

ורפואה שלימה לכל חולי ישראל.

אח"י

גמרא ירושלמי, ראש השנה פ"ג הלכה ה' די"ז ע"א – דברי תורה עניים במקומן, ועשירים במקום אחר.

תורת חכם דע"ב ע"ב – חסר לשון הוא, כמו שיראה המעיין.

גמרא ברכות נ"ה א' - מה לתבן את הבר נאם ה', וכי מה ענין בר ותבן אצל חלום, אלא אמר ר' יוחנן משום ר' שמעון בן יוחאי, כשם שאי אפשר לבר בלא תבן, כך אי אפשר לחלום בלא דברים בטלים.

גמרא נדרים מ"א ע"א – אין עני אלא בדעה.

הקדמה קצרה לחיוב לימוד תורת הקבלה

יִשְׂמְחוּ הַשָּׁמַיִם וְתָגֵל הָאָרֶץ יִרְעַם הַיָּם וּמְלֹאוֹ. שזכינו בדור שלנו שפנימיות התורה, שהיא היא תורת הקבלה, מתפשטת לכל, וכל מקום בעולם היום לומדים בתורת החן"ך. הדור שלנו יש הרבה התעוררות ללמוד סתרי התורה הקדושה, הנקראת חכמת הקבלה. בירושלים של המאה ה-18 בישיבת **בית אל** היו בקושי מנין של מקובלים, והיום תורת הקבלה מופצת בכל מקום בארץ ובעולם. לעניות דעתי אחת הסיבות העיקריות לשינוי זה הוא רצונם של בני התורה, החוזרים בתשובה ועמך לדעת את סוד החיים, למה ברא הקדוש ברוך הוא את העולם, ואת טעמי המצוות, ר"ל אי אפשר היום בדור שלנו, להסביר על פי הפשט את הסיבה מדוע אסור לאכול בשר וחלב, מדוע צריך להניח תפילין, למה לשמור דווקא שבת ולא יום שלישי, אי אפשר להגיד כל הזמן **זאת גזרת הכתוב, כך רוצה הקדוש ברוך הוא,** האנשים מחפשים הסברים למצוות, לסיפורי התנ"ך, לגלגולי נשמות, ועוד. ורק על ידי עסק בפנימיות התורה, אדם מסיג את ההסברים לקושיות שיש לו. **זאת ועוד** חיים אנחנו בדור של חומריות, והאנשים מחפשים את רוחניות שבחיים, אז מה עושים, נוסעים למזרח, להודו, סין, תאילנד למצוא רוחניות, ולא יודעים **ששורש כל הרוחניות בעולם נמצאת בתורה הקדושה,** עם כל זאת כאשר הלומד את פשט התורה, **הוא לא מכיר** את הקדוש ברוך הוא, והוא בלי יראת שמים ושמחה אמתית. כותב הרב המקובל האלוה"י רבינו יהודה פתייה בפרושו הנפלא על עץ חיים - כי לימוד עץ חיים הוא עמוק מאד מאד, כי הוא **מים שאין להם סוף,** והוא קשה מאד גם לחכמים ההוגים בו תמיד, וכל שכן למתחילים. כי הוא חזק מצור, וקשה מברזל, שאי אפשר לחצוב ממנו מאומה, אם לא על ידי כלי מחצב חזקים כציפורן שמיר. וכל המתחיל בלימוד עץ חיים, אם לא יהיה לו רב, או לפחות איזה מפרש המפרש לו כוונת הפרק ההוא לפי פשוטו, נבול יבול, ואינו יכול לעמוד על הפרק כי אם לאחר יגיעה רבה, ושקידה עצומה, וכולי האי ואולי. כי הרבה פעמים יסבור המעיין שהבין הענין ההוא כראוי, ואחר שילמוד עוד איזה פרקים אחרים, ירגיש כעצמו שלא הבין את פרקים הקודמים, והניסיון יעיד על זה, עד כאן דברי קודשו. עם כל זאת חייב כל אדם לעסוק בתורת החיים.

צַדִּיק אַתָּה הוי"ה וְיָשָׁר מִשְׁפָּטֶיךָ. כתב הרב רבינו חיים ויטאל ז"ל בהקדמה לשער ההקדמות - והנה מה שכתבת בתחילת דבריו, ואפילו כל אינון דמשתדלי באורייתא כל חסד דעבדי לגרמייהו וכו', עם היות שפשטו מבואר ובפרט בזמנינו זה, בעונותינו היום אשר התורה נעשית קרדום לחתוך בה אצל קצת בעלי תורה, אשר עסקם בתורה על מנת לקבל פרס, והספקות יתירות, וגם להיותם מכלל ראשי ישיבות, ודיני סנהדראות, להיות שמם וריחם נודף בכל הארץ, **ודומים במעשיהם לאנשי דור הפלגה הבונים מגדל וראשו בשמים,** ועיקר סיבת מעשיהם היא מה שאמר אחר כך הכתוב - **ונעשה לנו שם...** והנה על הכת הזאת אמרו בגמרא כל העוסק בתורה שלא לשמה, נוח לו שנהפכה שליתו על פניו, ולא יצא לאויר העולם. ואמנם האנשים האלה מראים תימה וענוה באמרם כי כל עסקם בתורה הוא לשמה. והנה החכם הגדול התנא רבי מאיר ע"ה העיד עליהם שלא כך הוא, באומרו לשון כללות - כל העוסק בתורה לשמה זוכה לדברים הרבה וכו', **ומגלים לו רזי תורה, ונעשה כנהר שאינו פוסק,** והולך

וכמעיין המתגבר מאליו, בלתי הצטרכו לטרוח ולעיין בה, ולהוציא טיפין טיפין של מימי התורה מן הסלע, הנה זה יורה שאינו עוסק בתורה לשמה כהלכתה, ומי זה האיש אשר לא יזלו עיניו דמעות בראותו המשנה הזאת, **ורואה חסרונו ופחיתותו**, עד כאן לשונו. לכן כל אחד צריך לטעום מעץ החיים.

חצות לילה אקום להודות לך על משפטי צדקך. כתב רבינו אליהו מני זצ"ל רבו של הרי"ח הטוב, בספרו הקדוש כסא אליהו שער ד' וז"ל - ואם זיכך הוי"ה ללמוד בחכמת האמת, הנה עצה היעוצה היא שכל סדר הלימוד בנגלה תתנהג בו ביום דווקא. **אבל בלילה תלמוד בחכמת האמת, והעיקר הלימוד אחר חצות**, כי זה הלימוד צריך ישוב דעת הרבה, וכשיקוץ האדם אז דעתו מיושבת עליו יותר. גם גה הלימוד צריך הסתר והצנע, **וכל דבר שיהיה בלילה ובפרט אחר חצות יהיה נסתר יותר מן היום**. ותעשה ועד עם החברים בבית המדרש אם הוא צנוע, **או בביתך ותלמדו בכל לילה**, עד כאן לשונו. וישב ללמוד האדם בלילה תחת עץ החיים.

קראתי בכל לב עניני הוי"ה חקיך אצרה. בהקדמה[7] לשער ההקדמות מבאר הרב ז"ל - ואמנם אל יאמר אדם אלכה לי ואעסוק בחכמת הקבלה, מקודם שיעסוק בתורה במשנה ובתלמוד, כי כבר אמרו רבינו ז"ל - אל יכנס אדם לפרדס **אלא אם כן מלא כריסו בבשר ויין**, והרי זה דומה לנשמה בלתי גוף, שאין לה שכר ומעשה וחשבון, עד היותה מתקשרת בתוך הגוף, בהיותו שלם מתוקן במצות התורה בתרי"ג מצות. **וכן בהפך** בהיותו עוסק בחכמת המשנה והתלמוד בבלי, ולא ייתן חלק גם אל סודות התורה וסתריה, כי **הרי זה דומה לגוף היושב בחושך**, בלתי נשמת אדם נר הוי"ה המאירה בתוכה, **באופן שהגוף יבש בלתי שואף ממקור חיים**, אשר זהו ענין אומרו במקום אחר ההוא הנזכר לעיל וז"ל - דאילין אינון דעבדי לאורייתא יבשה, ולא בעאן לאשתדלא בחכמת הקבלה וכו'. באופן כי התלמידי חכמים העוסקים בתורה לשמה, ולא לשמו, לעשות לו שם. צריך שיעסוק בתחילה בחכמת המקרא, והמשנה, והתלמוד, כפי מה שיוכל שכלו לסבול. ואחר כך יעסוק לדעת את קונו בחכמת האמת, וכמו שציוה דוד המלך ע"ה את שלמה בנו - דע את אלה"י אביך ועבדהו. ואם האיש הזה יהיה כבד וקשה בענין העיון בתלמוד, מוטב לו שיניח את ידו ממנו, אחר שבחן מזלו בחכמה זאת, ויעסוק בחכמת האמת. וזה שמבואר כל תלמיד חכם שאינו רואה סימן יפה בתלמוד בחמשה שנים, שוב אינו רואה, עד כאן דברי קודשו. ומזה כל אחד ואחד חייב להדבק במקור החיים.

חסדך הוי"ה מלאה הארץ חקיך למדני. בשער הגלגולים, בקדמה ט"ז כתב הרב ז"ל - עוד צריך שתדע, כי האדם צריך לקיים כל התרי"ג מצות, במעשה, ובדבור, ובמחשבה. וכמו שאמרו ז"ל על פסוק - זאת התורה לעולה ולמנחה וכו', כל העוסק בפרשת עולה, כאלו הקריב עולה וכו'. וכוונו בזה שהאדם מחוייב לקיים כל התרי"ג מצות בדבור, וכן על דרך זה במחשבה. ואם לא קיים כל התרי"ג בשלשה בחינות הנזכרות, מחוייב להתגלגל עד שישלים אותם. **עוד דע**, כי האדם מחויב לעסוק בתורה בארבעה מדרגות, **שסימנם פרד"ס**, והם, פשט, רמז, דרוש, סוד וצריך שיתגלגל עד שישלים אותם. ובהקדמה י"ז כותב הרב ז"ל - שהאדם **מחוייב לעסוק בתורה בארבעה מדרגות שבה**, והיא זאת, דע, כי כללות כל הנשמות

———

7

ע"ח ד"א ע"ד.

הם ששים רבוא ולא יותר. והנה התורה היא שרש נשמות ישראל, כי ממנה חוצבו, ובה נשרשו. ולכן יש בתורה ששים רבוא פירושים, וכלם כפי הפשט. וששים רבוא ברמז. וששים רבוא בדרש. **וששים רבוא בסוד.** ונמצא, כי מכל פירוש מן הששים רבוא פרושים, ממנו נתהווה נשמה אחת של ישראל, ולעתיד לבא כל אחד ואחד מישראל, ישיג לדעת כל התורה כפי אותו הפירוש המכוון עם שרש נשמתו, אשר על ידי הפרוש ההוא נברא ונתהווה כנזכר. וכן בגן עדן אחר פטירת האדם, ישיג כל זה. וכן בכל לילה כאשר האדם ישן, ומפקיד נשמתו ויוצאה ועולה למעלה, הנה מי שזוכה לעלות למעלה, מלמדים לו שם אותו הפירוש, שבו תלוי שרש נשמתו. ואמנם הכל כפי מעשיו ביום ההוא, כך באותה הלילה ילמדוהו, פסוק אחד, או פרשה פלונית, כי אז מאיר בו יותר פסוק ההוא משאר הימים. ובלילה האחרת יאיר בנשמתו פסוק אחר, כפי מעשיו של אותו היום, וכולם על דרך הפירוש ההוא אשר תלויה בו שרש נשמתו כנזכר, עד כאן דברי קודשו. ור"ל שכל יהודי ויהודי חייב להשיג את שורש נשמתו, וללמוד את סוד החיים.

יבאוני רחמיך ואחיה כי תורתך שעשעי. מבואר במדרש משלי - אמר רבי ישמעאל, בוא וראה כמה קשה יום הדין שעתיד הקדוש ברוך הוא לדון את כל העולם כולו בעמק יהושפט. בזמן שתלמידי חכמים באים לפניו, אומר לכל אחד מהם - כלום עסקת בתורה, אמר לו הן, אומר לו הקדוש ברוך הוא הואיל והודית, אמור לפני מה שקרית, ומה ששנית בישיבה, ומה ששמעת בישיבה. מכאן אמרו - כל מה שקרא אדם יהא תפוש בידו, ומה ששנה כמו כן, שלא תשיגהו בושה ליום הדין. מכאן היה רבי ישמעאל אומר - אוי הלה לאותה בושה, אוי לה לאותה כלימה, ועל זה ביקש דוד מלך ישראל בתפילה ובתחנונים לפני המקום ואמר - הוי"ה בוקר תשמע קולי בוקר אערך לך ואצפה. בא לפניו מי שיש בידו מקרא ואין בידו משנה, הקדוש ברוך הוא הופך את פניו ממנו, ושרי גיהנם מתגברים בו כזאבי ערב, ונוטלין אותו ומשליכין אותו לתוכה. בא לפניו מי שיש בידו שני סדרים או שלושה, אז הקדוש ברוך הוא אומר לו - בני, כל ההלכות למה לא שנית אותם, ואם אומר הקדוש ברוך הוא הניחוהו, מוטב, ואם לאו עושין לו כמידת הראשון. בא לפניו מי שיש בידו הלכות, הקדוש ברוך הוא אומר לו - בני, תורת כהנים למה לא שנית, שיש בה טומאה וטהרה, וטומאת שרצים וטהרת שרצים, טומאת נגעים וטהרת נגעים, טומאת נתקים ובתים וטהרת נתקים ובתים, טומאת זבים ולידה וטהרת זבים ולידה, טומאת מצורע וטהרתו, סדר ווידוי יום הכיפורים, וגזירות שוות, ודיני ערכים, וכל דין שדנו ישראל לא דנו אלא מתוכו. בא לפניו מי שיש בידו תורת כהנים, אומר לו הקדוש ברוך הוא - בני, חמישה חומשי תורה למה לא שנית, שיש בהם קריאת שמע, ותפילין, ומזוזה. בא לפניו מי שיש בידו חמישה חומשי תורה, אומר לו - בני, למה לא למדת הגדה, ולא שנית, שבשעה שחכם יושב ודורש, אני מוחל ומכפר עוונותיהם של ישראל, ולא עוד אלא בשעה שעונין אמן יהא שמיה רבה מברך, אפילו נחתם גזר דינם אני מוחל ומכפר להם עוונותיהם. בא לפניו מי שיש בידו הגדה, אומר לו הקדוש ברוך הוא - בני, תלמוד למה לא שנית, שנאמר - כל הנחלים הולכים אל הים והים איננו מלא, זה התלמוד, שיש בו חכמות הרבה. בא שמי שיש בידו תלמוד, הקדוש ברוך הוא אומר לו - בני, הואיל ונתעסקת בתלמוד, **צפית במרכבה, צפית בגאוה,** שאין הנייה בעולמי, אלא בשעה שתלמידי חכמים יושבים ועוסקים בתורה, מציצין ומביטין ורואין והוגין המון התלמוד הזה - **כסא כבודי היאך הוא עומד. רגל הראשונה במה היא משמשת, שנייה במה היא משמשת, שלישית במה היא משמשת, רביעית במה היא משמשת, חשמל היאך הוא עומד, ובכמה פנים הוא מתהפך בשעה**

אחת, לאי זה רוח הוא משמש, הברק היאך הוא עומד, כמה פנים של זוהר נראין בין
כתפיו, לאיזה רוח משמש, כרוב היאך הוא עומד, לאי זה רוח הוא משמש. גדולה מכולם
עיון כיסא הכבוד, היאך הוא עומד, עגול הוא כמין מלבן, ומתוקן הוא, כמה גשרים יש
בו, כמה הפסק בין גשר לגשר, וכשאני עובר באיזה גשר אני עובר, ובאי זה גשר
האופנים עוברים, ובאיזה גשר הגלגלים עוברים. גדולה מכולם מצפורני ועד קודקודי,
היאך אני עומד, כמה שיעור בפיסת ידי, וכמה שיעור אצבעות רגלי. גדולה מכולם כיסא
כבודי, היאך הוא עומד, לאיזה רוח הוא משמש, באחד בשבת לאיזה רוח הוא משמש,
בשני בשבת לאיזה רוח הוא משמש, בשלישי בשבת לאיזה רוח הוא משמש, ברביעי
בשבת, בחמישי בשבת, בשישי בשבת לאיזה רוח משמשין, וכי לא זהו הדרי, זהו
גדולתי, זהו הדר יופי, שבניי מכירין את כבודי במידה הזאת. ועליו אמר דוד - מה רבו
מעשיך הוי"ה, כולם בחכמה עשית, מלאה הארץ קנייניך. עד כאן לשון המדרש. ממדרש זה
לומדים על חובת כל אחד ואחד מישראל את לימוד כל חלקי הפרד"ס, ובעיקר את בחינת הסוד
שבתורה, הנקרא[8] מעשה מרכבה, ובמעשה בראשית. ומבאר הרב בית לחם יהודה על השינוי
שיש בפסוקים במעמד הר סיני, בפסוק אחד כתוב - ויחן שם **ישראל** תחת ההר. ומספר
פסוקים יותר מאוחר כתוב וירא **העם** וינועו מרחק. וידוע כי כאשר כתוב בתורה **ישראל**,
מדובר **בבני ישראל**, וכאשר כתוב **העם**, מדובר על **הערב רב**. וז"ל הרב בית לחם יהודה -
ובזוהר בהעלותך דף קנ"ב ע"א קרי להעוסקים בחכמת האמת, אינון דהוי קיימי בטורא דסיני.
וז"ל - חכמין עבדי דמלכא עלאה אינון דקיימו בטורא דסיני, לא מסתכלי אלא בנשמתא,
דאיהי עיקרא דכלא אורייתא ממש וכו'. ונראה בעיני אם מותר, משמע אותן שאינן יודעים
סודות התורה לא עמדו על הר סיני, עד כאן לשונו. ונראה לי בביאור כוונתו כי בתחלה
כשיצאו ישראל לקראת האלהי"ם, היו מתייצבים בתחתית ההר, ואחר כך נאמר וירא העם
וינועו ויעמדו מרחוק, כי היו יראים פן תאכלם האש הגדולה הזאת וימיתו. והיה מקצת מהעם
שהיו ששים ושמחים לקראת השכינה, ולא רצו לזוז ממקומם הראשון, ולעמוד מרחוק, אפילו
אם ימיתו ממש. ועליהם הוא מה שכתב בזוהר הנזכר - אינון דקיימו בטורא דסיני, כלומר ולא
נעו ועמדו מרחוק, אלא עמדו בטורא דסיני מתחלה ועד סוף, ולכן הם זוכים לחכמת האמת.
ואותם הנשמות אשר נעו עם העם ועמדו מרחוק, כן הם עושים גם עתה, שנסים ועומדים
מרחוק לחכמת האמת מיראתם, פן תאכלם האש הגדולה הזאת. ולכן על כל אחד ואחד מבני
ישראל הקדושים מחויב לעמוד תחת עץ החיים.

יראיך יראוני וישמחו כי לדברך יחלתי. בספר הזוהר הקדוש מבואר מדוע התפילות של בני
ישראל לא נענות, וז"ל תיקוני הזוהר תיקון מ"ג - **בראשית תמן את"ר יב"ש** במלת בראשית
יש אותיות את"ר יב"ש, **ודא איהו ונהר יחרב ויבש** היסוד הנקרא נהר יחרב ויבש ממי
השפע, ואין לו מה להשפיע למלכות, **בההוא זמנא דאיהו יבש** באותו הזמן שהיסוד הוא יבש,
ואיהי יבשה המלכות הנקראת יבשה, היא יבשה כי לא מקבלת שפע מהיסוד, אז כאשר
צווחין בניי לתתא מתפללים וצועקים בני ישראל, **ביחודא ואמרין** וביחוד שאומרים בני
ישראל **שמע ישראל** שיבא ז"א הנקרא ישראל להתיחד עם נוקבא בשעת התפילה דעמידה,
עם כל זאת **ואין קול** של התפילה או הקריאת שמע שעוזרים לזיווג דזו"ן **ואין עונה** ואין מי
שיענה וימלא את הבקשות בתפילתם. **הדא הוא דכתיב** וזהו שכתוב - **אז בני ישראל יקראונני**

גמרא חגיגה די"א ע"ב

בני ישראל בעת צרתם בקריאת שמע ובתפילה, **ולא אענה** ואני לא אענה אותם בתפלתם, מפני שלא לומדים ומתעסקים בפנימיות התורה. **והכי מאן דגרים דאסתלק** וכל מי שגורם הסלקות פנימיות תורת הקבלה **וחכמתא מאורייתא דבעל פה ומאורייתא דבכתב** מהתורה שבעל פה והתורה שבכתב, **וגרים דלא ישתדלון בהון** וגורמים גם לאחרים שלא יתעסקו וילמדו את חכמת הקבלה, **ואמרין דלא אית אלא פשט באורייתא ובתלמודא** ואומרים שאין בתורה ובתלמוד אלא פשט התורה, בלי פנימיות הסוד, **בודאי כאלו הוא יסלק נביעו מההוא נהר** בודאי נחשב לו הוא מסתלק את נביעת שפע החכמה והבינה מן היסוד, **ומההוא גן** ומן הנוקבא הנקראת גן, **ווי ליה** לאותו יהודי **טב ליה דלא אתברי בעלמא** טוב לו שלא היה נברא, **ולא יוליף ההיא אורייתא דבכתב ואורייתא דבעל פה** ולא היה לומד תורה שבכתב ותורה שבעל פה, כי דינו כעם הארץ שלא למד כלל, ועוד **דאתחשב ליה כאלו אחזר עלמא לתהו ובהו** שנחשב לו כאילו החזיר את העולם לתהו ובהו, ר"ל לסוד שבירת הכלים לפי שמגביר הקליפות כאשר הנהר והגן יבשים, **וגרים עניותא בעלמא ואורך גלותא** וגורם עניות בעולם ומאריך את הגלות השכינה וביאת המשיח. עד כאן דברי הזוהר הקדוש. וכותב רב חיים ויטאל זלה"ה בהקדמה וז"ל - אמנם שעשועות של הקדוש ברוך הוא בתורה, והיותו בורא בה את העולמו, היתה בהיותו עוסק בתורה בבחינת הנשמה הפנימית שבה, הנקרא - רזי תורה, הנקרא מעשה מרכבה, **היא חכמת הקבלה** כנודע אל היודעים, וטעם הדבר הוא להיותו עולם האצילות העליון מאד, טוב ולא רע, דלא יכיל להתערבא עמיה קליפה, ועליה אתמר - וכבודי לאחר לא אתן, כנזכר בספר התיקונין דף ס"ו תיקון י"ח, וכן בספר הזוהר בפרשת בראשית דף כ"ח ע"א עיין שם. ולכן גם התורה אשר שם [**אח**"**י** - בעולם האצילות] אינה רק מופשטת מכל לבושי הגופנים, מה שאין כן למטה בעולם היצירה, עולם דמטטרו"ן, הנקרא עבד טוב, והוא הנקרא עץ הדעת טוב מסטרא, ומסטרא דסמא"ל שהוא קליפין דיליה, **נקרא עבד רע**, כי התורה אשר שם, הם שית סדרי משנה **הנקראים שפחה** כנזכר לעיל, וכנזכר בפרשת בראשית שם דף כ"ז ע"א. ולכן נקראת משנה, לפי ששם יש שינויים הפוכים **טוב מסטרא דעבד טוב**, היתר, כשר, טהור. **רע מסטרא דעבד רע**, איסור, טמא, פסול. גם הוא מלשון כי מרדכי היהודי משנה למלך, שהיה שפחה הנקרא עבד מלך, מלך גם נקרא מלשון שינה, כנזכר בפרשת פינחס דף רמ"ד ע"ב - קם זמנא תנינא ואמר, מארי מתניתין נשמתין ורוחין ונפשין דילכון אתערו כען ואעברו שינתא מניכון דאיהו, ודאי משנה אורח פשט, דהאי עלמא ואנא לא אתערנא בכו, אלא ברזין עילאין דעלמא דאתי דאתון בהון, לא ינום ולא ישן. וזה יובן במה שמבואר יותר למעלה שם - **ורבנן דמתניתין ואמוראי, כל תלמודא דלהון על רזין דאורייתא סדרו ליה**. ונמצא כי המשנה והש"ס הם הנקרא גופי תורה. והנה דבריהם כחלום בלי פתרון, **ורזיה וסתריה הפנימים הנקרא נשמת התורה, הם הם פתרון החלום הנפתר בהקיץ**, בסוד - אני ישנה ולבי ער, וכמו[9] שאמרו חכמים ז"ל - **במחשכים הושיבני כמתי עולם**, **זה תלמוד בבלי**, אשר איננו מאיר אלא על ידי ספר הזוהר, **הם הם רזי תורה וסתריה** אשר עליהם נאמר - ותורה אור. ואין ספק כי כמו שהיצר נקראת עבד ושפחה בערך האצילות, ונקרא קליפין ולבושין דחול, כנזכר בהקדמת ספר התיקונין ד"ג ע"ב וז"ל - וביומי דחול לביש עשר כתות דמלאכיא דמשמשי לעשר ספירות דבריאה. ואם כן אין לתמוה כי התורה אשר שם שהיא המשנה, תהיה נקרא שפחה וקליפין דתורה דאצילות, וזה סוד כל הבשר חציר הנזכר

---

9 סנהדרין דכ"ד ע"א.

לעיל במאמר הראשון, כי כמו שהחטה שהיא בגימטריא כמנין כ"ב אותיות התורה, הגנוזה תוך כמה קליפין ולבושין שהם הסובין והמורסן והתבן והקש והעשב, הנקרא חציר, כן המשנה אצל סודות התורה נקרא חציר, וזה נרמז בספר הזוהר פרשת כי תצא ברעיא מהמנא דף רע"ה ע"ב - **אצל רבנן ווי לאינון דאכלין תבן דאורייתא, ולא ידעי בסתרי אורייתא, אלא קלין וחמורין דאורייתא, קלין אינון תבן דאורייתא, וחמורין אינון חטה דאורייתא, ח"ט ה' אלנא דטוב ורע וכו'**. ואלו באתי להרחיב דרוש זה לא יספיקו מאה קונטרסין בלי ספק בלי שום גוזמא, האמנם החכם עיניו בראשו כי דברי אמת אני אומר, ואל יתמה האדם בראותו ספר הזוהר איך קורא אל המשנה שפחה וקליפין, כי עסק המשנה כפי פשטיה, **אין ספק שהם לבושין וקליפין חיצונים בתכלית אצל סודות התורה הנגנזים**, ונרמזים בפנימיותה כי כל פשטיה הם בעלם הזה בדברים חומרים תחתונים..... על כן על כל בני ישראל לאכול מעץ החיים.

מה אהבתי תורתך כל היום היא שיחתי. ומבאר הרב ז"ל בהקדמה לשער המצות, כי עסק לימוד פנימיות התורה הוא חלק בלתי נפרד מתלמוד תורה, וז"ל - גם בענין עסק התורה שהיא אחת מרמ"ח מצות עשה, אם לא השלים אותה, **שהוא ענין עסקו בפרד"ס התורה**, שהוא ראשי תיבות פשט רמז דרש סוד, בכל בחינה מהם כפי אשר יוכל להשיג, **עד מקום שידו מגעת**, לטרוח ולעשות לו רב שילמדנו. ואם לא עשה כן, הרי חסר מצוה אחת של תלמוד תורה, שהיא גדולה ושקולה ככל המצות, וצריך **להתגלגל** עד שיטרח הארבעה בחינות של פרד"ס כנזכר. וכן מבאר הרב בית לחם יהודה בהקדמתו הקדושה, וז"ל - ומה מאד נמלצו [**אח"י** - מלשון מליצה] בזה דברי הנביא ירמיה (סימן כ"ב) באומרו - אל תבכו למת וכו'. שהוא מדבר עם הציבור המתקבצים להספיד על איזה צדיק הנפטר רח"ל, על שנחסר צדיק אחד מהדור שהיה מנין בזכותו עליהם. וקאמר להו הנביא אל תבכו וכו', **לפי שרובם של צדיקים אינם זוכים לעסוק בכל ארבעה חלקי הפרד"ס, ואם כן מוכרחים הם לחזור ולבוא בגלגול כדי להשלים לימודם בארבעה חלקים**, כי אפילו הוא עסק בשלוש חלקי הפרד"ס, לא יצא ידי חובתו, ועליו נאמר הן כל אלה יפעל א"ל פעמים שלש עם גבר, להחזירו בגלגול. ואם כן הויא פסידא דהדרא. ואפשר שבו ביום שנפטר הוא חוזר ומתגלגל, כנזכר בזוהר ריש פרשת אמור, יעו"ש. ואם כן אין לכם פסידא כל כך. אמנם בכו בכו להלך, לאותו צדיק שכבר עסק בארבעה חלקי הפרד"ס. כי תיבת להלך היא חסר ו', ואם תחשוב תיבת להלך ארבעה פעמים עם ארבעה הכוללים, שהם כנגד ארבעה חלקי הפרד"ס, הם בגימטריא פרד"ס. **שזה הצדיק לא ישוב עוד וראה את ארץ מולדתו, כי על ארבעה לא אשיבנו.** שזהו פסידא דלא הדרא באמת, ונחסר לגמרי מן העולם הזה, עד כאן לשונו. ולכן חובה על כל אדם לעסוק בכל חלקי הפרד"ס, ובפרט בחלק הסוד, הנקרא פנימיות התורה, כמבואר בזוהר הקדוש כמובא בזוהר הקדוש פרשת נשא דף קכ"ד - **בהאי חבורא דילך דאיהו ספר הזוהר יפקון ביה מן גלותא ברחמי**, בזכות הלימוד בספר הזוהר הקדוש, יצאו בני ישראל מהגלות **ברחמים**. ועוד כל מי שחשקה נפשו ללמוד, אסור למנוע זאת ממנו, בסוד הפסוק[10] - אל תמנע טוב מבעליו, ועל כל אדם להיכנס לפרד"ס החיים.

משלי ג' כ"ז – אל תמנע טוב מבעליו בהיות לאל ידך לעשות.

אשרי האיש אשר לא הלך בעצת רשעים ובדרך חטאים לא עמד ובמושב לצים לא ישב. דע כי יהיו הרבה אנשים רשעים, שינסו למנוע מבני ישראל הקדושים ללמוד בכללות תורה, ובפרט את תורת הקבלה, מכל מיני סיבות ומניעות, והשטן מדבר מגרונם של אלו הרשעים. ואלו דברי קודשו של בעל שבט מוסר רבינו אליהו הכהן האתמרי זצלה"ה - ובהביטך בן אדם מה שעבר על אחרים למה תרדוף אתה אחר כל אלה הדברים הזרים, להשביע נפש מרורים ולמוסרה ביד צרים המה המקטרגים הצוררים, ולמה לא תחמול על נפשך ועל נועם תבנית צלם גופך למוסרו בידן ולהשליכו בתוך גחלי רתמים בטיט היון של גיהנם, להשחירו ולהתיכו כאשר ניתך הזפת בפני האש, אשר על כן תן עצה בנפשך **לברור בדרך החיים בעסק התורה והמצות,** וגם להצטער עצמך זמן קצוב הם חיי עולם הזה, כדי שתתענג זמן רב בלתי סוף ותכלית, ואל יעלה על דעתך כאשר עלה בדעת הרבה שנאבדו בידם באומרם כיון שמכיר אני בעצמי שאין בדעתי להבין ולהשכיל, איני עוסק בתורה, טועה הוא בדבר, שהרי הוא מחוייב לעשות מה שנצטוה לעשות, ואם יבין יבין, **שהרי והגית בו יומם ולילה כתיב** ולא כתיב ותבין בו, וכן תמצא בדברי התנא אם למדת תורה הרבה נותנין לך שכר הרבה, ואינו אומר אם הבנת הרבה, אלא למדת אמרו, ותשתדל להבין ואם תבין תבין, ואם לא שכר לימודך בידך, וכמאמר התנא לפום צערא אגרא, ומה גם שאמרו האדם איני לומד מפני שאיני מבין, **הוא פיתוי היצר,** יתמיד בלימודו וסוף הבינה לבא, שבראות קדוש ברוך הוא **חשקו בתורתו ודבקותו בה, פותח לו מעייני החכמה,** דכתיב - כי הוי"ה יתן חכמה מפיו דעת ותבונה. והנני מוסר לך דבר אשר תרדוף אחריה, ויהיה חיים לנפשך וענקים לגרגרותיך, **לעולם יהיה עיקר לימודך בדבר של תורה שליבך חפץ יותר,** אם בגמרא גמרא, ואם בדרוש דרוש, ואם ברמז רמז, **ואם בקבלה קבלה,** ורמז לדבר כי אם בתורת הוי"ה חפצו, כלומר תורת הוי"ה תלויה בדבר שלבו חפץ לעסוק, וכמו שמבאר האר"י זלה"ה בספר דרושי הנשמות והגלגולים פרק שלישי, וז"ל - יש בני אדם שכל חפצם ועסקם בפשטי התורה, ויש שעסקם בדרוש, ויש ברמז, ויש גם כן בגימטריות, **ויש בדרך האמת,** הכל כפי מה שעליו נתגלגל בפעם ההוא, כיון שהשלים פעם אחרת בשאר העניינים, אין צורך לו שבכל גלגול יעסוק בכולם, עד כאן לשונו. **ואל תביט ותשגיח לדברי המתנגדים על מה שחשקת לעסוק בתורה** בגמרא או בפשט או בדרוש וכו', באומרם לך למה אתה מוציא כל ימיך בפרט זה של תורה ולא בפרט זה, משום שעל מה שחשקת ללמוד, על דבר זה באת לעולם, ואם תשים דעתך לדבריהם, יכריחוך להתגלגל בזה העולם פעם אחרת ולעבור נפשך בחרב חדה של מלאך המות ולטעום טעם מיתה, ולכן לא תשמע לדברי המשחית נפשך, **כי דע שהשטן מתלבש באלו האנשים לדאוג ולהצטער ולהכאיב נפש הלומד ועוסק בתורה,** בחלק שֶׁאָוְתָה נפשו לעסוק, כדי להבדילו משם שלא ישלים נפשו, על מה שבא להשלימה, ולהכריחו גלגולים אחרים, וכשם שבדבר שחושק יותר האדם ללמוד, משם יבין שעל דבר זה נתגלגל להשלים, כך צריך האדם שידע שורש נשמתו ומהיכן נמשך ועל מה בא לתקן ולהשלים, כמו שאמר בזוהר שיר השירים על הגידה לי את שאהבה נפשי וכו'. **וכדי שיבין יראה באיזה מצוה תקיף יצרו יותר לבטלה יתחזק בה לקיימה, כי בוודאי על מצוה זו נתגלגל,** וכדי שלא ישלים חוקו מנגדו יצרו לבטלה להוציאו מן העולם בידים ריקניות... ולכן לא תשמע לדברי רשעים אלו, אלא תשמע לדברי חיים.

חבר אני לכל אשר יראוך ולשמרי פקודיך. בסוף[11] עץ חיים מובא מספר כללים למהרח"ו, וז"ל - להאר"י זלה"ה. הרמב"ן וחביריו ודברי ראשונים כמו רבי נחוניא בן הקנה לא הזכירו רק עשר ספירות, ולא גילו עניני פרצוף כלל. **ודע שהרמב"ן והראשונים היו יודעים בפרצוף**, אלא שדברו בהעלם גדול, לרוב הגלות שלא ניתן רשות לגלות, ולהתפשט האורות הגדולים, מאחר שגברו הקליפות, וכל זר לא יאכל קדש. **אמנם בעקבות משיחא כמו בדורינו זה התחילו האורות להתפשט להיות כבראשונה**, כמו שהיה בזמן העולם מתוקן ולהתתקן מעט. ומתחלה היו האורות סתומים, היה העולם מקולקל, וכל מה שנתקלקל נסתם בגלות, ולא היו משיגין אלא עשר ספירות בסתום, בסוד הנקודות, כל אחד כלול מעשר, ובענין הפרצופים לא נתגלה להם כלל, לפי שמצאו בדברי הראשונים סתומים, ולא ידעו עומק הדברים, וחשבו שכך הוא ודברו בעשר ספירות כל אחד כלול מעשר ובחינות הרבה, ולפי שראיתי מי שחולק על דברים אלו לאמור שלא מצינו אלא עשר ספירות, ומהיכן יש לשלוט כח לאמור כמה פרצופים שנמצא יותר מעשר ספירות, ומספר רב והלא הראשונים כתבו בספר יצירה - עשר ולא תשע, עשר ולא י"א, לזה באתי לפתוח לך כחודא דמחטא, אולי תזכה להבין מקצת, וכולו לא תשורנו עין, וזהו. ובהקדמתו[12] הקדושה כותב הרב ז"ל - והנה אין בכל דור ודור שלא נמצאו בו אנשים יחידי סגולה ששרתה עליהם רוח הקודש, והיה אליהו הנביא ז"ל נגלה עליהם, **ומלמד אותם סתרי החכמה הזאת**, וכמו שנמצא כתוב בספרי המקובלים, גם בעל ספר הרקנטי כתב בפרשת נשא בפרשת ברכת כהנים..... ואנשי לבב שמעו לי, אל יהרסו אל הוי"ה, **לראות בספרי האחרונים הבנויים על פי השכל האנושי**, ושומע לי ישכון בטח ושאנן מפחד רעה. ולכן אני הכותב הצעיר חיים וויטאל, רציתי לזכות את הרבים **בהעלם נמרץ והמשכילים יבינו**, וקראתי שם החבור הזה על שמי **ספר עץ חיים**, וגם על שם החכמה הזאת העצומה, חכמת הזוהר, הנקרא עץ חיים, ולא עץ הדעת כנזכר לעיל, בעבור כי בחכמה הזאת טועמיה חיים זכו, ויזכו לארצות החיים הנצחיים, **ומעץ החיים הזה ממנו תאכל, ואכל וחי לעולם**. ואשכילך ואורך דרך זו תלך דע מן היום אשר מורי זלה"ה החל לגלות זאת החכמה, **לא זזה ידי מתוך ידו אפילו רגע אחד**, וכל אשר תמצא כתוב באיזה קונטריסים על שמו ז"ל, ויהיה מנגד מה שכתבתי בספר הזה, **טעות גמור הוא, כי לא הבינו דבריו, ואם יש בהם איזה תוספת שאינו חולק עם ספרינו זה, אל תשית לבך בקבע אליו, כי שום אחד מהשומעים את דברי קדשו, לא ירדו לעומק דבריו וכוונתו, ולא הבינום**, בלי שום ספק. ואם יעלה בדעתך לחשוב שתוכל לברור הטוב ולהניח הרע, אל בינתך אל תשען, כי אין הדברים האלו מסורים אל לב האדם כפי שכל אנושי, והסברא בהם סכנה עצומה, ויחשב בכלל קוצץ בנטיעות חס ושלום, לכן הזהרתיך ואל תסתכל בשום קונטרסים הנכתבים בשם מורי זלה"ה, זולתי במה שכתבנו לך בספר הזה, **ודי לך בהתראה זאת**, אלו הם דברי קדשו. ועלינו ללמוד אך ורק בתורת מורינו חיים.

אני קראתיך כי תענני אל הט אזנך לי שמע אמרתי. עוד כתב הרב ז"ל בהקדמתו תנאים כדי לזכות לחכמה הקדושה הזאת, וז"ל - אני הכותב משביע בשמו הגדול יתברך, לכל מי שיפלו

---

[11]

ע"ח ח"ב דקי"ט ע"א.

[12]

ע"ח ד"ד ע"ב.

הקונרטסים אלו לידו, שיקרא הקדמה זאת, ואם אותה נפשו לבוא בחדרת החכמה זאת, יקבל עליו לגמור ולקיים כל מה שאכתוב עליו ויעיד יוצר בראשית, שלא יבוא אליו היזק בגופו ונפשו, ובכל אשר לו, ולא לאחרים. תחת רודפו טוב והבא לטהר ולקרב. **ראשית הכל יראת הוי"ה, להשיג יראת העונש, כי יראת הרוממות, שהוא יראה הפנימית, לא ישיגוהו רק מתוך גדלות החכמה**, ועיקר מגמתו בידיעה הזה יהיה לבער קוצים מן הכרם, כי לכן נקראים העוסקים בחכמה הזאת מחצדי חקלא. **ובודאי שיתעוררו הקליפות נגדו לפתותו ולהחטיאו, לכן יזהר שלא לבוא לידי חטא אפילו שוגג**, שלא יהיה להם שיכות בו, לכן צריך ליזהר מהקלות, כי הקדוש ברוך הוא   מדרדק עם הצדיקים כחוט השערה, לכן צריך לפרוש עצמו מבשר ויין כל ימות השבוע, **וצריך הזהרת סור מרע ועשה טוב**, ובקש שלום. בקש שלום צריך להיות רודף שלום, ולא להקפיד בביתו על דבר קטן וגדול, וכל שכן שלא יכעוס ח"ו.

וצריך להתרחק בתכלית הריחוק סור מרע.

א. ליזהר בכל דקדוקי מצות, ואפילו בדברי חכמים, שהם בכלל לא תסור.

ב. לתקן המעוות קודם שיבא לעולם הבא.

ג. יזהר מהכעס, אפילו בשעה שמוכיח את בניו, לא יכעוס כלל ועיקר.

ד. גם צריך ליזהר מהגאוה, ובפרט בענין הלכה, כי גדול כחה והגאוה, בזה עון פלילי.

ה. בכל צער שיבא לו, יפשפש במעשיו וישוב אל הוי"ה.

ו. גם יטבול בעת הצורך לו.

ז. גם יקדש את עצמו בתשמיש המטה שלא יהנה.

ח. שלא יעבור כל לילה ויחשוב בכל לילה מה שעשה ביום, ויתודה.

ט. גם ימעט בעסקיו ואם אין לו פרנסה כי אם על ידי משא ומתן, יכין יום שלישי ויום רביעי, מחצי היום ואילך, ובכוונה שהוא לעבודת קונו.

י. כל דבור שאינו של מצוה והכרחי, יהיה זהיר ממנו, ואפילו דבר מצוה ימנע בשעת התפלה.

ועשה טוב

א. לקום בחצי הלילה, ולעשות הסדר בשק ואפר ובכי גדול, ובכוונה כל אשר יוציא בשפתיו. ואחר כך יעסוק בתורה כל זמן שיוכל להיות בלי שינה, ובלבד שחצי שעה קודם עלות השחר יתעורר לעסוק בתורה.

ב. ילך לבית הכנסת קודם עלות השחר, קודם חיוב טלית ותפילין, להיזהר שיהיה מעשרה ראשונים.

ג. קודם שיכנס, ישים אל לבו מצות עשה ואהבת לרעך כמוך, ואחר כך יכנס.

ד. להשלים רמז צדיק בכל יום. שהוא צ' אמנים, ד' קדושות, י' קדישים, ק' ברכות.

ה. שלא להסיח דעתו מהתפילין בעת התפילה, זולת בעת העמידה ועסק התורה.

ו. צריך שיהיה עוסק בתורה, מעוטף בטלית ותפילין.

ז. לכוין בתפלה הכוונות, כמו שנבאר בע"ה.

ח. שישים תמיד נגד עיניו שם בן ארבעה אותיות הוי"ה, ויזדעזע ממנו, כמו שכתוב - שויתי הוי"ה לנגדי תמיד.

ט. שיכוין בכל הברכות, בפרט בברכת הנהנין.

11

י. צריך שיהיה עמל בתורה פרד"ס, שנאמר או יחזיק במעוזי, ואל יחשוב שיגלו לו רזי התורה בהיותו ריק, כדכתיב - יהב חכמתא לחכמין, וצריך ליזהר שלא יוציא בשפתיו בחכמה זו, מה שלא שמע מאדם שראוי לסמוך עליו, וכאזהרת רשב"י וחבריו. השגת החכמה תנאי הראשון, צריך למעט דבורו, ולשתוק, כל מה שיוכל כדי שלא להוציא שיחה בטילה, כמאמר רז"ל - סייג לחכמה שתיקה. גם תנאי אחר, על כל דבר תורה שלא תבינהו, תבכה עליו כל מה שתוכל. גם עלית הנשמה בלילה לעולם העליון, שלא תשוט בהבלי העולם, תלוי שתישן בבכיה. ומרת עצבות מגונה עד מאוד, ובפרט להשיג חכמה, והשגה אין לך דבר מונע השגה יותר מזה. גם בענין השגת האדם, אין לך דבר שמועיל כמו הטהרה והטבילה, שיהיה האדם טהור, בכל עת ומורי זלה"ה עם היות שהיה לו חולי השבר שהקור מזיק לו, עם כל זה לא היה מונע מלטבול בכל עת, עד כאן דברי קודשו. ועלינו לקיים את בקשת הרב ז"ל את הבחינות של[13] סור מרע ועשה טוב, כדי לטפס בעץ החיים.

מרן הרש"ש[14] מעיד על עצמו, וז"ל - וראיתי מה שכתבו מעלת כבוד תורתם, על ענין עבודת הוי"ה שקצרתי במקום שהיה ראוי להרחיב מעט הדיבור, אמת הוא כי לכתחילה קצרתי בו, **יען ראיתי כמה מהנזק יצא ממה שכתבו בזה המקובלים שקדמו, כי רבים חללים הפילו, וחלול כבוד הוי"ה, וכבוד התורה. הוי"ה יכפר בעדם, כי כל דבריהם לא על פי התורה הם, ואינם מיוסדים על האמת, ומהם יצאו אבות, ומאבות תולדות הריסת יסודי התורה ח"ו, הוי"ה יכפר. וכל זה לא שלמדתי בדבריהם ח"ו, אלא שפעם אחת הוכרחתי** בעל כרחי לעיין בדף אחד שכתוב בו קצור מה שכתבו בענין זה, **וכמעט שקרעתי בגדי לראות דברים אשר לא כן על הוי"ה.** הוי"ה יכפר, וכבר מילתי אמורה להם, **כי עידי בשמים כי כל עסקי ולמודי, אינו רק בדברי האר"י זלה"ה, ותלמידו מהרח"ו ז"ל לבדם, ובלעדם אין לי עסק בשום ספר מספרי המקובלים ראשונים ואחרונים, ואפילו בדברי שאר תלמידי האר"י ז"ל לא למדתי, וכשיזדמן לפני דבר מדבריהם, אני מדלגו.** כי על כן איני כמזהיר, אלא כמזכיר, למען הוי"ה אל יהי לכם מגע יד בדבריהם, ובפרט בענין זה, השמרו לכם פן יפתה לבבכם, **אלא כל לימודם לא יהיה אלא בעץ חיים ובספר מבוא שערים ובשמונה שערים המפורסמים,** שכולם דברי אלהי"ם חיים. ואני קצרתי בענין זה כל מה שאפשר, כי יראתי פן יפלו דפים אלו ביד מי שעדיין לא למד דברי האר"י ז"ל כראוי, **ויחשידני שלמדתי בספרים אחרים, ולא כן הוא כאמור,** ולכן קצרתי בו, ופיזרתי בהקדמה, עד כאן דברי קודשו של מרן הרש"ש. ואנחנו תפילה שיתגלה משיח צדיקנו במהרה בימינו, ומלאה[15] הארץ דעה את הוי"ה כמים לים מכסים, דעת תורת החיים.

---

[13]
תהלים ל"ד ט"ו — סור מרע ועשה טוב בקש שלום ורדפהו.

[14]
נהר שלום דף ל"ד ע"א.

[15]
ישעיהו י"א ט' — לא ירעו ולא ישחיתו בכל הר קדשי כי מלאה הארץ דעה את הוי"ה כמים לים מכסים.

כתב רבינו גאון הקבלה רבי אליהו מני, רבו של הרי"ח הטוב, רבי יוסף חיים בעל הספר "בן איש חי", בספרו הקדוש **כסא אליהו** כי על הלומד ללמוד כל מאמר ומאמר ארבעה חמשה פעמים בלי המפרשים, וינסה להבין את המאמר בעצמו. ואחר כך ילך לראות אם כיוון לדעת המפרשים.

וכן אני הקטן מבקש בכל לשון של בקשה, ללמוד את הדרוש כמו שהוא מובא בספר עץ חיים, ארבעה חמישה פעמים, כדי לנסות להבין את הדרוש. וכל דרוש מובא בתחילת הספר במלואו.

אחר כך יכנס ללמוד את הדרוש עם ביאור הדברים, עוד ארבעה חמישה פעמים, ואחר כך יראה את המקורות להגהות, ודברי רבותינו הקדושים, עם התרשימים וטבלאות.

ואז יעלה ויצליח בלימוד תורת האר"י החה"י.

כתב רבינו **השד"ה** רבי שאול דוויק הכהן, בהקדמת ספרו איפה שלימה, על אוצרות חיים וז"ל - וכדי שיוכל לעלות לימודו למעלה, ריח ניחוח לה'. קודם כל לימוד ימסור עצמו על קדושת ה', כי זה מועיל מאוד, כמו שכתוב בשער הכוונות דף כ"ד ע"ב, כי עתה בזמנינו בעונותינו הרבים אין יכולת לעשות זווג כתיקונו למעלה, ולסיבה זו הקץ מתארך וכו'. אמנם עם כל זה יש קצת תיקון במה שנמסור נפשינו על קידוש ה' בכל הלב, כי על ידי כן אפילו אין בנו שום מעשים טובים, והרשענו עד להפליא. הנה על ידי מסירת נפשינו להריגה, מתכפרים עונותינו כולם, ויש בנו יכולת לעלות עד אימא עילאה, כמו שאמרו חז"ל - גדולה תשובה שמגעת עד כסא הכבוד, שנאמר - שובה ישראל עד ה' וכו', עד כאן דבריו.

וזה הסדר

יקבל עליו ארבע מיתות בית דין, מארבעה אותיות הוי"ה וארבעה אותיות אדנ"י, וליחדם על ידי ארבעה אותיות אהי"ה ועל ידי עסמ"ב

סקילה	י	א	וליחדם על ידי א	יוד ה'י ויו ה'י
שרפה	ה	ד	וליחדם על ידי ה	יוד ה'י ואו ה'י
הרג	ו	ג	וליחדם על ידי י	יוד ה'א ואו ה'א
וחנק	ה	י	וליחדם על ידי ה	יוד ה'ה וו ה'ה

לְשֵׁם יִחוּד
קֻדְשָׁא בְּרִיךְ הוּא וּשְׁכִינְתֵּהּ

יאהדונהי

בִּדְחִילוּ וּרְחִימוּ   וּרְחִימוּ וּדְחִילוּ

יאההויהה   איההיוהה

לְיַחֲדָא אוֹתִיּוֹת י"ה בּו"ה, בְּיִחוּדָא שְׁלִים

יהו"ה

בְּשֵׁם כָּל יִשְׂרָאֵל, לַאֲקָמָא שְׁכִינְתָּא מֵעַפְרָא, הָרֵינִי לוֹמֵד בַּסֵּפֶר קַבָּלָה פְּלוֹנִי שֶׁהוּא כְּנֶגֶד תִּפְאֶרֶת דז"א בְּעוֹלָם הָאֲצִילוּת שֶׁבּוֹ עִם מ"ה כָּזֶה יו"ד ה"א וָא"ו ה"א לַעֲשׂוֹת מֶרְכָּבָה. וִיהִי רָצוֹן מִלְּפָנֶיךָ ה' אֱלֹהֵינוּ וֵאלֹהֵי אֲבוֹתֵינוּ שֶׁתִּזְכֵּךְ רוּחֵנוּ וְנַפְשֵׁינוּ שֶׁיְּהִי רְאוּיִם לְעוֹרֵר מַיִן תַּתָּאִין עַל יְדֵי קְרִיאַת סֵפֶר הַקַּבָּלָה הַזֹּאת. וִיהִי נֹעַם יְהֹוָה אֱלֹהֵינוּ עָלֵינוּ וּמַעֲשֵׂה יָדֵינוּ כּוֹנְנָה עָלֵינוּ וּמַעֲשֵׂה יָדֵינוּ כּוֹנְנֵהוּ.

בָּרוּךְ ה' לְעוֹלָם אָמֵן וְאָמֵן, נֶצַח, סֶלָה, וָעֶד.

שער ו' פרק ח'

ענין אחור ופנים וחיצוניות ופנימיות כפי (מה שמוכרח) הנראה מוכרח שהכל דבר א'. והענין שבהתפשט האור להאיר למטה הוא שיש לו חשק להשפיע תוספת (ל"ג לתועלת) נשמות חדשות בתחתונים מה שלא היה עד עתה וא"כ יהיה האור רחמים גמורים כי לולי שהתחתונים ראויים אל הרחמים לא היה יורד ומתפשט למטה להאיר תוס' נשמות שלא היו עד עתה ולכן נקרא אור זה אור ישר שבא ביושר מעילא לתתא כי כן דרכו וייושרו להאיר בתחתונים ומטבע החסד והרחמים הוא להיות מטיבים בעולם ונקרא אור של רחמים ג"כ לסיבה הנ"ל ונקרא אור זכר כי כן דרך הזכר להשפיע לזולתו שהיא הנקבה. ועוד כי טבע של הזכר הוא להשפיע נשמות חדשות ממש ונקרא אור הפנים כי הוא מביט בעין יפה ובפנים מאירים אל התחתונים וע"כ הופך פניו אליהם ונקרא אור של פנימיות שהרי הנשמות מזווג הפנימי' של המוחין באים והם שמות של הוי"ה המורים רחמים ולא שמות אלהים המורים דין. אמנם כשאין התחתונים ראוים האורות מסתלקים וחוזרין למעלה שאינם רוצים להאיר למטה. אמנם עכ"ז לא יחפוץ המאציל ב"ה בהשחתת העולם ומאיר לתחתונים שיעור חיות ומזון ושפע הראוי לעצמן בלבד ולא להוציא תוס' נשמות חדשות וכיון שהשפעת אור זה בלתי רצונו הנה הוא ממשיך אליהם אור מחיצוניותו בלבד שהוא אור מספיק לחיות העולמות די הכרחן ולא יותר ע"כ נקרא אור חיצוניות ונקרא אור האחור שהוא היפך פניו בכעס עמהם בסוד דומה דודי לצבי ומאיר להם אור ההכרח עם היותו מסתלק ואינו נותן להם האור אלא בהפיכת האחוריים אל התחתונים ונקרא אור דין לסבה זו ונקרא אור חוזר כי בעת חזרתו והסתלקות למעלה שלא להשפיע בהם שפע גדול אז נמשך להם אור ההכרחי הזה. ונקרא אור נקבה לב' סבות ע"ד הנ"ל אם לפי שהוא כדרך טבע הנקבה שמקבלת ואינה משפעת ואם בסבה שאין בה כח להוליד נשמתין כמו הזכר אלא בחי' המזון לבד כמ"ש ותתן טרף לביתה וגו' שהם שמות אלהים שהוא דין. גם יש עוד חילוק אחר שאור ישר כמעט שהוא נפרד ממקומו כדי לרדת ולהשפיע לתחתונים לכן הויו"ת שלהם פשוטות ומלאים כולם הם הויו"ת באותיות נפרדות זו מזו. אמנם אור החוזר הוא רבוע כזה א' א"ל אל"ה אלה"י אלהי"ם שתמיד האותיות הם מחוברים להורות שהם עולין ומחוברים זו בזו עד שמתחברין עם שרשם ומאצילם כי רצונם להסתלק מן התחתונים. גם יש חילוק אחר כי המוחין של בחי' חיה אשר בז"א הבאים מחכמה הם הגורמים זווג זו"ן כדי להוציא נשמות חדשות והם בחינת פנים כי הוא זכר והמוחין דז"א מצד אימא הנקרא נשמה הם ענין אחור והם נקבה.

והנה צריך להבין מאוד אמיתות הענין פנים ואחור כי באורות יקראו התפשטות והסתלקות ונקרא יושר וחוזר. ובכלים נקרא פנים ואחור דהיינו שבאור לא שייך פנים ואחור שהכל פנימית. אמנם ודאי שהוא כולל דין ורחמים ובהיותו מתפשט ויורד למטה ונכנס במקום הראוי לו נקרא אור יושר כי הוא מאיר בבחי' הרחמים שבו וכשהוא חוזר לעלות אז מאיר במקומו בהיותו שם למעלה בבחי' דינין שבו הנקרא אור חוזר ואז הכלי לא יקרא כלי דפנים כמו

בהיותו מקבל אור יושר רק יקרא כלי דאחור. נמצא כי מ"ש בענין זו"ן שעומדין פב"פ או אב"א אז הענין הוא שכשבאו המוחין דז"א שהם בחי' חיה לחכמה שבו אז האור ההוא נקרא יושר שהם אלו המוחין עצמן שהם נשמה לנשמה ואז הכלים שלהם נקרא פב"פ. אך כל זמן שאין לו מוחין בבחי' חכמה שהם עיקר אור יושר שלו ומסתלק למעלה ובהכרח שמשם מאיר בו בבחי' (נ"א אז מאיר בו) אור חוזר שהם הדינין שהוא שאר חלקי האור ז"א שמתחת מדריגת חיה ולמטה ואז הז"א עומד אב"א ומקבל בכלי של אחוריים שלו ואז אינו יכול להזדווג. ומ"ש בזוהר שהנשמה של אדה"ר יצא מזווג אב"א ר"ל שעלו זו"ן למעלה במקום או"א ושם שם קבלו המוחין אור יושר ושם חזרו כליהם בבחי' פב"פ ונזדווגו. אמנם אין בהם כח לקבל אור המוחין בסוד התפשטות למטה במקומו שאז נקרא אור יושר כי בעמדם למטה אינן מקבלים רק אור חוזר וע"כ למטה אינם רק אב"א וכשיעלו אז הם פב"פ. ואמנם מה הם ב' בחי' (נ"א מה שהם בבחי' הללו) הללו בין באורות בין בכלים צ"ע מה ענינם.

ואפשר לומר שג' בחי' צלם שהם נר"ן שבמוחין דז"א הם ג' בחי' הפנימים שהם עיבור יניקה ומוחין וכולם פנימים כנודע כי המוחין הם פנימים. אלא שקשה לזה אם כן לא נשאר לחיצוניות רק אלו ב' בחי' שהם עיבור ויניקה לבד. או אפשר לומר שבחי' הפנים הוא כשבאין לז"א מוחין מבחי' חיה שהוא חכמה (נ"א בחכמה) כנ"ל שאפי' בינה נק' אחור בערך החכמה שאינה יכולה להוליד נשמות חדשות אלא בחכמה שהוא הזכר וא"כ אין בחי' פנים לז"א רק אחר היות לו בחי' חיה שהם מוחין דאבא ואז יכול להוליד. וראיה לזה מענין ברכת כהנים שהם מקיפים דצלם אבא קודם ויעבור שהוא זווג ז"א ולאה ואח"כ בא הזווג דיעקב ורחל בנפ"א ועוד ראיה גדולה מזה כי אפי' שזכרנו כי החיצוניו' והאחוריים של עליון הם הפנים של תחתון ואז אינו זווג בז"א עצמו אלא ביעקב ורחל עכ"ז יש צלם דאבא ג"כ בברכת כהנים ונ"ל הטעם שאלו היה הזווג דז"א עצמו אז היה כעין שבת שעולה בצלם דאו"א למעלה בבחינותיהן ובמקומם האמיתי אך עתה יורד הצלם למטה ואינם מוחין גמורים לז"א וע"כ ז בערך יעקב הם גמורים ונקרא פנים ועיין בדבר זה שהרי נודע מהתיקונים שנשמת ז"א הפנימיות (נ"א הפנימים) אשר עליו (נקרא אדם) הוא שם מ"ה דאלפין והוא בחכמה כ"ח מ"ה והוא בחי' חכמה דז"א כי חכמה עילאה הוא ע"ב דיודי"ן גם בזה תבין ענין העלאת מ"ד ע"י שם מ"ה בז"א כנודע והענין שמ"ד שהיא (נ"א הוא) הטפה בהוצאות נשמות חדשות אינו מוריד אותה אלא ע"ש הזכר שהוא החכמה דז"א (נ"א ע"י שם הנ"ל דמ"ה שהוא שם החכמה בז"א) שהוא החיה שבו ואינה זו החכמה בבחי' עיבור או יניקה רק החכמה הנזכר בבחי' חיה דז"א והנה נודע כי שם ב"ן המעלה מ"ן הוא בנימין ושרשו דכורא משם ע"ב דיודי"ן שהוא חכמה והוא כמנין חסד (והנה החסד שבע"ב) יכול להעלות מ"ן לצורך זווג אבא ואמא וזה נמשך אל הז"א מאבא שהוא חכמה לכן נקרא רוחא כי הוא זכר ממש שהוא בחי' רוח שהוא ז"א.

והנה הזכיר במקום אחר בחי' חיה שהוא ג' מקיפי נר"ן ואפשר שהוא ג' אותיות צלם דאבא כנ"ל.

הגה"ה וזווג אב"א אינו כפשוטו רק דע פירושו כי הזווג הוא שהזכר מוליד ומוריד מ"ד והנוק' מעלה מ"ן של הברורין וכשהם עדיין אב"א אין בה כח לברר מ"ן ואין ביסוד (נ"א בהיסוד) שלה מ"ן להעלות וא"כ איך יהיה הזווג ולזה צריך שיהיו שניהן עולין זו"ן למקום או"א עילאין ואז היא מעלה מ"ן עצמה (נ"א עצמן) דבינה והוא מוריד מ"ד ובהיותן שם ודאי שחוזרין שניהן פב"פ (נ"א פניהם) לצורך הזווג שלהם כי א"א להזדווג אם לא פב"פ ובהיותן למטה עדיין אין להם תיקון גמור להיותן עומדין פב"פ מחמת הקליפות שלא יתאחזו בהם החיצונים באחוריים כנזכר לכן עלו למעלה עד או"א ושם חוזרים פב"פ כי אין שם פחד הקליפות ואז שם מזדווגים ע"י מ"ן דבינה עצמה שלקחה היא ביסוד שלה ומעלה אותן בסוד מ"ן נמצא כי כמעט זווג זה הוא עליון ואינו נקרא על שמם רק ע"ש או"א שהרי ע"י כח מ"ן שלהם עצמן הם מזדווגים ואחר שנגמר תיקונם בבחי' פב"פ ויכולין להיות למטה במקומם פב"פ אז יש בה יכולת להעלות מ"ן וזה נקרא זווג פב"פ.

פרק זז'

דרוש זה מקורו מספר קהילת יעקב וצריך לכתוב מ"ב בראש הדרוש.

דרוש זה בכללותו לא קשור לעולם העקודים, אלא בעולם התיקון, ובו הרב ז"ל מבאר את סוגיית אור ישר ואור חוזר, פנים ואחור, חיצוניות[16] ופנימיות, התפשטות והסתלקות ועוד, הרב ז"ל מחלק[17] ומצדד בבחינות אלו. צריך לדעת כי דרוש זה הוא המשך לסיום פרק ז' דשער זה[18].

16

ע"ח ח"ב ש"ן פ"ז מ"ב דקט"ז ע"א – דע כי בכל העולמות יש להם פנימיות וחיצוניות, והנפשות הם מן הפנימיות, והמלאכים מן החיצוניות כנודע, והם שתי בחינות והחיצוניות. נחלק לשתים שהם מלאכים, הנקרא מלאכי שלום, שהם פנימיות דחיצוניות, ולכן הם דבוקים עם נפשות הצדיקים, ומקבלים אותן בעת פטירתם, ואומרים יבא שלום ינוחו על משכבם. ומלאכים החיצונים הן הנקראין אראלים צעקו חוצה, בבחינת בתי בראי. והנה כל הנזכר לעיל הם סטרא דקדושה, וכנגדן יש בקליפה, פנימיות וחיצוניות, ובחינה פנימיות נחלק לשנים, שהם נפשות גרים הנקרא קליפת נוגה הפנימית, ונפשות עכו"ם והם החיצוניות. וכן בחינה החיצוניות נחלק לשתים, שהם שדין יהודאין דפנימיות, ושדין נוכראין דחיצוניות. ואמנם נפש צדיק פנימיות ישראל, נותנים לה יצר טוב שהוא מלאך אחד, מפנימית דחיצוניות דקדושה, ויצר הרע שהוא שד אחד מפנימיות דחיצוניות דקליפה. ולעם הארץ יצר הטוב מלאך מחיצוניות דחיצוניות דקדושה, ויצר הרע שד חיצון מחיצוניות דחיצוניות דקליפה. ונפש הגרים והאומות, כולם הם יצר הרע, ויצר טוב מהשדין דקליפה.

17

דרכו הקדושה של מהרח"ו זלה"ה היא דרך העלמת והסתרת ההקדמות שקבל מרבו האר"י הקדוש, ולפעמים לבחינה אחת יש מספר שמות, ולפעמים לשם אחד יש מספר בחינות. כדי להבין דרוש זה, דרושות מספר הקדמות הכרחיות.

א - ענין פנימיות וחיצוניות הנזכר בדברי הרב ז"ל:

פנימיות העולמות היא בחינת הנשמות, שהם פנימיות א"ק ואבי"ע אשר מהם נמשכים הנשמות לבני ישראל. חיצוניות העולמות היא בחינת חיצוניות עולמות א"ק ואבי"ע אשר מהם נמשכים נשמות המלאכים. בחינות אלו נקראים מחצבים, כאשר יש ד' מחצבים. המחצב הראשון והפנימי מכולם, הוא **מחצב הספירות**, המלביש את אור הא"ס. המחצב השני הוא **מחצב הנשמות**, שממנו יוצאות נשמות ישראל, והוא מלביש את מחצב הספירות. המחצב השלישי הוא **מחצב המלאכים**, שממנו נמשכות נשמות המלאכים, והוא מלביש את מחצב הנשמות, בסוד - הן אראלם צעקו חוצה. המחצב השלישי הוא **מחצב החושך**, והוא כולו דינים, וממנו נאצלו הקליפות, ומחצב זה מלביש את מחצב הנשמות. יוצא לפי זה כי אור הא"ס מתלבש במחצב הספירות דא"ק ואבי"ע. ומחצב הספירות דא"ק ואבי"ע מתלבש במחצב הנשמות דא"ק ואבי"ע. ומחצב הנשמות דא"ק ואבי"ע מתלבש במחצב המלאכים דא"ק ואבי"ע. ומחצב המלאכים דא"ק ואבי"ע מתלבש במחצב החושך דא"ק ואבי"ע. וכן הוא כך בא"ק ואבי"ע דא"ק, בא"ק ואבי"ע דאצילות, א"ק ואבי"ע דבריאה, א"ק ואבי"ע דיצירה, וא"ק ואבי"ע דעשיה.

תרשים ח - א.

לכל אחד מהמחצבים האלו יש בפרטות אורות וכלים, כאשר למחצב הנשמות יש בפרטות אורות וכלים, ולמחצב המלאכים יש אורות וכלים. עם כל זאת האורות וכלים דמחצב הנשמות שהם פנימיות העולמות, נקראים **אורות** בערך האורות וכלים דמחצב המלאכים שהם חיצוניות העולמות, הנקראים כלים.

תרשים ח - ב.

מקבציאל לרי"ח הטוב, שנה ראשונה, פרשת ויחי נ"ג – ועל דרך הסוד נראה באמרו בעלמא די ברא כרעותיה, קאי על **מחצב הנשמות**, לכן נקיט לשון ברא, כי ידוע ד**מחצב הנשמות נקרא בריאה באמיתות,**

לגבי מחצב הספירות שנקרא בשם אצילות. והכוונה, כי מה שאנחנו אומרים יתגדל ויתקדש שם י"ה רבא, שיהיה השם שלם, כל זה במחצב הנשמות, מה שאין כן בעולם מחצב הספירות, שם לא יש חסרון ופרוד חס ושלום, ולא היה שם שבירת הכלים, אלא שם שלם בתכלית השלמות.

ע"ח ח"ב שכ"ח פ"א מ"ת די"ח ע"ב – ונבאר ענין חיצונית ופנימית מה עניינם, כי החיצוניות הם מציאת העולמות, ופנימיות הם בחינת הנשמות. והענין כי הנה יש בזו"ן וכן על דרך זה בכל הפרצופים ב' בחינות, האחת הוא בחינת החיצונית, אשר בהם כדמיון הגוף אל הנשמה שמבפנים, ומזה החיצוניות דז"א (נ"א זו"ן דאצילות) נבראו כל העולמות כולן של בי"ע כנודע, כי כל הנבראים וכל הבריות שיש, כולם הם בציור דמות פרצוף אדם כנזכר בזוהר פרשה תולדות, דכל שייפי ושייפי איתקרי אדם, ואפילו המלאכים כולם הם מבחינת חיצונית דזו"ן דאצילות. אמנם יש בחינה שניה והוא הפנימית שבו, שהוא כעין נשמה אל הגוף שמבחוץ, ומבחינה זו נבראו נשמות בני אדם הצדיקים התחתונים, כי נשמת הזכרים מז"א, ונשמת הנקבות מנוקבא דזעיר אנפין. **באופן כי כל נשמות הצדיקים הם יותר פנימים מהמלאכים כולם, חוץ מהנשמות שהם מבחינת בי"ע כנודע, גם נשמות אלו יהיו פנימים אל ערך המלאכים אשר מן העולם ההוא שממנו חצבו הנשמות,** כמו שנבאר במקומו בע"ה. וזה סוד - הן אראלם צעקו חוצה, ואמרו רז"ל - אפילו מלאכי שלום אינן יכולין לכנוס כו'. וצריך להבין מאי אפילו דקאמר, ולמה נשתנו אלו המלאכים מזולתן, עד שהוצרך להשמיענו חידוש שאפילו הם אינם נכנסים. אבל הענין מובן עם הנ"ל, כי להיות שכל המלאכים הם מהחיצוניות, והנשמות מהפנימיות, והנה יש בחינת מלאכים קרובים אל הנשמות של הצדיקים יותר משאר מלאכים, ונקרא מלאכי שלום, מהו דתימא כי כיון שבבחינה זו שיש לאלו המלאכים על השאר, והוא שהם כת המלאכים המקבלין את נשמת הצדיקים כשנפטרין מן העולם הזה, ואומרים לו יבא שלום ינוחו על משכבותם הולך נכחו, כמו שאמרו רז"ל, לכן נקראו מלאכי שלום, ומצד בחינה זו היה אפשר שיכנסו בפנימיות עם הנשמות, ולזה השמיענו **שאפילו הם עומדין בחוץ ואין נכנסין בפנים.**

שערי קדושה, חלק ג' שער ב' – במהות האדם, ובו יתבאר דרושים לא שערום הראשונים והם יסודות נפלאים, ולולא ההכרח לבאר עניני הנבואה לא הייתי מבאר אותם, ואכתבם בתכלית הקצור וכבשים ללבושך. ואשאל כמה שאלות עמוקות, **אחד** - מה צורך היה בבריאת האדם בעולם הזה בגוף ונפש. **שנים** - למה הוסיף עוד ביצירת האדם שתי יצירות אחרות, והם היצר טוב והיצר הרע שבו. **שלוש** - אחר ששניהם שקולים בו, איך ניתנה הבחירה להטותו לזה ולזה באיזו כח, ואם יש יכולת להטות אם כן לא יבראו כלל. **ארבע** - ביאור אל שני יצרים האלו מה עניינם. **חמש** - לדעת אם **נשמת האדם גדולה מהמלאכים אם לא,** אם נאמר שהאדם גדול מהמלאכים, למה לא ירדו גם המלאכים בעולם הזה להתלבש בגוף ונפש, ואם המלאך גדול מהאדם אי אפשר, כי בכל מדרשי רבותנו ז"ל נמצא הפך, כמו שאמרו - מי גדול השומר או הנשמר, וכיוצא בזה. עוד כי הכתובים עצמם מורים להפך כמו שכתוב - צור ילדך תשי. תנו עז לאלהי"ם על ישראל גאותו. בנים אתם להוי"ה אלהיכ"ם. ישראל אשר בך אתפאר. ואין המלאכים אומרים קדוש עד שיתחילו ישראל, ולא נמצא כזה במלאכים כלל. **שש** - כי גם אם נודה שכן הוא תימה גדול לקרותם בנים ולומר שמתישים כח עליון או מחזיקים או מתפאר בם וכביכול יבוא האדם לידי כפירה. **שבע** - ענין הנבואה איך יתכן שידבר מלך מלכי המלכים ואפילו על ידי מלאך אל האדם השפל, ומה גם בהיותו מתלבש בחומר היותר עכור שבכל העולמות.

ואמנם כבר נתבאר בשער שקדם לזה עניני מהות העולמות, איך כולם הוי"ה אחת כוללת כולם, ונחלקת לחמשה עולמות, והן נקראות יחידה, וחיה, ונשמה, ורוח, ונפש. והעולם החומרי הזה הוא גוף וחומר לכולן, באופן כי כל העולמות הם צורות אדם, כלול מחומר וצורה, נחלקת לחמשה מיני רוחניות כנזכר. וידעת כי שם ההוי"ה במלואה באלפי"ן עולה בגימטריא אדם. ועל דרך זה בכל פרט ופרט בכל בחינותיהם וכל בחינה מהן נקרא אדם פרטי נכלל מהוי"ה אחת, הנחלקת בארבעה יסודות, ועשר ספירות. ועוד יש חלוק אחר לא נתבאר בשער שקדם, והוא, כי גם העשר ספירות נחלקו לתרי"ג בחינות, כמו שיתבאר. והרי כי כל העולמות יחד, וכן כל פרט מהם, בפני עצמו נברא כדמות אדם התחתון, וזהו סוד נעשה אדם בצלמנו כדמותנו, והבן זה היטב.

וכבר נתבאר (עץ חיים שער מ"ז פרק ז') כי מן הבריאה ולמטה הכל נקרא עץ הדעת כלול טוב ורע, אלא שבכל מדרגה מהם מתמעט הטוב ומתרבה הרע, עד שנמצא שהעולם השפל רובו רע ומיעוטו טוב. גם נתבאר, כי לעולם הרשע מכתיר את הצדיק ולכן הטוב נקרא פרי והרע נקרא קליפה המלבשת את הפרי. ולא זו בלבד, כי אפילו האורות הטובים הם על דרך זה, כי היותר זך ורוחני שבהן מתלבש בתוך שאר האורות, וכן כולן כפי סדר מדרגותיהם. וכבר נתבאר בשער שקדם איך האין סוף פנימי מכולן, וחוצה לו הספירות בסדר

מדרגותיהם, כתר פנימי מכולם, ומלכות חיצונה מכולן. ועתה נבאר מה שלא נתבאר שם. **והוא כי כמו שזה האור המיוחד, הנקרא עולם העשר ספירות בתמונת אדם אחד**, כן יש עוד אור אחד **הנקרא מחצב הנשמות של בני אדם**, נכלל ממש בכל אותם פרטי הבחינות שנתבאר באדם של העשר ספירות, שהוא הנקרא אלהו"ת גמור, והוא מתלבש תוך האור הזה הנקרא מחצב הנשמות בכל פרטיו. עוד יש **אור אחר בצורת אדם, הנקרא מחצב המלאכים, שממנו נחצבו כל המלאכים**, וגם הוא נכלל מכל פרטים הנזכרים כולן, והוא מלבוש חיצון על אור מחצב הנשמות. ועוד יש **אור אחד מעט ונקרא אור חשוך, וכלו דינים קשים שממנו נאצלו כל הקליפות שבאותו עולם**, ומלביש על אור מחצב המלאכים, וגם הוא תמונת אדם. וחוצה לכל אורות הנזכרים הם הרקיעים עצמן שבאותו עולם, והם הנקראים גוף לאותו עולם, ובפנים ממנו חמשה אורות הנזכרים, אור האין סוף כפי ערך אותו עולם לפנים מן הכל, ועליו אור העשר ספירות, ועליו אור מחצב הנשמות, ועליו אור מחצב המלאכים, ועליו אור מחצב הקליפות, ועליו העולם עצמו שהן הרקיעים, גוף האורות הנזכרים. ואחר כך בזה הגוף הנקרא רקיעין, נבראו שם תולדות העולם ההוא, והם כלולים מכל הבחינות, כי כל אחד מהם יש לו כח נמשך מן הרקיעין, והוא גוף שלו, ובתוכו אור הדינין, ובתוכו אור המלאכים, ובתוכו אור מחצב הנשמות, ובתוכו אור העשר ספירות, רוכב עליהם ומחיה כולן. ואותו הכח הנמשך מאור מחצב הנשמות נקרא מזל עליון של נפש האדם השפל, והבן זה מאד. אלא שזה בבריאה נקרא מזל הנשמה, ושביצירה נקרא מזל הרוח, ושבעשיה נקרא מזל הנפש.

ועתה נבאר מהות האדם מה ענינו. ונתחיל הויתו מעולם העשיה ממלכות ולמעלה, כבר נתבאר כל עולם ועולם וגם התולדות של אותו עולם מה ענינים. והנה עולם העשיה תחלה יש בו חלק התחתון הנזכר, מלכות שבה, ונקרא ארבעה יסודות העולם השפל, והנה כל תולדותיו נבראו בגוף שבו והוא ביסוד העפר הגשמי. ונחלקים לארבעה חלקים, התחתון שבהם, האבנים טובות והמתכות, ואין בהם רק יסוד העפר שקבל כח מארבעה יסודות כולם מן הגוף שבהם, ונתערבו יחד ונעשה מהם מתכת ההוא, אמנם יש בתוכו כח אחד שערב התערובות הנזכרים, והם נקרא נפש ליסוד העפר הכלול מחמשה כוחותיו כנזכר לעיל. אחר כך נברא הצומח, כמו האילנות והעשבים, והיה גופו מיסוד העפר וכו', ובו נפש הדומם הראוי לו, ונוסף עליו נפש הצומח כלולה בחמשה כוחותיה. אחר נברא החי והם הבהמות ועופות וכו', ובהם גוף ונפש דומם ונפש צומחת, ונוסף עליו נפש החיה, הנקרא נפש הבהמית, והתנועה וההרגש. אחר כך נברא האדם המדבר, ויש בו כל הכוחות הנזכרים לעיל, ונוסף עליהם נפש המדברת מיסוד האש. אך דע, כי ודאי שכל הבחינות מגוף וצורות שבאדם יהיו יותר זכים משל החי, ושל החי משל הצומח, ושל הצומח משל הדומם, וזה יתבאר לך ממה שכתבתי לעיל. כי כל הבחינות, נכללה כל בחינה מהם מכולן, כסדר זו בתוך זו. ואחר כך ברא את האדם הישראלי זך בכל בחינותיו, יותר מכל שאר הנבראים, בגופו ובארבעה בחינות נפשותיו, הדוממת, והצומחת, והחיה, והמדברת, מפנימיות הזך שבכל ארבע יסודות שבהן ובצורתן, רצוני לומר נפשות שבהן. ולהיותו יותר זך מכל הנבראים בארץ, נתעלה עוד, כי גם הוא נכלל ונקשר בכל העולמות ובכל פרטיהם ממטה למעלה. הא כיצד, תחלה נכנסת בו נפש מרקיע וילון, ומשם ולמעלה עד רקיע עליון דעשיה, הכל נקרא נפש דעשיה, וזו נקראת נפש השכלית הקדושה שבאדם. ואמנם זו עצמה נחלקת לחמשה כוחות כנזכר יחידה וחיה וכו'. גם נחלקת בשתי חלוקות, באופן אחר, כי כל הבחינות שלוקח מארבעה יסודות נקרא נפש היסודית, הנחלקת לכוחות הנזכרים דומם, וצומח, וחי, ומדבר. ונפש של וילון כתר על כולם ונקרא נפש שכלית, ומה שנשאר תשעה רקיעין נחלקין לרוח ונשמה, וחיה, ויחידה שבנפש, וכולן יחד נקרא נפש אחת דעשיה בבחינת כללות העולמות. ואחר כך לוקח רוח אחד מעולם היצירה, וגם הוא נחלק לכמה מדרגות על דרך הנזכר לעיל, אך בבחינת כללות כל העולמות נקרא רוח. ועל דרך זה נשמה מבריאה, וחיה מאצילות, ויחידה מא"ק. והרי נתבאר היטב מהות האדם כי הוא כולל כל העולמות כולן, בין בכללותם בין בפרטם, מה שאין כן בכל הנבראים העליונים ותחתונים. כי כל תולדות איזה עולם מהן אינו כולל רק כל העולם אשר בו נברא. גם הוא כולל כל **העולמות מבפנים ולחוץ**. כיצד, הנה בעולם העשיה יש לו גוף מהעפר, הנקרא עולם השפל, ובתוכו נפש היסודית מבחינת הקליפות, ובתוכו מבחינת מלאכי העולם הזה, שנבראו לכל צרכי העולם הזה, לגדל הצמחים וכו', ובתוכו מבחינת הנשמות של בני אדם. וכל אלו נעשין מרכבה אל אור הנמשך מן אורות העשר ספירות שבעשיה, אשר בתוך ארבעה היסודות, כדי להחיותן והם לפנים מן הכל, וכן על דרך זה במה שיש באדם מגלגלי העשיה, ומשלשה עולמות יצירה, בריאה, אצילות.

ומעתה נתבאר כל תשובות השאלות שכתבנו בתחילת שער זה. **כי הנה אור מחצב הנשמות פנימי ועליון מאור מחצב המלאכים ולכן הן משרתיו**, כי על ידו נמשך הארתם וחיותם מאור העשר ספירות אליהם. וזהו סוד - הן אראלם צעקו חוצה, כי כשאין נמשך מהעשר ספירות שפע לנשמות ישראל הפנימים מהן, חסרה השפעתם שהן חיצונים אליהם, נמצא שצעקו בזמן החורבן להיותן חוצה מהנשמות. ולכן לא ירדו להתלבש גם הן בעולם הזה בגוף, כי בהכרח היו נאבדים על ידי הקליפות, כי אפילו הנשמות הפנימיות אין בהם כח לעמוד בפני הקליפות כל שכן הם. והראיה מהנפילים שביקשו לירד ונאבדו מן העולם וימחו לעתיד לבוא, וגם סיבה גדולה מזו כי לגרעונם לא היו יכולין להמשיך שפע לכל העולמות, כי אם מבחינתן לחוץ, ואפילו זה אי אפשר, כי הן בעצמן אינם ממשיכין שפע לעצמן, כי אם על ידי הנשמות. אמת היא כי הנשמה שבעולם היצירה גרועה מהמלאך שבבריאה, ועל דרך זה בשאר העולמות, אמנם הנשמה ממלאך הבריאה עצמה, וכן בכל עולם בעצמו.

גם נתבאר **גדולת הנשמה כי הוא אור מתילד ונמשך מאור העשר ספירות עצמן שלא על ידי אמצעי**, ולזה נקראו בנים אתם להוי"ה אלהיכ"ם, כי הם בבחינתם כבן מתאחז באביו בתכלית ונמשך ממנו, וזהו סוד - **האבות הן הן המרכבה, אל אור העשר ספירות הרוכב עליהם, שלא על ידי אמצעות אור אחר**, וזהו סוד - ישראל אשר בך אתפאר, כי לבוש האדם הוא תפארתו כמו שכתוב - כחתן יכהן פאר וככלה תעדה כליה.

והנה אור הנשמות לבוש לאור העשר ספירות, וזהו סוד - דודי ירד לגנו שהוא העולם הזה, **ל'רעות ב'גנים ו'ללקוט ש'**ושנים נוטריקון **לבו''ש**, כי לוקט נשמות הצדיקים, המריחין כשושנים על ידי מעשיהם בעולם הזה, ולוקטם להתלבש אורו בהם, וזהו סוד - ואתם הדבקים בהוי"ה, דבוק גמור עם אור העשר ספירות, מה שאין כן בכל הנבראים, וזהו שכתוב - כי כאשר ידבק האזור במתני איש, כן הדבקתי אתכם אלי כל בית ישראל.

גם נתבאר ענין היצר הטוב והיצר הרע שבאדם מה ענינם. כי הם שתי יצירות נתוספו באדם זולת נשמתו, והם אור מאור המלאכים ונקרא יצר הטוב, ואור מאור הקליפות הנקרא יצר הרע, חוץ אל יצר הטוב, וקליפה אליו. אך הנשמה עצמה של האדם פנימית מכולם, ולהיותה פנימית וגם כי היא הנקראת עצמות האדם, לכן יש בידו בחירה להטות למקום שירצה כי גדול הוא מהן, האמנם עיקר נטיתו אל היצר הטוב, כי הוא קדוש כמוהו, וגם כי הוא יותר סמוך אליו, אך הגוף עיקר נטיתו אל היצר הרע כי שניהם מצד הרע, וגם שהן סמוכין יחד. והנה בבחינה זו היא קטטת החומר עם הנשמה, כי כיון שהנשמה אינה פועלת המצות, אלא על ידי הגוף אשר נוטה יותר אל היצר הרע, בבחינה זו יש קושי גדול להכניעם. הרי נתבאר כי בבחירת הנשמה יכולה להטות אל היצר הטוב, אך להיותו צריך לפעולות הגוף יש לו טורח גדול להכניע היצר הרע, והבן כל זה היטב, איך אחר הפטירה אין עונש לא לנשמה ולא לגוף עד שיתלבשו יחד, כבהיותן בחיים.

ונבאר עתה ענין תירוץ שני שאלות הראשונות, מה צורך בבריאת האדם בגוף, ועוד מה טעם נוצרו בו יצר הטוב ויצר הרע, ועוד יתורץ עניני הכתובים

תנו עוז לאלהי"ם. צור ילדך תשי וגו'. הנה בתחילת הבריאה נבראו כל העולמות על הסדר הנזכר לעיל, מכח האין סוף ברצון הפשוט בתורת נדבה וחסד, אחר כך צריך עוד להמשיך מזון וחיות ושפע בכל העולמות להעמידן על עמדן כבזמן הבריאה ולא יותר, כמו שכתוב - ידעתי כי כל אשר יעשה האלהי"ם הוא יהיה לעולם עליו אין להוסיף וממנו אין לגרוע. וכמו שכתוב - ואין כל חדש תחת השמש. וכתיב ויכל אלהי"ם ביום השביעי מלאכתו וגו'. שהוא ענין הבריאה עצמה, אכן המשכת חיותם מאז ואילך הוצרך מעשיהם שיפרנסו עצמן, כענין הבן שבהיותו גדול אינו אוכל על שלחן אביו. ואמנם העשר ספירות עצמן אינם צריכות למעשיהם, כי השפע הצריך להם להעמידן על עמדם כשנאצלו נמשך להם בהתמדה מאת האין סוף, כי בעשר ספירות נאמר - לא יגורך רע, ואין צורך להם לתקון על ידי מעשה, מה שאין כן בנבראים שהן מבחינת הנשמות ולחוץ, שהם מעורבים טוב ורע, שצריכין מעשה ותיקון. האמנם בבחינה אחרת והיא, כשנגרע שפע אל הנבראים, נראה חס ושלום חולשה ומעוט יכולת בעשר ספירות שאינן משפיעין בהם, לכן נאמר - צור ילדך תשי, ובהפך - תנו עוז לאלהי"ם. ועוד סיבה אחרת כי גם אם האדם בעצמו בריא ונקי, חפץ הוא שמלבושיו יהיו מפוארים כפי גדולתו ולכן גם הספירות עצמן נראין כביכול חלושים, הן בעצמן, כשהנבראים בלי מתוקנים, וזהו ישראל אשר בך אתפאר, כנזכר לעיל, ונתבאר שאלה השלישית.

והנה לסבות הנזכרות הוצרך לברא אדם אחד, יהיה כולל כל הנבראים והנאצלים, קושר כל העולמות כנזכר לעיל עד תהומא דארעא, כי הוא היותר קרוב לקבלת השפע מהעשר ספירות, ואז בתיקון מעשיו ימשיך השפע

מן העשר ספירות אליו, וממנו אל המלאכים, ומהן אל הקליפות, כדי שיתקן מהם מה שאפשר להתברר, כמו שיתבאר בענין היצר הרע. ומהן אל העולמות עצמן, שהן הכלים והגופנים של כל עולם ועולם, ואם חס ושלום יחטא מקלקל כל העולמות, והרי נתבאר בזה צורך בריאת האדם בעולם השפל בגוף ונפש וביצר הטוב וביצר הרע. ועוד סבה קרובה לזה בענין היצר הרע, כי מוכרח הוא בבריתו באדם להוליד בנים ולאכול והכל בהכרחי המוכרח בטהרה, וגם הוא מוכרח לכל עולם ועולם להמשיך השפע המתגשם בהם לצורך הכלים שהם העולמות עצמן, ולולא הם, לא יתקיימו הכלים, כי הם דקים מהם והם עצמן מכלל מדרגות הבריאה והבן זה מאד. ונמצא כי הוצרך שהאדם יהיה מורכב מכל העולמות לשהן יסייעוהו במעשיו להמשיך השפע לו ולהם, כי הם לבדם אין כח בידם להמשיכו. ולכן כשהאדם חוטא, כל העולמות מתקלקלים ומקבלים עונש ומיעוט שפע בעצמן יען כי סייעוהו, והבן זה מאד. וזהו סוד הרשעה כולה בעשן תכלה, להיות הקליפות סבת החטא יותר מכל השאר לכן עונשם גדול. האמנם הטוב הנברר מהם עליו נאמר - ואהבת את הוי"ה אלהי"ך בכל לבבך, בשני יצריך, כי גם היצר הרע יוכל להתברר, אך הפסולת שבו שהוא מוכרח להיותו רע עליו נאמר - כהנדוף עשן מפני אש וגו'.

והרי נתבאר כי האדם כלול מכל העולמות, וזהו שכתוב - כי זה כל האדם. וזהו סוד - נעשה אדם בצלמנו כדמותנו, וזה שכתוב נעשה בלשון רבים, כי כל העולמות נשתתפו בעשיתו, ואז הוא כולל צלם אדם בכל העולמות, כי כולן צריכים למעשיו. וזהו סוד - ויניחהו בגן עדן לעבדה ולשמרה, במצות עשה ובמצות לא תעשה, וכמו שכתוב - כי לא המטיר הוי"ה אלהי"ם על הארץ, לסבת כי אדם אין לעבוד את האדמה. וזהו סוד - ואשים דברי בפיך לנטוע שמים וגו'. כי האדם על ידי מעשיו ממשיך חיים לשמים ולארץ, והרי הוא כאלו נטען ויסדן. ונמצא כי עמי אתה כמו שאמרו רבותינו ז"ל - (בהקדמת הזוהר ד"ח ובתקו"ז תס"ט) שותף שלי, אני בורא ואתה מקים.

ומעתה לא יקשה בעיניך ענין הנבואה כמו שאמרו רבותינו ז"ל על - ולדבקה בו, ובו תדבק, כי הנביא מתדבק בשם יתברך על ידי המשכת הנבואה והשפע בתחתונים, כמו שכתב הרמב"ן, וכל המפרשים זכרונם לברכה. ואין זה תימא, כי הרי זה נתבאר **כי אין שום אור דבוק עם אור העשר ספירות כמו אור מחצב הנשמות**, כי זהו סוד - ואתם הדבקים בהוי"ה אלהיכ"ם חיים כולכם היום.

נהר שלום די"ג ע"ב – באופן כי הענין חיצוניות ופנימיות הוא בערכין, כי האור היותר זך ופנימי נקרא פנימיות לאור היותר גרוע וחיצון ממנו, אמנם הכלים דכל הפרצופים יקראו חיצוניות אמיתי, לאורות והנרנח"י המלובשים בהם.

ישעיהו ל"ג ז' – הן אראלם צעקו חצה מלאכי שלום מר יבכיון.

ב - ענין פנימיות וחיצוניות הנזכר בדברי הרב ז"ל:

מצות התורה ומצות דרבנן מתחלקות לבחינות של פנימיות וחיצוניות, כאשר כל מצות התורה נקראים פנימיות בערך מצות דרבנן. עם כל זה בפרטיות מצות התורה מתחלקות גם הם לפנימיות וחיצוניות, כאשר המצות פנימיות הם מצות דבוריות, כמו קריאת שמע ותפילה, והמצות דחיצוניות הם המצות המעשיות, כמו תפילין, טלית, מצה, סוכה וכו'. וכן בדרך זאת הם במצות דרבנן, כאשר המצות דפנימיות הם קריאת הלל, מגילה, וכו', ומצות דחיצוניות הם נר חנוכה, נר שבת, נטילת ידים, וכו'.

תרשים ח – ג.

הבכל יום ויום בני ישראל הקדושים מתקנים את מחצבי הפנימיות וההחיצוניות דבחינת זו"ן דא"ק ואבי"ע של אותו יום. בסוד - הרוצה שיקבל עליו עול שמים שלמה.

את מחצב חיצוניות העולמות א"ק ואבי"ע מתקנים על ידי ד' מעשים, והם:

תיקון חיצוניות עולם העשיה - יפנה ויטול ידיו.

תיקון חיצוניות עולם היצירה - התעטפות בציצית קטן וגדול.

תיקון חיצוניות עולם הבריאה - הנחת תפילין של יד.

תיקון חיצוניות עולם האצילות - הנחת תפילין של ראש.

את מחצב פנימיות העולמות דא"ק ואבי"ע מתקנים על ידי ד' חלקי התפילה עצמה, והם:

תיקון פנימיות עולם העשיה - מברכות השחר עד ברוך שאמר.

תיקון פנימיות עולם היצירה - מברוך שאמר עד ישתבח.

תיקון פנימיות עולם הבריאה - מיוצר אור עד תפילת העמידה.

תיקון פנימיות עולם האצילות - תפילת העמידה.

תרשים ח – ד.

שער הכוונות, דרושי תפלת השחר, דרוש ב' – על ענין הנזכר בסדר תיקון תפלת שחרית, הנה כבר נתבאר לעיל ענין התחלקותה אל ארבע עולמות אבי"ע. ועתה נבאר ענין הנזכר ביתר ביאור עמוק, הנה כבר ביארנו בביאור הקדמת אדרת האזינו בסופה, הקדמה אחת בענין שני בחינות שיש למעלה בכל העולמות דאבי"ע. כי בחינה אחת היא ענין חיצוניות העולמות, הוא בחינת כללות העולמות, בבחינת חיצוניותם הנקרא כסא הכבוד, ומלאכים, ואופנים. והבחינה השנית היא ענין פנימיות העולמות, שהם בחינת הנפשות של בני אדם דעשיה, והרוחות שביצירה, והנשמות שבבריאה, כו', וכל בחינה מהם יש לה בחינת אור פנימי, ואור מקיף. והנה נודע מה שכתוב בזוהר הקדוש פשת ויקהל דף ר"א ע"ב, ובפרשת בהר ק"ב ע"א, שבתחלה צריך לעשות התיקון בבחינת המעשה, שהם ד' תיקונים והם אלו ד' יפנה, ויתעטף בציצית, ויניח תפילין של יד, ואחר כך תפילין של ראש. וכנגדם הם סדר קרבנות של שחר, וסדר הזמירות, וסדר יוצר, וסדר תפילת י"ח. וצריך לבאר כל זה הנה בתחילה צריך בסוד המעשה, לתקן בחינת חיצוניות כל העולמות במקומם אשר להם. והוא, כי על ידי אשר יפנה צרכיו הנה הוא מתקן עולם העשיה, בבחינה הנקראת נפש, ועל ידי ברכת אשר יצר, שהוא סוד הבל היוצא מן הפה בעת שמברך, הוא מתקן אור המקיף דעולם העשיה. ואחר כך על ידי הטלית שמתעטף בראשו, הוא מתקן חיצוניות עולם היצירה, הנקרא רוח, ועל ידי כך יורד אור מן בחינת הנפש דיצירה, אל בחינת הרוח אשר בעשיה, הנקרא יצירה שבעשיה, ובסוד הברכה שבציצית נעשה אור מקיף אל היצירה. ואחר כך על יד התפילה של יד נתקן עולם הבריאה, ואז יורד אור מן נפש דבריאה, אל הנשמה שבעשיה, ועל ידי הברכה נעשה אור מקיף אל הבריאה. ואחר כך על ידי תפילין של ראש נתקן עולם האצילות, האמנם בענין הברכה יש מחלוקת, לפי שמר סבר כי גם בעולם האצילות צריך לעשות על ידי מעשינו אור מקיף שלו, ולכן צריך לברך גם על תפילין של ראש, לעשות אור מקיף אליו, ומר סבר דאור מקיף דעולם האצילות, שהוא בחינת נשמה לנשמה, אינו נעשה על ידינו, ומעצמו הוא נעשה, כי אין בנו כח לעשותו. והנה כל הד' עולמות נתקנו בבחינת חיצוניותם שהוא כללות העולמות בעצמם בכללותם, בבחינת אור פנימי עם אור מקיף שלהם על ידי אלו המצות מעשיות הנז"ל. אבל האדם בעצמו לא נתקן רק בחינת הנפש שלו בלבד, לפי שכל אלו הם מצות מעשיות שהם מצד הנפש, ואפילו ברכות שלהם היא מצד מצות מעשיות בלבד, ולכן כדי לתקן בחינה שנית צריך סוד הדבור בתפלה. וזה פרטן, כי באומרו סדר קרבנות של שחר יכוין לכלול העשיה ביצירה, אחר שכבר נכללו ונתקנו כל העולמות בכללותם, ואמנם כדי להעלותם למעלה ולכלול אותם ביחד, אי אפשר לעשותו אלא על ידי הכללות הנשמות, שהם בחינת פנימיות העולמות כולם, ולכן אנו אומרים הקרבנות שעל ידי כך אנו כוללים עולם העשיה בבחינת פנימיותו, שהוא סוד הנפשות שבו, עם אור מקיף שבהם גם כן נעשה על ידי הדיבור, ואז גם החיצוניות שהוא כללות העולמות נכלל עמהם, ואז אנו מעלים עולם העשיה אל עולם היצירה, וכוללים אותו עמו בבחינת הנפשות שבעולם העשיה, שהם פנימיות העשיה כנזכר, וזה על ידי הקרבנות. ואז נעשין מוחין דאור פנימי לבחינת הנפשות, וגם אור המקיף שלהם על ידי הדיבור. ואחר כך על ידי הזמירות של ברוך שאמר עד היוצר, אנו מעלים את הרוחין שבעולם היצירה, בבחינת מוחין דאור פנימי, ובבחינת אור מקיף עד עולם הבריאה, ואז גם בחינת חיצוניות דעולם היצירה, אור פנימי שלו, ואור מקיף שלו, הם עולים ונכללים עמהם בבריאה. ואחר כך ביוצר אור עד העמידה, אנו מעלים הנשמות שבעולם הבריאה, בבחינת אור פנימי ואור מקיף שלהם, עד עולם האצילות, ואז גם חיצוניות עולם הבריאה אור פנימי שלו עולים ונכללים בהם. והנה נתבאר כי על ידי תפילין של יד שהיא בבריאה, ועל ידי התפילין של ראש שהיא באצילות, נעשים מוחין דאור פנימי, וגם אור המקיף שלהם בבחינת חיצוניות העולמות, ואמנם עתה על ידי קראת שמע שאומרים ביוצר, אנו ממשיכין ומורידין מוחין פנימים דאור פנימי, בבחינת פנימיות העולמות, שהם הנשמות כנ"ל. ואחר כך בעמידה אנו נותנים להם בחינת אור מקיף שלהם. ובביאור ברכת אבות דראש השנה במלות אלהינ"ו ואלה"י אבותינו יש סיוע לזה, עיין שם היטב. והנה עתה אשר עלו היצירה והעשיה בבריאה, שהם בחינת מלכות ותפארת בני הבריאה, אנו צריכין עתה להעלותם בבריאה בסוד מ"ן אל אמם, שהיא עולם הבריאה, כדי שיתנו להם מוחין פנימים דאור פנימי, בבחינת אותם הנשמות שהם פנימיות של העולמות, וצריך שיתייחדו בתחילה, ויזדווגו או"א דאצילות לתת מוחין לז"ן דאצילות. ועל ידי כך יומשך שפע לאו"א דבריאה, שיזדווגו גם הם לתת מוחין לז"ן, אשר שם שם בחינת היצירה והעשיה שעלו ונכללו עתה שם כנזכר. וכדי להיות בנו כח לעשות הדבר הזה נצטוינו במצות קראת שמע שהיא בחינת דיבור, ואינה

מעשית, ועל ידי מצוה זו יהיה בנו כח לגרום הזווג הזוג הנזכר, כדי שיתנו מוחין אל זו"ן דבריאה כנזכר. וכדי לבאר ענין זה הוא מוכרח לבאר פה קצת מן כוונת קריאת שמע. והענין יובן במה שנתבאר אצלינו, כי יעקב יש לו שתי נשים, לאה ורחל. והנה בחינת לאה היא בבחינת הקשר דתפילין של ראש שבעולם האצילות, ויש לה פרצוף שלם מעשר ספירות כנודע. ואמנם עתה אנו מעלים את הנקודה של מלכות, אשר עומדת בהיכל קודש קדשים דבריאה, ועולה עד לאה הנזכרת, שהיא סוד אות ד' דאחד, ונכללת עמה, ומתחברת אז אותה הד' עם הז"א, שהוא סוד אח"ד א'ח ד', נעשין מ"ן אל או"א דאצילות, ואז מורידים ונותנים מוחין פנימי לז"א וללאה הנזכר. ואמנם המוחין של רחל אינם יורדין לפי שעדיין היא בבחינת נקודה, ואין לה פרצוף לקבל מוחין. ולכן המוחין שלה נשארים למעלה עם הד' דאחד, שהיא לאה. וכאשר אנו אומרים ברוך שם כבוד מלכותו לעולם ועד, הכל הוא בסוד בחינת לאה, והבן זה. ונמצא כי אז על ידי זווג דאו"א יורדין מוחין פנימים לז"א ולאה, ומכח האור הזה הגדול נעשה עשיה ויצירה גם כן מ"ן אל הבריאה, ואז יורדין להם מוחין, גם דאור פנימי ואור מקיף, כי כל כך הוא לתת מוחין פנימים בלבד באצילות, כמו לתת מוחין פנימים ומקיפים בבריאה. נמצא עתה כי בבחינת העולמות בחיצוניותם יש להם מוחין דאור פנימי ואור מקיף ובבחינת הנשמות, שהם פנימיות העולמות, יש להם גם כן מוחין דאור פנימי ואור מקיף בג' עולמות בי"ע, חוץ מעולם האצילות, כי אין שם לבחינת הנשמות רק מוחין דאור פנימי בלתי אור מקיף. ואחר כך על ידי העמידה בתפילת י"ח, נעשים להם גם כן בחינת אורות המקיפין דמוחין, כמו שיתבאר בע"ה בתפלת ראש השנה, עיין שם.

נהר שלום דט"ו ע"ב – בכללות ד' מעשים שהם יפנה, יטול, וב' טליתות, ותפילין של יד, ותפילין של ראש, יכוין לתקן כלים פנימים ומקיפים דחיצוניות ופנימיות דד' עולמות אבי"ע, ויכוין להפריד מהם הקליפה, על ידי שיכוין להמשיך להם מוחין פנימים ומקיפים, עם נרנח"י דעולמות ונשמות עשר ספירות שנבאר, ונתקנים במקומם. ואחר כך על ידי ד' חלקי הדיבור של התפלה כידוע, יכוין לתקן כלים פנימים ומקיפים דחיצוניות ופנימיות דפנימיות דד' עולמות אבי"ע, ולהמשיך להם מוחין פנימים ומקיפים, עם נרנח"י פנימים ומקיפים, ולכלול ולהעלות עולם בעולם, וגם לכלול ולהעלות עמהם חיצוניות ופנימיות דד' עולמות אבי"ע הנזכר, כאשר נבאר בסדר התפלה.

בן איש חי, שנה ראשונה, וירא ו' – על ידי עטיפת הטלית נתקן חיצוניות דעולם היצירה, ועל ידי הברכה של הטלית נעשה אור מקיף דעולם היצירה. ועל ידי התפילין של יד נתקן עולם הבריאה, ועל ידי הברכה נעשה אור מקיף דעולם הבריאה. ועל ידי תפילון של ראש נתקן עולם האצילות, והנה בתפילין של ראש יש אומרים שצריך לברך ברכה בפני עצמה, כדי לעשות אור מקיף דעולם האצילות, ויש אומרים דאור מקיף דעולם האצילות אין בנו כח לעשותו על ידינו, אלא נעשה מאיליו, ולכן סבירא ליה דאין לברך על תפילין של ראש. והאשכנזים מברכים על תפילין של ראש כסברת הגאונים. ואנחנו בני הספרדים מברכים אחת על תפילון של יד דוקא, כסברת הרי"ף ז"ל, אך נכוין בברכה זו על תפילין של ראש גם כן, שהוא לפנינו בשעת הברכה על תפילין של יד. מיהו אם הפסיק בין תפילין של יד לתפילין של ראש בדבר דחשיב הפסק, אז יברך על תפילין של ראש – אשר קדישנו במצותיו וציונו על מצות תפילין. וכן אם אין לאדם תפילין של יד, כי אם רק תפילין של ראש, יברך עליו על מצות תפילין. וידוע הוא כי מן השמים השיבו לרבינו יעקב ממרויש ז"ל, ואת בריתי אקים את יצחק, הוא הרי"ף ז"ל. וגם לרבינו האר"י ז"ל, לא מצינו שהכריע בפירוש על הסברות הנזכרות של הרי"ף ז"ל והגאונים ז"ל, ורק זכר שתי הסברות, ופירש טעמם ונימוקם. מיהו בספר פרי עץ חיים, וגם בעולת תמיד, מצינו סתם דבריו בברכה אחת, וממרוצת לשונו דנוטה אחר שיטת הספרדים לברך אחת.

גמרא ברכות דט"ו ע"א – ואמר רבי יוחנן הרוצה שיקבל עליו עול מלכות שמים שלמה, יפנה, ויטול ידיו, ויניח תפילין, ויקרא קריאת שמע, ויתפלל, וזו היא מלכות שמים שלמה. אמר רבי חייא בר אבא, אמר רבי יוחנן כל הנפנה, ונוטל ידיו, ומניח תפילין, וקורא קריאת שמע, ומתפלל, מעלה עליו הכתוב כאלו בנה מזבח, והקריב עליו קרבן, דכתיב - ארחץ בנקיון כפי ואסובבה את מזבחך.

צריך לדעת כי יש עוד פרטים, ופרטי פרטים, ופרטי פרטי פרטים של תיקוני העולמות אשר לא קשורים לסוגיה זאת, והם תיקוני חיצוניות ופנימי דחיצוניות, ותיקוני חיצוניות ופנימיות דפנימיות, המבוארים בשער הכוונות, נהר שלום, ובסדור הטהור למרן הרש"ש. כאשר לכל עולם מעולמות אבי"ע יש בחינת חיצוניות ופנימיות, החיצוניות היא עולמות בי"ע, והפנימיות הוא עולם האצילות. כאשר החיצוניות מתחלקת לחיצוניות

עִנְיָן[19] [20]הבחינות הרב ז"ל מסתפק וחוקר האם הערכים של אחור וחיצוניות, פנים ופנימיות, הם אותם ערכים.

דְּאָחוֹר וּפָנִים, וְחִיצוֹנִיּוּת וּפְנִימִיּוּת העולמות, **כְּפִי** (ל"ג בַּמֶּה שֶׁמּוּכְרָז) **הַנִּרְאָה**[21] לפי

הפשט[22] שֶׁמּוּכְרָז שֶׁהַכֹּל הוא לכאורה[23] **דְּבַר אֶחָד**, ר"ל שנראה לכאורה שבחינת אחור וחיצוניות הם

ופנימיות, וגם כאן החיצוניות הם עולמות בי"ע, והפנימיות עולם האצילות. והפנימיות מתחלקת לחיצוניות ופנימיות, החיצוניות הם עולמות בי"ע, והפנימיות עולם האצילות.

תרשים ח – ה.
18

ע"ח ש"ו פ"ז מ"ב דכ"ט ע"א – והנה כדי שנבין היטב בחינת אור ישר וחוזר, פנים ואחור, אבאר לך למציאות זה בזו"ן, ומשם תקיש אל השאר.
19

שמן ששון ש"ו פ"ח די"ד ע"ב – ענין אחור ופנים, וחיצוניות ופנימיות, כו', שם ועיין שער ל' פרק א' בהג"ה, ותקרא כל פרק ההוא, ותראה דשם כתב ענין זה באופן אחר, יע"ש. והמשכיל יבין דהכל לפי הענין, באותו ענין נדרש, ועיין הציון שם באות ב' יע"ש לקמן אות ד'.

ע"ח ח"ב ש"ל פרק א' מ"ב דכ"ו ע"ב – הגה"ה, וצ"ע ענין אחור ופנים, מה עניינם ופירושם. וכן ענין פנימית וחיצוניות מה ענינינו בכלים וביאורם. וגם צ"ע כי אמרינן כי עיבור, יניקה, ומוחין, הם ג' כלים שיש בכל ספירה וספירה, והרי אמרנו כי בחול אין לז"א רק ב' כלים לדעת, אחור ופנים לבד, שהם ב"ן וס"ג, ובשבת ע"ב ס"ג, והם הם אותן הנזכר בג' כלים בספירת דעת, והרי אף בחול יש מוחין, והיה לו להיות ג' (נ"א ב') דעות בחול גם כן, עד כאן.
20

בית לחם יהודה ש"ו פ"ח – ענין אחור ופנים, וחיצוניות ופנימיות. כוונתו על אחור ופנים, וחיצוניות ופנימיות, הנזכרים בכל המקומות, ולא על פרקין בלבד. והוא כי בענף ג' דשער ב' בהגה שם נסתפק בפירוש חיצוניות ופנימיות, וכן נסתפק בפרק א' דשער ל' בהגה בפירוש אחור ופנים, ופנימיות וחיצוניות, וגם באותו הפרק עצמו כתב חילוקים אחרים, בין אחור ופנים, ופנימיות וחיצוניות, יעו"ש. וכן נסתפק בפרק ג' דשער מ', ופירש שם ב' פירושים, יעו"ש. מכל זה נראה דלא פשיטא ליה למהרח"ו ז"ל ענין זה, ומשום הכי קאמר הכא - כפי הנראה וכו'.
21

הגהות וביאורים)א(– במבוא שערים שע"א ח"ב פ"ג.
22

הרב ז"ל מסתפק לכאורה בבחינות אלו בכמה מקומות בע"ח.

ע"ח ש"ב ענף ג' מ"ב דט"ו ע"ד הגהת מוהרח"ו ז"ל – צ"ע אור מקיף דיושר (נ"א ואור ישר) מה ענינו, ומה שורשו, אם מן הזכר, אם מן הנקבה הכללית, וכן הפרטית (נ"א הכוללים וכן הפרטים), ויש מקיף יושר, ויש מקיף חוזר, (נ"א ישר ומקיף חוזר), ומה ענינו, **וכן ענין אור פנימי מה ענינו**, וצ"ע.

ע"ח ח"ב ש"ל פרק א' מ"ב דכ"ו ע"ב – הגה"ה, וצ"ע ענין אחור ופנים, **מה עניינם ופירושם**. וכן ענין פנימית וחיצוניות מה ענינינו בכלים וביאורם. וגם צ"ע כי אמרינן כי עיבור, יניקה, ומוחין, הם ג' כלים שיש בכל ספירה וספירה, והרי אמרנו כי בחול אין לז"א רק ב' כלים לדעת, אחור ופנים לבד, שהם ב"ן וס"ג, ובשבת ע"ב ס"ג, והם הם אותן הנזכר בג' כלים בספירת דעת, והרי אף בחול יש מוחין, והיה לו להיות ג' (נ"א ב') דעות בחול גם כן, עד כאן.

ע"ח ח"ב ש"מ דרוש ג' ד"פ ע"א – ענין פנימיות וחיצוניות, אפשר כי הג' בחינות כלים, ואורות, וניצוצין שיש בכל כלי מהם, הכל נעשים ביחד. כיצד, כי יש למעלה זווג דחיצוניות להוציא חיצוניות עיבור א', וכן יש זווג עליון ממנו בפנימיות להוציא פנימיות דעיבור א', וכן על דרך זה ב' בחינות ביניקה, וב' אחרות בעיבור מוחין דגדלות. **האמנם ענין חיצוניות ופנימיות אפשר שיש ב' פירושים.**
23

כרם שלמה ש"ו פ"ח אות א' – ענין אחור ופנים, וחיצוניות ופנימיות, כפי הנראה מוכרח שהכל דבר אחד. פירוש **כי לכאורה**, פירוש מלת אחור ומלת חיצוניות, פירושם הם שווים, רק כפל לשון הם. וכן מלת פנים

אותם בחינות, ובחינת פנים ופנימיות הם אותם בחינות, ר"ל הערכים האלו הם אותם בחינות. ובעומק **הענין**[24], **שבהתפשט האור** הישר[25], שהוא מוחין דגדלות הנקרא מוחין דחיה **להאיר למטה** אל התחתונים, אור זה הוא בחינת אור דפנים, ובגלל שבני ישראל עושים רצונו של מקום **הוא** ר"ל **שהמאציל יש לו זשק** לעורר את הפרצופים העליונים כדי להזדווג, כדי **להשפיע תוספת**[26] (כל"ג לתועלת) **נשמות חדשות**[27] **בתחתונים** והם הנשמות הבאות בזמן שבית המקדש קיים[28], ולא מהנשמות[29] שמבירורי ז'

ומלת פנימיות גם כן הם שווים בפרושם, אבל לקמן בפרקין כתב אמיתיות הענין, וז"ל - והנה צריך להבין מאוד אמיתות הענין פנים ואחור, כי באורות יקראו התפשטות והסתלקות, ונקרא יושר וחוזר, ובכלים נקרא פנים ואחור. דהיינו שבאור לא שייך פנים ואחור, שהכל פנימיות, עד כאן לשונו. הרי פירש כוונתו למטה בסמוך.

24

בית לחם יהודה ש"ו פ"ח – והענין שבהתפשט האור להאיר למטה. הכוונה על בחינת המוחין דחיה, הנמשכין לז"א מאו"א עלאין.

25

כרם שלמה ש"ו פ"ח אות ב' – עכשיו בא לפרש ולתת טעם למה האור הישר הוא רחמים. ולזה אמר, כי הואיל והוא מתפשט למטה בחשק להשפיע דבר יותר ממה שהיה מקודם לכן, וזה האור המתפשט הוא נקרא נשמות חדשות, כי כל האור הבא מלמעלה הוא בחינת נשמות, והואיל וזה האור הבא בסוד תוספת על מה שהיה כבר, לזה נקרא נשמות חדשות, והואיל וכן הוא, לזה האור הבא נקרא אור רחמים גמורים.

26

בית לחם יהודה ש"ו פ"ח – תוספת נשמות חדשות בתחתונים. הם הנשמות דזמן הבית, הנמשכין מא"ס ב"ה, ולא מן בירורי הז' מלכים, כמבואר בדברינו בסוף פרק ו' דשער טנת"א, ד"ה כי הנשמות וכו'.

27

המוסג של נשמות חדשות ונשמות ישנות, מתייחס מהיכן יורדת בחינת הנשמה, האם היא מבחינת כל בחינת הפרצוף העליון, שהוא כולל את הג"ר והו"ק, או רק מבחינת הו"ק דאותו פרצוף. **צריך לדעת** כי המשכת נשמה נעשית על ידי העלאת מ"ן, שהם סוד הבירורי המלכים, וככל שהבירור יהיה גדול באיכות וכמות, כך גודל הנשמה יהיה. **עוד צריך לדעת** כי גם בחינת הזמן קובעת את מעלת הנשמה. **כאשר מדברים על נשמה חדשה**, היא נמשכת מזיווג פנים בפנים, שהם בחינת הג"ר דאותו פרצוף, והוא מבחינת שלמות הפרצוף העליון, **וכאשר מדברים על נשמה ישנה**, היא נמשכת מזיווג אחור באחור, ר"ל מבחינת הו"ק דאותו פרצוף, בערך הג"ר דאותו פרצוף הנקרא פנים בפנים, וכמובן שאין מציאות של זיווג אחור באחור, **אלא כל הזיווגים הם פנים בפנים**. לדוגמה, הנשמות הנולדים לבני ישראל הקדושים הם מזו"ן דאצילות, כאשר נשמה חדשה נמשכת מזיווג זו"ן הגדולים שהם ישראל ולאה הגדולה, וזיווג זה נקרא פנים בפנים. ונשמה ישנה נמשכת מזיווג של יעקב ורחל עטרות דיסוד, הנקראים ו"ק בערך ישראל ולאה, וזיווג זה נקרא אחור באחור. וכך הוא בבחינת או"א וישסו"ת, כאשר מאו"א עילאין נמשכים נשמות חדשות, ומישסו"ת נשמות ישנות. **ועוד צריך לדעת** כי מיום שחרב בית המקדש ראשון, גזר המאציל ב"ה שאי אפשר להמשיך נשמות חדשות ממש, לכן לא שייך שזו"ן יהיו פנים בפנים להוליד נשמות חדשות באמת, וכל הזיווגים הם מבחינת יעקב ורחל עטרות דיסוד, שהוא בחינת אחור באחור בערך זו"ן. עם כל זאת, על ידי זכות גדולה וכוונה עצומה אפשר להמשיך **נשמה חדשה מבחינת מה**, מפני שבליל שבת אחרי חצות יש בחינת זיווג של זו"ן פנים בפנים, אבל הוא לא להמשכת נשמות חדשות ממש, **אלא לנשמות מבחינת מה**, ר"ל נשמות שלא נולדו בגופין עדיין, עם כל זאת היו כלולות באדם הראשון, והם לא נשמות חדשות לגמרי.

תרשים ח – ו.

עוד צריך לדעת כי גם זיווגים אלו מתחלקים לחלוקות פרטיות יותר, כאשר זיווג שנמשכים ממנו נשמות חדשות מתחלק לג"ר ו"ק, וגם הזיווג שנמשכים ממנו נשמות מתחלק לג"ר ו"ק.

תרשים ח – ז.

ע"ח ח"ב שט"ל דרוש א' מ"ק דס"ו ע"ג – ונמצא ודאי **שאין שום זווג** אלא בהיותן פנים בפנים.

ע"ח ש"ה פ"ג מ"ב דכ"ב ע"ג – והנה הזווג שבסוד האותיות (והוא וזה) הוא להחיות העולמות, ובסוד הנקודות (והוא וזה) הוא לנשמות, והענין כי זווג הנקודות הם חכמה דאבא עם חכמה דאמא, והאותיות הוא בינה דאבא עם בינה דאמא. (והנה ל"ג) כי ב' מיני זווגים הם, אחד להחיות העולמות, ואחד לנשמות. וגם (החיות ל"ג) **אותו זווג דחיית לחדש הנשמות ישנות** שנאצלו בבריאת עולם.

ע"ח ח"ב שט"ל דרוש י"ב דע"ז ע"א – ודע שכל זה הרוחא דשביק בה הוא בזווג התחתון, שהוא נמשך מהתפשטות החסדים דז"ת בגופא. גם יש זווג אחר עליון והוא בג"ר ממש בז"א, ונקרא נשיקין קדמאין, וגם אז נשיקין קדמאין הם רוחא דיהיב בגווה בג"ר, ונעשה כלי אל הנשיקין החדשים, שהם מ"ן. ויש מלאכים ונשמות מן הנשיקין, וכן מזווג התחתון. **ונראה לעניות דעתי שבזה יוכרח מה שכתוב במקום אחר שיש רוחא בחיצונית לצורך המלאכים, וזה בג"ר ובז"ת, ויש רוחא בג"ר וז"ת בפנימיות לצורך נשמות**. ואם כן אין לפרש שהפנימית הם ג"ר וחיצונית הם ז"ת, רק כל עשר ספירות יש בהם חיצונית ופנימית, **וזכור זה**. והנה המ"ן שהעלאה המלכות בשים שלום לז"א, הם לצורך נשמות (פנימית הם הנשמות), והמ"ן דאמא עלאה הם לצורך שימשכו מוחין דגדלות פנימית לזו"ן. וכבר נתבאר פרטים אלו בשער הזווגים שיש ב' מיני זווגים באו"א, אחד חיצון, ואחד פנימי. ודע שזווג זה הפנימי אינו תדיר, והנה בזווג החיצונים דאו"א אז ההוא רוחא קדמאה מספיק להעלות מ"ן מהחו"ג החדשים לצורך חיות לבד, כי ההוא רוחא קדמאה, הוא שורש זו"ן הנשאר תמיד למעלה, אך בזווג הפנימים דאו"א שהוא להמשיך נשמות חדשות דפנימית, צריך שגם המוחין פנימים דזו"ן יעלו למעלה, ואז הם המעלין מ"ן, שהם החו"ג חדשים פנימים לצורך נשמות, יען שזווג זה נפסק, וצריך שזו"ן עצמן יעלו המ"ן.

שער המצות, פרשת כי תצא – מצות שילוח הקן, כתיב כי יקרא קן ציפור לפניך בדרך וגו', צריכים אנו להודיעך בזה הקדמה אחת בענין זווגים עליונים דאו"א, דע כי זווג דזו"ן הם לפרקים, ויש זמן שנפסק הזווג שלהם, אבל או"א מזדווגים תדיר, ולא אתפרשאן לעלמין, כנזכר באדרת האזינו דף ר"צ ע"ב. והנה קשה לזה מה שאמרו רז"ל [תענית דף ה'] – נשבע הקב"ה שלא יכנס בירושלים של מעלה, עד שיכנס בירושלים של מטה, והכוונה הוא שלא יהיה זווג עליון דאבא עם אימא, הנקרא ירושלים של מעלה, עד שיהיה זווג תחתון דזו"ן, הנקרא ירושלים של מטה. אבל הענין הוא כי זווג או"א הוא לב' בחינות. בחינה אחת היא להאציל נשמות חדשות, אל בני אדם התחתונים, בחינה שנית היא לשתי דברים, אם להמשיך חיות המוכרח בעולמות, להעמידם על מציאותם, ואם להמשיך נשמות ישנות שכבר נאצלו בעת בריאת העולמות, שיוכלו עתה לבא בעולם, כמו שנבאר לקמן, בענין הנשמות שהיו כלולות באדם הראשון. והנה כאשר מזדווגים או"א לצורך הבחינה הראשונה שהיא להאציל נשמות חדשות, אז הם מזדווגים בהיותם **הוויי"ת ונשמות מנוקדים בנקודות**. ונודע כי הנקודות הם בחכמה בכל מקום שהם. ונמצא כי הזווג הזה הוא בחינת חכמה דאבא, המזדווגת עם אימא, אבל כשמזדווגים לבחינה השנית, **והיא להחיות העולמות בלבד אז מזדווגים בבחינת הוויי"ת בעצמם, שהם בסוד אותיות בלתי ניקוד**, ואז הוא זווג דאבא מבחינת בינה שבו, עם אימא. כי האותיות הם בבינה בכל מקום שהוא. והנה הבחינה הראשונה נקרא זווגא שלים הנזכר בזוהר, ר"ל כי מן הזווג ההוא נמשך עטרות ומוחין אל זו"ן דאצילות, בני או"א. ואז יוכלו הם להזדווג ולהוציא נשמות חדשות בעולם. והבחינה הב' נקראת זווגא דלא שלים, כי איננו רק להוריד חיות המוכרח אל העולמות, או לצורך הנשמות שכבר נבראו, ונכללו באדם הראשון כנודע, וכמו שיתבאר לקמן בע"ה.

שער מאמרי רשב"י דכ"ט ע"א – הכוונה כי תפלת האדם המתכוון בה כראוי, היא למעלה בעומק העליון, בסוד נקודת ציון, ושם חביון ברית קדש עלאה, **ומשם נמשכין שני מיני שפע על ידי הזווג העליון**, אם **שפע ברכה וחירות**, וזה מה שכתוב - דמתמן נגדי כל ברכאן. ואם **שפע חיות וקיום והעמדה** לספירות ולכל הנמצאים. בסוד ואתה מחיה את כולם, כי הנה המלאכים אם יפסק מהם השפע העליון, כרגע לא יוכלו לעמוד, כדאיתא בפרשת ויקרא, ולשפע שני זה אמר - ומתמן נפקא לקיימא כולא. ושני שפעים אלו נעשים על ידי זווג העליון, וכאשר יחסר מהם, דהיינו שפע הברכה, לא יקרא זווג שלם. וזה מה שכתוב בפרשת אחרי מות בדף ס"א ע"ב וז"ל – תא חזי כתיב ונהר יוצא מעדן להשקות את הגן, האי נהרא אתפשט בסטרוי דמזדווג עמיה בזווגא שלים, האי עדן כו', כדין כתיב עד שהמלך במסיבו כו', ומתברכאן עלאין ותתאין כו', עד כאן לשונו. ביאור הדברים, כי הבינה מתפשטת בשש קצוותיה, לעטר הבן הנעים, וזה כשהזווג העליון שלם, בשני מיני השפע שכתבנו, וזה מה שכתוב - בשעתא דמזדווג עמיה בזווגא שלים האי עדן, שיהיה הזווג שלם לברכה וקיום, והזווג השלם הוא כשהוא בההוא נתיב דלא אתידע לא לעילא ולא לתתא. והענין הוא כי צריך

התעוררות תחתונים, כדרך הזווג התחתון, להעלות מיין נוקבין, ולכן צריך לכוון בתפלתו עד שם, ואז הנתיב ההוא יעלה מים נקבות, לקבל מים זכרים, ונתיב זה לא אתידע לעילא ולתתא, לא בסוד מיין נוקבין, ולא בסוד מיין דכירין, כדפרישית לעיל, ואין הזווג שלם אלא על ידי נתיב זה. וכאשר אין התעוררות תחתון, על ידי נתיב זה, כי אין מיין נוקבין, ונתיב זה למטה הוא סוד מיין נוקבין כדכתיבנא לעיל, ואין הזווג לצורך ברכה וחירות, **אלא לשפע השני, שהוא קיום והעמדה לבד**. וזה היה משנחרב בית המקדש, דאתתרכת ה' עלאה כנזכר בתקונין, לענין מין שפע זה בלבד, כי אין לך יום שאין קלמתו מרובה מחבירו. אבל לעולם יש זווג עליון, ולפיכך לא פסיק יו"ד מאתר דא לעלמין, כי השפע השני אי אפשר זולתו, אלא שאין הזווג שלם לברכה ולחירות, לעטר הבן הנעים לשיזדווג בכלתו, על ידי היסוד, כי הצדיק אבד משנחרב בית המקדש ונשבע השי"ת שלא יכנס בירושלים של מעלה, עד שיכנס בירושלים של מטה. ונמצא שיש זווג, אלא שאינו שלם, וזה מה שכתוב בפרשת לך לך - לא תימא כד מתחבראן אלא מתחברן ודאי, לומר שלעולם לא מתפרשאן, כי נקראים רעים, כדאיתא בפרשת ויקרא, ולא שייך לומר כד מתחבראן, שנראה שיש זמן שאינן מתחברים, דודאי מחוברים הם תמיד, ולא נקט כד מתחבראן אלא לומר כשמתחברין חיבור שלם, שיש זמן שאינו שלם. וכאשר הזווג שלם, אשתכחו ברעותא, דהיינו הרצון המתגלה במצח, ומתפשט עד המזל אשר על ידו הוא זווג חכמה ובינה, דבמזלא תליא זווגא דילהון, כנזכר בפרשת אחרי מות. ואפשר דברכה וחירות ולקיימא כולא שלשה אלו, הם בני חיי ומזוני.

שער רוח הקודש הקדמה ג' דכ"ח ע"א – ענין היחודים ובו יתבאר ענין מה שאמרו חז"ל – על פסוק ולא אבא בעיר, נשבע הקב"ה שלא יכנס בירושלים של מעלה וכו'. דע, כי כל השמות של הבינה הם בלי ניקוד. אך שמות שבחכמה, הם בניקוד. והנה כשאנו מייחדים או"א, או מזווגים אותם, אין ראוי לכוון השמות עם הנקודות, כי הרי נשבע הקב"ה, שלא יכנס בירושלים של מעלה. אמנם צריך לכוין בשמות בלי נקוד, כי אז אף על פי שאותם השמות הם באבא, והם מיסוד הבינה שבו, ובאופן זה נקרא זווג בינה עם בינה, ואין זה נקרא זווג חכמה עם בינה. והזהר בזה, ואל תעבור על השבועה, ונתבאר זה במצות שלוח הקן וע"ש.

נהר שלום די"ד ע"ד – והנה נודע כי שני מיני זווגים יש באו"א, וכן בכל הפרצופים, והם זיווג דחיצוניותם, וזווג דפנימיותם. וזיווג **דחיצוניותם להמשיך שפע ומזון וחיות לכל העולמות**, וממנו נמשכים מוחין דעיבור ויניקה לזו"ן בערך הכולל, **וזווג דפנימיותם הוא להוציא נשמות חדשות ולחדש הנשמות הישנות**, וכללת שניהם נקרא זיווגא שלים, וזיווגא דלא שלים. כי זווג דפנים נקרא שלים, שהוא פרצוף הפנימי, והוא נקרא זווג דאו"א, כי או"א נקרא ג"ר בערך ישסו"ת. וזווג דחיצוניות נקרא דלא שלים, והוא זווג דו"ק, שהוא פרצוף החיצון, והוא זווג דישסו"ת, כי ישסו"ת נקרא ו"ק בערך או"א הנקראים ג"ר. וכל זווג כלול משניהם, שלים ולא שלים. כי או"א עילאין הנקראים בכללות שלים, כלולים משניהם, כי זווג דג"ר שלהם נקרא שלים, וזווג דו"ק שלהם נקרא דלא שלים, ושניהם נקרא שלים דפנימיות. וכן הוא בישסו"ת הנקרא בכללות דלא שלים, כלולים משניהם זווג דג"ר שלהם נקרא שלים, וזווג דו"ק שלהם נקרא דלא שלים, ושניהם נקראים בכללות דלא שלים. והנה מזווג שלים דאו"א נמשכים מוחין דגדלות לג"ר דזו"ן, ומזדווגים זווג שלים להוציא נשמות חדשות דצדיקים, ומזווג דלא שלים דו"ק נמשכים מוחין דגדלות לו"ק דזו"ן, ומזדווגים לחדש הנשמות הישנות. והנה זווג שלים דאו"א נפסק מהחרבן, ומזווג דלא שלים דאו"א נמשכים מוחין דגדלות לזו"ן, ומשני מיני הזווגים דישסו"ת נמשכים מוחין דעיבור ויניקה לזו"ן, וכל אלו הזיווגים הם באבי"ע דחיצוניות, ובאבי"ע דפנימיות. גם כל זווג מארבעה זווגים הנ"ל נחלק לב' זווגים, זווג דג"ר, וזווג דו"ק, שלים, ודלא שלים, והרי הם ח' זווגים.

נהר שלום די"ג ע"ב – באופן כי הענין **חיצוניות ופנימיות הוא בערכין**, כי האור היותר זך ופנימי, נקרא פנימיות לאור היותר גרוע וחיצון ממנו, אמנם הכלים דכל הפרצופים יקראו חיצוניות אמיתי, לאורות והנרנח"יי המלובשים בהם. גם הו"ק דכל פרט נקרא חיצוניות בערך הג"ר, והכל ענין אחד, כי הו"ק נקראים כלים, כי הכלים דכל העשר ספירות הם מן הו"ק, שנחלקין לתרין תרין פרקין, להיות כלים לכל העשר ספירות כנודע. וכל אורות הם מן הג"ר שמתפשטים ומתלבשים בכל העשר ספירות שהם אותם התרין פרקין, וגם אחר ההתחלקות וההתפשטות הנזכר לא נשתנו האורות והכלים מכמו שהיו, כי התרין פרקין דכל כלי מן הו"ק שנעשו כלי לכל פרט, אינם אלא ו"ק לאותו הפרט, והאור שהוא פרק אחד מן הג"ר, הוא הג"ר דאותו הפרט. וכן על דרך זה הולכים ומתחלקים ונפרטים הכלים והאורות הנזכרים לאין קץ, ואינם משתנים כלל מכמו שהיו, אלא שבזה עולים ומתבררים יותר, ומזככים יותר. **גם כללות פרצופי האחור**

נקראים חיצון בערך פרצופי הפנים, והוא הדבר אשר דברנו פרצופי האחור דזו"ן נקראים ו"ק בערך פרצופי הפנים, הנקראים בערכם ג"ר, ובירור ותיקון פרצופי האחור דזו"ן, הוא בירור ותיקון דכלים ואורות דנשמה, והוא על ידי ישסו"ת הנקרא נשמה בערך זו"ן, והם הו"ק דאו"א, והם החיצוניות לאו"א עילאין, הנקרא חיה, שהוא הפנים, ונקרא אצילות בערך ישסו"ת הנקראים בערכם בי"ע. ובירור ותיקון פרצופי הפנים דזו"ן הנקרא ג"ר, הוא על ידי או"א עילאין, הנקרא ג"ר בערך ישסו"ת.

ע"ח ש"ו פ"ו מ"ב דכ"ה ע"ג – ונחזור לענין, כי בהיות זו"ן בסוד נפש לבד, הוצרכו להיות שם בסוד עיבור במעי האם שלא יאחזו בהם זרים, ואפילו שם עומדים אחור באחור. ובצאתם בזמן שבא להם הרוח בזמן היניקה, ואז האם רובצת עליהם, בסוד על גוזליו ירחף, ועם כל זאת הם אחור באחור. ואחר כך בגדלות בא להם הנשמה דגדלות, והם מוחין מצד אמא, ועדיין חסר להם המוחין מצד אבא, שהוא חכמה, הנקרא חיה להכנס בהם, אבל עם כל זאת כבר הם פנים בפנים ומזדווגים, ועדיין הוא חסרון. אמנם אחר כך בבוא להם גם החיה ויחידה, ואחר כך מקיף חיה, ואחר כך מקיף יחידה, אז הם שלימים, ואין זה אלא בעלותם בדיקנא דא"א, ודי בזה. **הגהת השמש [אן] לשער ו' פ"ב** – נ"ב צ"ע, והלא כבר כתב לעיל בפרק זה שאינם חוזרים חוזרים פנים בפנים עד בא להם החיה, שהם מוחין דאבא. ונראה לעניות דעתי לומר כי לעיל מיירי בזמן שבאים לזו"ן מוחין מצד בינה דאימא לבד, שאז אינם חוזרים פנים בפנים, עד בא להם מוחין מצד בינה דאבא, והכא מיירי בזמן שבאים להם מוחין מצד בינה דאמא ובינה דאבא, שהם בחינת נשמה דנשמה ונשמה דחיה, ואז חוזרים פנים בפנים ומזדווגים, ואשמועינן הכא כי אף על פי שעדיין לא נגמר כניסת המוחין, לא דאבא ולא דאמא, כבר הם יכולים לחזור פנים בפנים ולהזדווג. ואל תתמה על סדר כניסת המוחין באופן הנזכר, ואיך נכנס בינה דאבא קודם גמר כניסת החכמה וכתר דאמא, כי כך הוא הסדר בכל זמן כנודע, ואין מקום להאריך. וראיה לכל זה היא תפלת לחש דשחרית דחול, שבה נכנסו המוחין מצד בינות דישסו"ת, ועל ידי כך חזרו פנים בפנים ונזדווגו, ובחזרה נכנסו המוחין מצד חכמות דישסו"ת, ועל ידי כך עלו יעקב ורחל לחג"ת, ושם חזרו פנים בפנים ונזדווגו. ואף על פי שבספר הכוונות כתב שאין זווג אלא בנפילת אפים, ומשמע שכיון שעדיין לא נכנסו המוחין דחכמות דישסו"ת אין זווג. כבר כתב בשער או"א (צ"ל שט"ו) דאין זה אלא בזווג הגדול דחב"ד, אבל לא בזווגים הקטנים דנה"י וחג"ת, שאלו כבר היו בלחש ובחזרה כנ"ל. עוד יש לומר כי לעיל מיירי בזווג זו"ן הגדולים הכוללים, שאין זוווגם רק בשבת, אחר שמקבלים מוחין דאו"א עלאין, שהם חיה דכללות, והכא מיירי בזווג דיעקב ורחל שמזדווגים בחול, כי בערכם המוחין הנמשכין מישראל סבא ותבונה לזעיר ונוקבא בחול בערך זו"ן, הם נשמה ובערך זו יעקב ורחל הם חיה, כי הם מדרגה שלישית שלהם.

ע"ח ח"ב שמ"ב שמ"ט פ"ג דקי"ב ע"א – כי כשנוגה מדבקת בלבנת הספיר יסוד, והוא ערלה שעל המילה, ואז עושקת הנשמות, וכשמסתלקת אינה עושקת. לכן הזווג בליל שבת שאין שם דביקת נוגה, ומה שנדבק חזר להיות תוספת שבת טוב גמור, מה שאין כן בחול.

גמרא כתובות דס"ב ע"ב – עונה של תלמידי חכמים אימת, אמר רב יהודה, אמר שמואל מערב שבת לערב שבת. אשר פריו יתן בעתו, אמר רב יהודה, ואיתימא רב הונא, ואיתימא רב נחמן, זה המשמש מטתו מערב שבת לערב שבת.

שולחן ערוך, אורח חיים ר"ף ס"א – תשמיש המיטה מתענוגי שבת הוא, לפיכך עונת תלמידי חכמים הבריאים מליל שבת לליל שבת.

בין איש חי, שנה שניה, פרשת וירא אות כ"ג – עניין הזיווג והעונה של שבת הוא מצווה רבה, ואשרי הזוכה לעשות כל מעשיו לשם שמים. וכבר אמרו רז"ל בגמרא - עונתן של תלמידי חכמים, מליל שבת לליל שבת. ורק בליל ראשון של פסח, וליל ראש השנה, וליל שמיני עצרת, וליל שני דשבועות, אפילו שחלו בשבת, אין לעשות זווג בהם על פי הסוד, אלא רק אם הוא ליל טבילת מצווה. וכל זה הוא לתלמידי חכמים ואנשי מעשה, אבל המון העם, מי שיודע בעצמו שאינו יכול לעמוד בדבר זה, שאינו יכול לכבוש תאוותו, מותר לו לשמש אפילו בלילות בלילות החול, ורק חייב להזהר לפירוש סמוך לוסתה. וגם בעונה של ליל שבת שהיא מצווה גדולה אינה מצווה מן המובחר, אלא רק אם ישמש אחר חצות לילה. **נמצאת אתה למד, ארבעה מדרגות יש בתשמיש המיטה**, הא' הגרוע, הוא המשמש בימות החול קודם חצות לילה. והב' המעולה ממנו, הוא המשמש בחול אחר חצות לילה. והג' המעולה ממנו, המשמש בליל שבת קודם חצות. והד' המעולה מכולם, המשמש בליל שבת אחר חצות. ואם נזדמן לו טבילת מצווה בלילי החול, הרי זה משמש באותה לילה אף על פי שהוא חסיד ופרוש, ואינו רשאי לעכבה עד ליל שבת, **ועושה בזה תיקון כמו עונה של ליל שבת**, וכדמוכה

מזוהר הקדוש, דאצלו נחשב ליל טבילה כליל שבת. ולכן טוב שיזהר לקיימה גם כן אחר חצות לילה היכא דאפשר לו, אבל אם חושש פן ח"ו יראה קרי אם ישן קודם תשמיש, הרי זה משמש קודם שינה, אפילו קודם חצות. וגם בלילי ראש חודש, ויום טוב יש מעלה בזיווג על פי הסוד, וחסידים ואנשי מעשה מקיימים בהם מצוות עונה. ודע דאיתא בספר פרי עץ חיים וזה לשונו - מורי זלה"ה היה אומר, דכל אזהרה "מערב שבת לערב שבת", הוא במשמש לשם הריון, לצורך בנים, וצריך להיות אז הזיווג כדי שישרה בהאי טיפה נשמה קדושה עליונה מהזיווג העליון, אבל אם אשתו כבר מעוברת או מניקה, אין לחוש עליו כל כך. והטעם, כי כל עצמה של אזהרה זו אינה אלא לבל ישפיע נשמות הנקראים "צדיק ורע לו", רק נשמות דשבת כנזכר, אבל אם היא כבר מעוברת או מניקה, בטלה טענה זו, עד כאן לשון מהרח"ו ז"ל שם, יע"ש. ועוד ראיתי לרבינו הרח"ו ז"ל בעולת תמיד דף ס"ט ע"א, שדקדק מן התיקונים, סוף דף צ"ג כפי החילוק הנזכר, דיש לחלק במעוברת או מניקה, יע"ש. ובספרי הקטן "מקבצאל" כתבתי בס"ד, דאין סתירה מדברים הנזכרים למה שכתב רבינו ז"ל בשער טעמי המצוות, ובשער הכוונות בעניין הזיווג של ימות החול. וכתבתי, דאף על גב דגם תלמידי חכמים יכולים לסמוך על דברי מהרח"ו ז"ל בספר עץ חיים הנזכר, לשמש בחול במעוברת ומניקה, עם כל זאת ראוי שינהגו בפרישות ולא ירגילו עצמם בכך, ורק אם בדרך מקרה נזדמן להם דבר זה בחול, אין לחוש.

בין איש חי, שנה שניה, פרשת שמיני, פתיחה – ולהבדיל בין הקדש ובין החול, ובין הטמא ובין הטהור. נראה לי, בסייעתא דשמיא הא דסמך ההבדלה אשר בין הקודש ובין החול, להההבדלה אשר בין הטמא ובין הטהור, כי מצינו בזוהר הקדוש, פרשת בראשית, דף נ, **דזיווג האדם עם אשתו בליל טבילתה, כמו זיווג ליל שבת, שיש בו זיווג עליון**, עיין שם. והדבר יפלא, איך יהיה החול שבת, אך הטעם מפורש בביאור הזוהר, אם שמרו איש ואשתו ימי נידה כראוי, ונתרחקו ונבדלו זה מזה כראוי, כפי הלכות האמורים בנידה, אז על ידי זה הקליפה תתרחק ותבדל מן סטרא דקדושה, הרחקה והבדלה גמורה, מידה כנגד מידה. כמו דטומאת האישה מובדלת מטהרתו של איש, כן הקליפה שהיא חול תבדל מן הקדושה למעלה. ועל כן בזכות זה, אז כאשר תטהר האישה בטבילה כראוי, ותדבק בבעלה שהוא דבוק טהור בטהור, אז הקדוש ברוך הוא בחסדו **מאיר להם בשרשם האה גדולה של חיבור וזיווג עליון, של הספירות במדרגה של שבת קודש** בשרשם דווקא. וממילא נעשה זיווג שלהם **כזיווג של שבת קודש שמאיר בו זיווג עליון**. והשתא בזה מובן הטעם דסמך הכתוב הבדלת בין קודש לחול, להבדלת בין הטמא ובין הטהור, לרמוז, על ידי שיעשו ישראל למטה הבדלה בין הטמא ובין הטהור, יהיה ההבדלה למעלה בין הקודש ובין החול, שהוא הקליפה. ובשכר זאת, בליל הטבילה אחר שתטבול האישה ותטהר במי החסד מים חיים, יזכו האיש והאישה להארת זיווג עליון של שבת קודש באורות העליונים. על כן כמה וכמה צריכה האישה להישמר ולהיזהר בכל הלכות נידה אחת לאחת, ובפרט בהלכות טבילה, שבה תלויה טהרתה, שעל ידה תקבל ההארה הגדולה באותה לילה בזיוווגה עם בעלה.

שער הגלגולים, הקדמה ז' – המדרגה השנית, והיא ניצוצות הנשמה שנשארו באדם הראשון אחר שחטא, אשר מהם הוריש אחר כך לקין והבל בעת כשנולדו, הנה אלו נקראים **נשמות חדשות בבחינת מה, ולא לגמרי**. וכאשר יתוקנו, תהיה מעלתם גדולה על שאר הנשמות שנשרו ונפלו מאדם הראשון כנזכר, כיון שהיה גם בהם כח להשאר קיימים באדם, ולא נפלו בקליפות, ויש להם מעלה זו בפרטות, והוא, כי כאשר הוריש אדם לקין והבל בניו, אין זה נחשב לגלגול ממש כשאר המגולגלים, שמת הגוף הראשון, ונשמתו מתגלגלת בגוף השני, אבל זה הם בחיים חייתו של אדם הראשון, שהורישם לבניו כשנולדו, ולכן כל הניצוצות שהיו כלולים בקין והבל, נחשבים כאלו עדיין היו כלולים באדם הראשון עצמו, ולא נשרו ממנו. ונמצא, כי כשבאו כלולות אלו הניצוצות בנשמת אדם, שלא באו לתקון עצמם, כי אינם שלו, רק שנכללו בו כאלו לא באו כלל דמיין. וגם כשבאו אחר כך כלולות עם נשמת קין והבל בחיי אדם, גם זו אינה נחשבת ביאה כלל, כיון שלא באו לצורך עצמם, דכיון שעדיין לא נתחלקו לנצוצות בפני עצמם בגופות שלהם, אלא שהיו כלולות בלבד בגוף בקין והבל, עדיין גם זה אין נחשב להם לביאה כלל. ולכן כאשר איזה נצוץ יתחלק ויבא אחר כך בעולם, בגוף איזה איש, אז תחשב להם ביאה ראשונה חדשה בצד מה ולא לגמרי, כי נקרא מה שבאו באדם וקין והבל, כמו שיתבאר. ואם אז בפעם ההיא יחטא, ויפגום, וימות, ויחזור לבא בגוף שני, אז יקרא מגולגל וישן. **והנה בפעם הביאה הראשונה, שיבואו בעולם, יקראו נשמה חדשה בצד מה כנזכר**, והוא, כי גם בפעם זו הראשונה, יכול להשיג כפי מעשיו, נפש דעשיה, ורוח דיצירה, ונשמה דבריאה, ונפש דאצילות, ולא יותר מזה. כנשמה החדשה האמתית, שיכולה להשיג עד נשמה לנשמה דאצילות כנז"ל. וזהו הפרש אחד, שיש בין מדרגה הראשונה, לזו השניה.

המלכים, או נשמות[30] שהיו כלולות באדם הראשון, ואלה נשמות **מַה שֶּׁלֹּא הָיָה** מעולם **עַד עַתָּה,** ונשמות אלו באים מזיווג בסוד הנקודות[31], שהוא חכמה דאבא עם חכמה דאימא[32], והם או"א עילאין, וזיווג זה נקרא זווגא שלים[33].

28

ע"ח שט"ו פ"א מ"ק דע"ה ע"ב – ואמנם ענין שינוי ב' זווגים אלו, כי כאשר מזדווג אבא עם אמא על ידי חכמה שלו, שהם סוד הנקודות כנודע, כי כל השמות שיש בחכמה הם בנקודות, אבל אותיות השמות שהם בבינה, אין בהם ניקוד. והנה כשמזדווג אבא עם אמא מבחינת חכמה שלו, אשר השמות הם מנוקדים, **אז הוא זווגא שלים** שהוא זווג חכמה עם בינה. אבל כאשר הזווג הוא מבחינת בינה דאבא, שהם שמות בלתי ניקוד, אז נקרא **זווגא דלא שלים** כי נקרא זווג בינה עם בינה, כי הרי אין אבא מזדווג עם אמא אלא בבחינת בינה שבו, והבן מאד. והנה זה היא מה שאמרו רז"ל - נשבע הקב"ה שלא יכנס בירושלים של מעלה, שהוא זווג או"א, עד שיכנס בירושלים של מטה, שהוא זווג שלים דזו"ן לגמרי. גם מצינו בזוהר באדרא זוטא - דאו"א לא מתפרשין לעלמין, והוי זוגייהו תדיר, והנה מצינו במקומות רבים דאמא מתתרכת מעל בנין ואין לה זווג, כנזכר בתקונים על שלח תשלח את האם, ועל פסוק - ובפשעכם שולחה אמכם. אבל הענין מובן עם הנ"ל, כי זווג השלים שהוא זווג דאו"א בבחינת חכמה, שהם הנקודות, **זה נפסק בעונותינו מימות החורבן,** וכמו שכתוב פרשת פקודי דרנ"ג ע"א על היכל אהבה, כי מן החורבן ואילך **לא נכנסו שם הנשמות חדשות.** אמנם זווגא דלא שלים שהוא לחדש נשמות ישנות, או להחיות העולמות, אין זווג זה נפסק לעולם.

שער הגלגולים, הקדמה ו' – אך דע, כי אין בנו כח בכל הזמן הזה רק להמשיך אלו הנשמות החדשות, ואותם שהם מן הבי"ע, שהם סוד נשמה, רוח, נפש, כנודע. אבל לעתיד לבא אחר התחיה, יבואו נשמות חדשות יותר מעולות, שהם מעולם האצילות והם מבחינת הנשמה דאצילות שהיה לאדם הראשון, הנקראת בשם זיהרא עילאה, כמו שיתבאר בדרושים הבאים. וזה סוד מה שכתוב בספר הזהר פרשת פקודי דף רנ"ג ע"א, שמיום שנחרב בית המקדש, לא נכנסו נשמות בהיכל האהבה. כי אלו החדשות דפנים בפנים מן עולם האצילות, לא נכנסו שם. אבל כל הנשמות שמן הבי"ע החדשות, אפשר שיבואו אפילו בזמן שלאחר החרבן. אבל כל שאר נשמות הבאות בעולם, הם מאותם שהיו כלולות בנשמת אדם הראשון, אחר אשר נברא אחור באחור, חזר ונסרה מבחינת פנים בפנים, והחזירו פנים בפנים. ונמצא כי כל הנשמות הישנות הם באים ממנו.

שער הגלגולים, הקדמה ז' – ועוד נרחיב בדרוש הזה, ענין נשמות החדשות והישנות מי הם. הנה כבר נתבאר כי קצת נשמות יש, שלא באו כלולות בנשמת אדם הראשון כשנברא, **ואלו נקראים נשמות חדשות באמת לגמרי.** אבל כל הנשמות אשר כבר באו כלולות בנשמת אדם הראשון, הם הנקראים נשמות ישנות, בערך החדשות האמתיות הנזכר.

29

שער הפסוקים, פרשת וירא – ודע כי הנה מה שהתבאר לעיל, כי בכל זווג דזו"ן, ממשיכים מוחין חדשים מלמעלה מן האין סוף, דרך המדרגות, והוא לוקח שפע מ"ד, והיא מ"ן, דע, כי זה הוא בענין הנשמות החדשות הבאות מלמעלה, בזווג ליל שבת ויום טוב. אבל בזווגים של ימי החול, אחר חרבן הבית, כבר ביארנו במצות שביעית, פרשת בהר סיני, כי כל המ"ן של אז, **הם מהבירורין המתבררים מן המלכים שנפלו בקליפות, ומהם נעשים הנשמות ההם שבאלו הזווגים.** והוא בסוד - אור זרוע לצדיק, הנזכר בפרשת תרומה, בענין בריה דרב ספרא. וזכור הקדמה זאת.

30

שער הגלגולים, הקדמה כ"ג – האמנם דע, כי כל הנשמות כלם היו כלולים באדם הראשון קודם שחטא, כמו שביארנו כמה פעמים, וכאשר חטא, נשרו איבריו ממנו, שהם אותם הנשמות שהיו כלולות בו, ונפלו לעמקי הקליפות, ולא נשאר בו באדם הראשון רק בחינת מאה אמה, כמבואר אצלינו במקומו. והנה לא כל הנשמות שוות, כי אין הפגמים שוים, כי האיברים אשר נמצאו יותר נאחזים באותו החטא שחטא אדם הראשון, הם נפלו לתוך הקליפה יותר בעומק מן המקום שנפלו שאר האיברים, שהיו יותר רחוקים מן הפגם ההוא, כי ודאי הוא שאין כל הנשמות שוות, כי יש נשמה שנתאוות וחשקה יותר בחטא ההוא מנשמה אחרת. ונמצא כי כפי ערך בחינת פגם הנשמה, כך בחינת מקום נפילתה בעמקי הקליפות.

וְאִם כֵּן מובן למה **יִהְיֶה הָאוֹר** הזה דפנים נקרא **רְזַזְמִים[34] גְּמוּרִים[35]** שהם בחינת חסדים גמורים, **כִּי[36] לוּלֵי שֶׁהִתְזַזְתוּנִים** בגלל מעשיהם הטובים **רְאוּיִים אֶל הָרְזַזְמִים** הגמורים **לֹא הָיָה**

שער הגלגולים, הקדמה ל"א – דע, כי כל הנשמות כלולות באדם הראשון, ובו נחלקים לשרשים רבים, וזה ענינים, בתחלה הם נחלקים לג' אבות, ואחר כך לי"ב שבטים, ואחר כך לשבעים נפש, ואחר כך מתחלקים עוד, עד ששים רבוא שרשים קטנים, ומהם נכללת נשמת אדם הראשון.
31

ע"ח ש"ה פ"ג מ"ב דכ"ב ע"ג – והנה הזווג שבסוד האותיות (והוא וזה) הוא להחיות העולמות, **ובסוד הנקודות)והוא וזה(הוא לנשמות**, והענין כי זווג הנקודות הם **חכמה דאבא עם חכמה דאמא**, והאותיות הוא בינה דאבא עם בינה דאמא. (והנה ל"ג) כי ב' מיני זווגים הם, אחד להחיות העולמות, ואחד לנשמות.
32

ע"ח שט"ו פ"א מ"ב דע"ה ע"א - ואמנם ענין שינוי ב' זווגים אלו, כי כאשר מזדווג אבא עם אמא על ידי חכמה שלו, שהם סוד הנקודות כנודע, כי כל השמות שיש בחכמה הם בנקודות, אבל אותיות השמות שהם בבינה אין בהם ניקוד. והנה כשמזדווג אבא עם אמא מבחינת חכמה שלו, אז הוא זווגא שלים, שהוא זווג חכמה עם בינה. אבל כאשר הזווג הוא מבחינת בינה דאבא שהם שמות בלתי ניקוד, אז נקרא זווגא דלא שלים, כי נקרא זווג בינה עם בינה, כי הרי אין אבא מזדווג עם אמא אלא בבחינת בינה שבו, והבן מאד.
33

תרשים ח – ח.
בית לחם יהודה ש"ה פ"ג – והנה הזווג שבסוד האותיות הוא להחיות העולמות, ובסוד הנקודות הוא לנשמות. כך צריך לגרוס, והוא ענין בפני עצמו, ופירושו מבואר בפרק א' דשער ט"ו במ"ב, כי או"א כל אחד נחלק לב' פרצופים, שהם אבא וישראל סבא, ובינה ותבונה. ואו"א עלאין נקראים חכמה, וחיה דכללות האצילות. ויש"סו"ת נקראים בינה, ונשמה דכללות האצילות. וכל השמות של הוי"ת שהם באו"א עלאין הם מנוקדים בט' נקודות, שהם - קמץ ופתח, וסגול, וכו'. וכל ההויו"ת שביש"סו"ת הם אותיות לבד, בלא ניקוד. כמבואר בפרק א' דשער ט"ו. וזווג דאו"א עלאין שהם זווג חכמה עם חכמה, הוא להוציא נשמות חדשים. וזווג יש"סו"ת שהם בינה עם בינה, הוא להחיות העולמות, יעיין שם בדבריו. ובזה תבין דברי רז"ל דהכא, וענין חידוש נשמות ישנות, עיין בדברינו דהתם בד"ה אם לברוא נשמות וכו', ובדבורים שלאחריו.
34

הגהה זאת מקומה הוא לא כאן. הגהה זאת מיוחסת למרן הרש"ש. עם כל זאת לא נמצאת בע"ח בכתב יד של הרש"ש, או בספר אמת ושלום. והסיבה העיקרית שהמפרשים וחכמי המקובלים לא מיחסים הגהה זאת לרש"ש מפני שאין דרכו בקודש לדרוש בגימטריאות. הגאון רבי אליהו מני מיחס הגהה זאת לרמ"ז, עם כל זאת רבי אהרן פיריירא בספרו מעיל קודש מיחס הגהה זאת למרן הרש"ש. ב"ה הגהה זאת תתבאר במקומה בדף כ"ט ע"ב.
הַשֵּׁם"שׁ]אַ[– אחור גימטריא אלהי"ם ברבוע, בט"ו אותיות שלו. וב' פעמים אחור גימטריא ת"ל, שהם ה' פעמים אלהי"ם. ופנים גימטריא ע"ב ס"ג מ"ה, שהם אורות זכרים, וכן פנים בפנים גימטריא ש"ס, ה' פעמים ע"ב, בסוד ה' חסדים. וזה סוד פנים בפנים. שמ"ש כתב יד.
מעיל קדש ע"ח ש"ו פ"ח – הרואה יראה הדברים העתיקים האלו וישמח בתורתו יתברך, כיון שזיכנו השם יתברך לקבל התורה פנים בפנים מפיו יתברך שמו, ולא נלך עוד לאחור, כמו שאומר הכתוב – והיו לאחור ולא לפנים, ב"מ. ועל זה היה להם ייסורים ודינים, כי אחור גימטריא אלהי"ם, **כמו שביאר הרב מוהרש"ש זלה"ה** לעיל, ונתן כלל לכל לכל התורה שנלמוד בעזרת השם יתברך, שלא נבין עוד כפשוטו, ופשט נקרא אחור וחיצוניות דבר הנראה לעינים, וזהו למתחילים ללמוד שצריך להסביר להם אחור ופנים בפשוט. אבל כשיגדילו בתורה הזאת נעמי, ויקשה להם כמה קושיות, אז מוכרח לקבל התורה פנים בפנים, היינו חסדים, שנקרא פנים בפנים, ודוק היטב, ונשמח ונגיל בדברי אמת **ושלום.**
35

יורד אור דמוחין דגדלות **ומתפשט למטה להאיר תוספת** והולדת [דכ"ט ע"ב 57] **נשמות** חדשות, **שלא היו עד עתה. ולכן נקרא האור זה** של תוספת נשמות חדשות, שהוא בחינת רחמים גמורים **אור ישר, שבא ביושר מעילא לתתא** להשפיע מוחין דגדלות, **כי**[37] **כן דרכו ויושרו להאיר בתחתונים, ומטבע החסד והרחמים** הגמורים **הוא להיות מטיבים בעולם** כאשר התחתונים מטיבים מעשיהם, ואור זה **נקרא אור של רחמים** גמורים **גם כן לסיבה הנזכר לעיל.**

ואור זה נקרא[38] **גם אור** הזכר, **כי כן דרך הזכר להשפיע ולהטיב לזולתו, שהיא הנקבה. ועוד**[39] **כי טבע של הזכר הוא להשפיע נשמות וזדשות ממש** שהם מוחין דגדלות.♦

כרם שלמה ש"ו פ"ח אות ב' – ומה שכתב **גמורים**, מפני שפשט מלת רחמים הוא אינו חסד גמור, ואינו דין גמור. רק ממוצע בין זה לזה, וכלול מזה ומזה, כי ספירת החסד הוא נקרא חסד גמור, וספירת הגבורה הוא דין גמור, וספירת התפארת הוא רחמים, כי הוא יושב בקו אמצעי בין זה לזה, וכלול מזה ומזה, ולזה נקרא רחמים, כמו שכתוב - **וא"ל שד"י יתן לכם רחמים לפני האיש** בהיסוד, והאיש הזה שהוא יוסף, הוא היסוד, שהוא אמצעי בין נצח והוד, שהם דין וחסד. והואיל והוא קו אמצעי , בו תלוי מלת הרחמים. נמצא שמלת רחמים לבדה הוא כלול מדין וחסד, וכדי שלא אטעה לומר שרחמים כאן גם כן כך פרושיה, לזה אמר הרחמים של כאן הוא רחמים גמורים, והוא כמו החסד גמור, ופשוט.
36

כרם שלמה ש"ו פ"ח אות ג' – בא לתת טעם, מלבד מה שנזכר הטעם לעיל שנקרא רחמים, והוא מצד טבעו שהוא חסד גמור, אלא מצד התחתונים גם כן, הואיל והם ראוים אל הרחמים, האור של רחמים הוא שוכן עליהם, כדכתיב - **בלב חכם תנוח חכמה**, ולזה כתב - כי לולי ומתפשט למטה להאיר תוספת נשמות שלא היו עד עתה, ונקרא גם כן אור ישר לבד מטעם הנ"ל שבא ממעלה למטה בדרך ישר. אלא מטעם אחר גם כן מפני שטבעו להשפיע, והיושר שלו כך.
37

כרם שלמה ש"ו פ"ח אות ג' – וזה שכתב, כי כן דרכו ויושרו להאיר בתחתונים, ואל תאמר ח"ו שהייב הוא להשפיע בתחתונים, לזה כתב ומטבע החסד והרחמים הוא להיות מטיבים בעולם, כי טבעו הוא בכך, שהוא לעשות חסד ורחמים, ולא מצד החיוב. והאור הישר הזה לפעמים מכנים אותו בסוד אור זכר, מפני שכמו שהזכר דרכו להשפיע להנקבה, כך דרך זה האור הישר הוא להשפיע להתחתונים, שהם דמיון הנקבה, ופשוט.
38

בית לחם יהודה ש"ו פ"ח – ונקרא אור זכר. כי הוא זווג חכמה דאבא עם חכמה דאימא, כמבואר בסוף פרק ג' דתנת"א, והם בחינת או"א עלאין, הנקראים חכמה, והחכמה היא זכר.
39

כרם שלמה ש"ו פ"ח אות ד' – מה שכתב להשפיע נשמות חדשות ממש. פירוש, לא נשמות שהם מוחין של מזון, אלא נשמות שהם מוחין כדי להוליד נשמות ממש. כי הנקבה דרכה להשפיע נשמות של מזון, כמו שכתוב - **ותתן טרף לביתה וחוק לנערותיה**, ותתן דייקא, טרף דייקא, וסימן לדבר כי מלכי הב"ן, שהם מלכי הנקבה, הואיל והיו נמצאים קודם התיקון, כשנתקנין ובאים אחר התיקון, אין נקראים חדשות, כי כבר היו נמצאים, רק שנתקנו. מה שאין כן מלכי המ"ה, שהוא אור הזכר, לא היו נמצאים קודם התיקון. ובאו בעת התיקון ביאה מחדש, ונקרא מ"ה החדש, והטעם הואל והוא זכר, ולזה בחינת החדש מתכנה אל הזכר.

וְאוֹר זֶה נִקְרָא[40] גַם אוֹר[41] הַפָּנִים, כִּי הוּא מַבִּיט בְּעַיִן יָפָה, כִּי כאשר הוא נותן בעין יפה הוא

נותן וּבְפָנִים מְאִירִים אֶל הַתַּחְתּוֹנִים, וְעַ'ל כֵּן כאשר התחתונים ראויים לשפע דמוחין דגדלות,

הוא הוֹפֵךְ פָּנָיו אֲלֵיהֶם בסוד[42] כמים הפנים אל הפנים, ומשפיע להם מוחין דגדלות.◆

וְאוֹר זֶה נִקְרָא[43] גַם כֵּן אוֹר שֶׁל פְּנִימִיּוּת, שֶׁהֲרֵי הַנְּשָׁמוֹת החדשות בְּמִזּוּג הַפְּנִימִיּוּת[44]

שֶׁל הַמּוֹזִין דגדלות הם בָּאִים, וְהֵם שֵׁמוֹת שֶׁל הֲוָי"ה הַמּוֹרִים על הנהגת הָרַחֲמִים

שהם מוחין דגדלות, וְלֹא שֵׁמוֹת אֱלֹהִ"ם הַמּוֹרִים על הנהגת הַדִּין שהם מוחין דקטנות.◆ ועוד נקרא

אור זה אור דחיה, ואור דחכמה, זיווג דנקודות, זיווג דאו"א עילאין, זווגא שלים. נִמְצָא שֶׁכָּל הַשֵּׁמוֹת וְהָעֲרָכִים הָאֵלּוּ

שֶׁהֵם – אור החכמה, אור החיה, זיווג דנקודות, זיווג דאו"א עילאין, זווגא שלים, אור ישר, אור פנים, אור הפנימיות,

אור הרחמים הגמורים, מוחין דגדלות, נשמות חדשות, שמות הוי"ה, הֵם לִכְאוֹרָה בְּעֶצֶם אוֹתָהּ בְּחִינָה, ונקראים כולם

בכללות מוחין דגדלות.◆

40

כרם שלמה ש"ו פ"ח אות ד' – ומה שכתב ונקרא אור הפנים. פירוש, כי נודע כי בעלמא יש אור של פנים,

ואור של אחור, כנודע בדרושי הזו"ן, ומבואר באורך בפרק ז' דשער י"ט, ובפרק ח' דבשער המוחין. וידוע כי

המוחין הנמשכים לפרצופי הפנים הם יותר מעולים מן המוחין הנמשכים לפרצופי האחור. ולזה גם המוחין

והאור הנמשכים מן האור של הישר, נקרא אור של הפנים. והטעם כי הוא מביט בעין יפה ובפנים מאירים אל

התחתונים. פירוש, לא מצד החיוב וצד ההכרח, אלא מצד הזכות של התחתונים, כי ראוים הם להשפעה,

ועושים רצון קוניהם להניחו להשביע להם, כי טבעו בכך ודרכו ורצונו להשפיע, ולזה הוא משפיע להם

בעין יפה ובפנים מאירות, וכדי להראות זה, הופך פניו אליהם ומשפיע אליהם דרך פנים.

41

בית לחם יהודה ש"ו פ"ח – ונקרא אור הפנים, כי הוא מביט כעין יפה וכו'. ונקרא אור של פנימיות וכו'.

כלומר ונמצא דפנים ופנימיות הנזכר בריש פרקין, שְׁנֵיהֶם הֵם דָּבָר אֶחָד.

42

משלי כ"ז י"ט – כמים הפנים לפנים כן לב האדם לאדם.

43

כרם שלמה ש"ו פ"ח אות ד' – ומה שכתב ונקרא אור של פנימיות וכו', ר"ל כי בעלמא יש מוחין שנמשכין

מפנימיות הפרצופים, ומוחין שנמשכים מחיצוניות הפרצופים, והנשמות של הצדיקים הם נמשכים מן

הפנימיות, והנשמות של המלאכים או החיות של העולמות הם נמשכים מן החיצוניות של הפרצופים. פירוש

הדבר הוא, כי המוחין דגדלות העיקריים הם נקראים פנימיות, ומזיווגם נמשכים הנשמות של בני אדם,

והמוחין דקטנות נקראים חיצוניות, ומזיווגם נמשכים נשמות המלאכים וחיות העולמות. וידוע כי הפנימיות

האלו שמהם נמשכים הנשמות, הם גדולים מן החיצוניות שממנו נמשך החיות, וכאן גם כן המוחין שנמשכים

על ידי אור הישר הנקראים אור של הפנים, נקראים גם כן מוחין של פנימיות, כי מהם נמשכים נשמות, והם

גדולים מן המוחין שנמשכים על ידי אור החוזר, שמהם נמשך חיות לבד, או נשמות של מלאכים. ולזה המוחין

האלו של אור הישר הם שמות של הוי"ת, המורים רחמים, כי הם במדרגת מוחין דגדלות שהם הוי"ת, כמו

שכתוב בשער מ' פרק א'. ולא במדרגת מוחין דקטנות, שהם שמות אלהי"ם, המורים דין. כי הדין נמשך

ממוחין דקטנות שהם שמות אלהי"ם, והרחמים נמשכים ממוחין דגדלות שהם הוי"ת, כמו שכתב הרב ז"ל

בשער כ"ב פרק א', ופשוט.

44

שמן ששון ש"ו פ"ח אות ב' די"ד ע"ב – כי זווג הפנימי של המוחין באים הנשמות, והם שמות של

הוי"ת, זה פשוט, ומבואר בכל מקום. ועיין שער מ' פרק ט', שער י"ט סוף פרק י'.

אָמְנָם[45] **כְּשֶׁאֵין הַתַּחְתּוֹנִים** עושים רצונו של מקום, ולכן הם אינם **רְאוּיִם** לקבל שפע של מוחין דחיה, **הָאוֹרוֹת** דגדלות **מִסְתַּלְּקִים**[46] מהם **וְחוֹזְרִין לְמַעְלָה,** משום **שֶׁאֵינָם רוֹצִים לְהָאִיר** לתחתונים **לְמַטָּה.**

אָמְנָם עִם[47] **כָּל זֶה לֹא יַחְפּוֹץ הַמַּאֲצִיל ב"ה בְּהַשְׁחָתַת הָעוֹלָם** כדי שהתחתונים יגמרו ויעשו הבירור והתיקון הצריך לעולמות ולהם, עד שיחזירו כל דבר לשורש שלו[48], באילן העליון, ובאדם העליון,

---

45

כרם שלמה ש"ו פ"ח אות ה' – ר"ל כדי שלא יגיע בהם פגם כשהם עדיין נשארים למטה, ומשפיעים לתחתונים, ולזה אינם רוצים להאיר למטה.

46

צריך לדעת כי באמת **לעולם אין סילוק מוחין**, ר"ל כי כאשר האדם עובד את השם יתברך בתפילה, תלמוד תורה, וקיום המצות, הוא מקבל מוחין, ומוחין אלו לעולם לא מסתלקים ממנו. לעומת זה ח"ו כאשר אדם נמנע מלעשות מצות עשה, או עובר על מצות לא תעשה, לא מסתלקים ממנו מוחין שקבל בזמן היותו עובד את השם יתברך, אלא הכוונה היא כי המוחין שהוא היה צריך לקבל אם היה מקים את המצוה באותו זמן, או על ידי עמידה בניסיון והימנעות מעשית מעשיית עבירה, את המוחין האלה הוא לא מקבל, וזאת הכוונה האמיתית של סילוק מוחין.

שער הכוונות, דרושי תפילין, דרוש ה' – ולבאר זה צריך שנבאר ענין אחד בתפילות, כי הנה נתבאר אצלינו כי בכל תפילה ותפילה נכנסים המוחין, ואחר התפילה חוזרים ומסתלקים, וראוי שתדע **כי הענין אינו כפשוטו** לומר שהמוחין עצמן שבאים הם הם מסתלקים, והם הם שחוזרים ובאים בכל תפילה, לכן דע לך שאין כן הדבר, **אבל הענין הוא כי בכל תפילה ותפילה באים מוחין חדשים גמורים לגמרי, בעבור כי אין לך כל תפילה ותפילה שלא יתחדש למעלה אור שפע חדש, לא ראי זה כראי זה כלל,** ונמצא כי בכל יום ויום, ובכל תפילה ותפילה, באים מוחין אחרים חדשים לגמרי.

תורת חכם דל"ח ע"א – ולפי דעת מו"ה ז"ל שלא יש סילוק מוחין לעולם.

תורת חכם דט"ל ע"ב – וכפי סברת מו"ה ז"ל שלא יש סילוק מוחין לעולם.

תורת חכם דנ"ח ע"ב – אם כן הכלים הם ו"ק בערך המוחין, ונקראים אלהי"ם בערכם, מפורש יוצא כי כל ג"ר דו"ק נקרא כלי ורוחא, ואפילו המוחין דג"ר של הגדלות של היום נקרא ו"ק בערך המוחין דג"ר של הגדלות דחצות לילה הבא, הג"ר של אלו הו"ק הם המקבלים הכלי ורוחא של הלילה הבא, **כי לא יש סילוק מוחין מז"א לעולם,** כמו שכתוב במקום אחר שזהו סברת מו"ה ז"ל, אלא שכל אותו הגדלות נקרא קטנות גמור בערך המוחין החדשים. וכל זה יוצא ממה שכתב הרב ז"ל בשער מ' שער חיצוניות ופנימיות פרק ד', כי כפי שיעור כניסת המוחין דגדלות, כך הוא שיעור דחיית המוחין דיניקה, עד כאן לשונו. הרי שזו"ן דעבור הם המקבלים מוחין מזו"ן דיניקה, וזו"ן דיניקה מקבלים מוחין מזו"ן דגדלות. אם כן בכל זמן נקרא הז"א בעל ו"ק, בעל המוחין דעתיד לקבל.

47

כרם שלמה ש"ו פ"ח אות ה' – ואם תאמר דאם כן היה העולם נאבד ח"ו, בלי השפעת המאציל. לזה אמר עם כל זה לא יחפוץ המאציל ב"ה בהשחתת העולם. פירוש, כדי שיגמרו ויעשו הבירור והתיקון הצריך לעולמות ולהם, עד שיחזירו כל דבר לשורש שלו באילן העליון, ובאדם העליון. ולזה לא יחפוץ בהשחתת העולם, **וזהו סוד נעלם וכסהו.** ולזה באותו הזמן כשעדיין אינם ראויים להשפעה העליונה, לפי שעה מאיר להם שפע של חיות בלבד, שפע הראוי לעצמן, ולא להוציא נשמות חדשות, אלא כדי לחדש הנשמות הישנות.

48

ע"ח ש"א ענף א' מ"ב די"א ע"א – כי הנה השם הגדול שהוא בן ד' אותיות הוי"ה, נקרא כן על הוראות הוויתו הנצחית וקיומו לעד, היה, הוה, ויהיה. טרם הבריאה, ובזמן קיום הבריאה, **ואחרי התהפכו אל מה שהיה.**

ולכן המאציל כובש את כעסו עימהם, **ומאיר**[49] **לתחתונים שיעור זיווג**[50] דישסו"ת, הבא מזיווג **ומזון, ושפע הראוי לעצמן** כדי להחיותם **בלבד, ולא** מאיר שפע מוחין דגדלות כדי **להוציא תוספת נשמות זדשות.** וכיון[51] **שהשפעת אור זה** היא לצורך חיות העולמות בלבד, והיא השפעה **בלתי רצונו** של המאציל, ר"ל שלא רוצה להאיר לתחתונים, **הנה** עם כל זאת **הוא ממשיך אליהם אור** מבחינת זיצוניותו של האור **בלבד, שהוא אור מספיק לזיווות העולמות די הכרחן,** כדי שלא יתבטלו **ולא יותר,** ושפע אור זה בא מזיווג ישסו"ת שהם או"א תתאין, הנקרא זיווג של אותיות בלי ניקוד, או זיווג בינה עם בינה, והוא זווגא דלא שלים[52].

בני אהרון דף ר"ז – סוד הדבר הוא זה זה גם זה אינו נקרא שלימות גמור רק לערך מה שלמטה הימינו, אבל לערך מה שלמעלה הימינו נקרא חסר וצריך שלמות אחר יותר מעולה הימינו, וגם בזה יש מציאות שכר ועונש, על זה הדרך מעילוי לעילוי וממדרגה למדרגה עד אין קץ וסוף גבוה מעל גבוה וגבוהים עליהם, לפי שכמה ריבוי מדרגות עד אין קץ ומספר קדמו לעולם האצילות כמ"ש בע"ח ש"א ענף ד' יע"ש. באופן שאינו נקרא שלמות גמור בתכלית עד שישוב כל המציאות הגדול והנורא הזה להידבק בממציאו למקום שמשם נמצא ומתהווה, **וישובו המים למקורם ושורשם הראשון והנר לאבוקה, שהוא האין סוף ב"ה** ויתייחדו שם כל פרטי הנמצאים והנאצלים במאצילים בתכלית האחדות כל אחד ואחד למקום מוצאו ושורשו הראשון, ממש של קודם מציאותו ואז יתבטלו ממציאותם, וביטולם זהו עיקר תכלית שלמותם, לפי שחזרו להידבק במקור חיותם בתכלית הדבקות ואחדות , והיה ה' אחד ושמו אחד.
49

בית לחם יהודה ש"ו פ"ח – ומאיר לתחתונים שיעור חיות ומזון. הם בחינת מוחין לגדלות, לצורך זווג יעקב ורחל, הנמשכין מזווג הבינות דאו"א, כנזכר בסוף פרק ג' דטנת"א, והם זווג דישסו"ת, כמבואר בפרק א' דשער ט"ו במ"ב, יעו"ש. וזווג הבינות הם בחינת נקבות, כי הבינה היא נקבה.
50

ע"ח שט"ו פ"א מ"ב דע"ה ע"א – דע כי יש ב' מיני זווג אל או"א, האחד בהיותן שניהן שוין למעלה במקומן, שוין בקומתן, פנים בפנים, אשר זה נקרא בחינת זווג או"א עלאין. והשני הוא בחינת אמא רביעא על בנין, והוא כאשר אימא, הנה"י שלה מתלבשין המוחין דז"א בתוכם, ואחר כך מתלבשים הנה"י דאמא תוך ז"א, ואז נקרא ואם רובצת על האפרוחים, לפי שהיא יורדת למטה משיעור קומת (אבא), ומשפלת עצמה למטה, ואז היא דומה על הנוקבא דז"א כאשר היא מזדווגת עם ז"א פנים בפנים, בסוד ג' תחתונות שבו לבד כנודע. וכן עתה היא אמא עילאה פנים בפנים עמו, נגד חצי תפארת התחתון, ונה"י של אבא לבד, ואז בהיותן כן צריך שגם אבא ירכין ראשו, וישפיל עצמו למטה, כדמיון ז"א עם נוקבא בג' תחתונות שבו כנ"ל. **וזווג זה הוא זווג דיש"ס ותבונה, וזכור זה** ולא נצטרך לחזור ולהזכירו בכל פעם ופעם.
51

כרם שלמה ש"ו פ"ח אות ה' – ומה שכתב וכיון שהשפעת אור זה בלתי רצונו וכו'. ר"ל כי רצונו וטבעו הוא להשפיע תוספת של נשמות חדשות, והוא כשהיו ראויים לקבל ההשפעה הזאת, כי זהו רצונו יתברך, והוא בזמן שיש להתחתונים מעשים שיהיו ראוים לכך, אבל זאת ההשפעה של חיות היא נמשכת בזמן שאינם ראויים התחתונים, ולזה נקראת זאת ההשפעה היא בלתי רצונו יתברך. והואיל וכן הוא שהיא בלתי רצונו, הוא ממשיך אותו החיות מן החיצוניות בלבד, שהוא של חיות, והוא כמו שכתב לעיל שהם נמשכים ממוחין דקטנות, ולזה נקרא אור חיצוניות, מפני שהוא של חיות, כדי סיפוקן דוקא. כי העולמות הם נבראו מן החיצוניות של המוחין של זו"ן, ולזה החיות שלהם גם כן נמשך מן החיצוניות.
52

תרשים ח – ט.

עַל[53] כֵּן נִקְרָא אור זה **אוֹר** דבחינת זֵיצוֹנִיוֹת שהוא אור מוחין דקטנות, בערך אור דפנימיות שהם מוחין דגדלות. **וְנִקְרָא**[54] גם **אוֹר הָאֵחוֹר**, בגלל שֶׁהוּא הֵיפֶּךְ צ״ל הופך[55] **פָּנָיו בְּכַעַס עֲמָהֶם**[56] ומאיר להם דרך אחור, **בְּסוֹד**[57] המובא בזהר[58] הקדוש על הפסוק[59] **דּוֹמֶה דוֹדִי לִצְבִי**[60] או לעפר

53

בית לחם יהודה ש״ו פ״ח – על כן נקרא אור חיצוניות, ונקרא אור האחור. כלומר ונמצא דאחור וחיצוניות הנזכר בריש פרקין, שניהם הם דבר אחד.

54

כרם שלמה ש״ו פ״ח אות ה' – ומה שנקרא אור אחור, מפני הטעם הנזכר לעיל, כי החיות הזה נמשך בזמן שהספירות מסתלקים למעלה, והופכים פניהם למעלה, ואחוריהם למטה, בסוד דומה דודי לצבי וכו', וכו'. פירוש, כמו שכתבו רז״ל מה צבי זה אפילו כשהוא בורח, על כל פנים הופך פניו לאחוריו וכו', כך זה בזמן שאינם ראויים התחתונים, והופכים הספירות אחוריהם להתחתונים, עם כל זה מפני השחתת העולם משפיע להם כדי חיות המוכרח להם.

55

ע״ח ש״ו פ״ה מ״ת דכ״ז ע״א – והנה נודע כי כשבאו הספירות של העקודים היו פניהם למטה, כי כוונת ביאתן היה להאיר למטה, לכן פניהם היו דרך המקבלים. אבל בחזרתן לעלות למעלה, אז הפכו פניהם למעלה נגד המאציל, ואחוריהם למטה. והנה בעלות הכתר אל המאציל, **אין ספק כי לעולם אין אור המאציל נפסק אפילו רגע אחד מן המקבלים הנאצלים**, רק ההפרש הוא כי בעת ההיא אשר הכתר היה עולה למעלה, אז האור ההוא היורד מהמאציל יורד ממנו אל הספירות (נ״א האחרת והיה בא) דרך אחוריו, שהרי הוא הפך פניו למעלה, ואחוריו לנאצלים, והיה דינין כנ״ל, (נ״א ואם כן אותו האור הבא אל הספירות הוא בא דרך אחורי הכתר, והוא דין). ועל דרך זה בשאר ספירות, בעת שהיו חוזרין ועולין.

56

הגירסה בספר קהילת יעקב היא - הופך פניו בכעס **מהם.**

57

בית לחם יהודה ש״ו פ״ח – בסוד דומה דודי לצבי. כמבואר בזוהר שמות י״ד ע״א, שבזמן שבורח הצבי מחזיר ראשו לאחוריו, יעו״ש. ועיין עוד בסוף שיר השירים, על פסוק ברח דודי בתרגום יונתן, שתרגם - תהי דמי לטבייא די בעדן דדמיך עינא חדא קמין ועינא חדא פתיח וכאורזלא דאילא דבעדן דעריק מסתכל בתריה, יעו״ש.

58

זהר שמות די״ד ע״א עם תרגום וביאור – **רבי חייא רבא הוה אזיל לגבי מאריהון דמתניתא למילף מנייהו** רבי חייא רבא היה הולך לבעלי המשנה ללמוד מהם תורה, **אזיל לגבי דרבי שמעון בן יוחאי** הלך אצל רבי שמעון בר יוחאי ללמוד ממנו תורה, **וחמא פרגוד חד דהוה פסיק בביתא** וראה מחיצה של אש מפסקת בין רשב״י ותלמידיו לאנשי הבית, **תוה** תמה **רבי חייא, אמר אשמע מלה מפומיה מהכא** ואמר אשמע דבר מפיו של הרשב״י מכאן, ר״ל מחוץ למחיצה, **שמע דהוה אמר** שמע את רבי שמעון שאומר פירוש על הפסוק - **ברח דודי ודמה לך לצבי או לעופר האילים.** והפירוש ששמע רבי חייא רבא היה כל **כסופא דכסיפו ישראל** כל תשוקות וחמדתם שחשקו וחמדו ישראל, **מקמיה מקודשא בריך הוא** שיזכו להיות לפני הקדוש ברוך הוא, והקדוש ברוך הוא לא יתרחק מהם. **דאמר רבי שמעון, תאותם של ישראל שיהיה הקדוש ברוך הוא לא הולך ולא מתרחק מהם, אלא בורח כצבי או כעופר האילים** ר״ל שבעל כורחו הוא הולך ולא מרצונו, ודעתו לחזור מהמקום שברח, ובריחתו היא לא למקום רחוק, **מאי טעמא** ומה הטעם, **אמר רבי שמעון, אין חיה בעולם עושה כמו הצבי או כעופר האילים, בזמן שהוא בורח הולך מעט מעט ומחזיר את ראשו למקום שיצא ממנו, ולעולם תמיד הוא מחזיר את ראשו לאחוריו.** כך אמרו ישראל, **רבונו של עולם אם אנו גורמים בעונותינו שתסתלק מבינינו, יהי רצון שתברח כמו הצבי או כמו עופר האילים, שהוא בורח ומחזיר את ראשו למקום שהניח** ר״ל אפילו בזמן שהאורות דרחמים גמורים מסתלקים, מסתלקים כמו הצבי הבורח, עם כל זאת כמו שהצבי מסתכל לאחוריו בכל זמן בריחתו, כך המאציל מאיר לתחתונים אפילו בזמן שאור הרחמים מסתלק, **הדא הוא דכתיב** וזה מה שכתוב - **ואף גם זאת בהיותם**

האילים, ר"ל כמו כשצבי בורח הוא מחזיר פניו ומסתכל לאחוריו, או כאשר[61] הצבי יושן הוא יושן עם עין אחת פתוחה, עם כל זאת **עומד אחר כתלנו, משגיח מן החלונות מציץ מן החרכים**, כך כביכול גם המאציל מסלק את האורות למעלה, הוא משגיח על התחתונים, **ומאיר להם אור ההכרזה** כדי חיותם **עם היותו מסתלק** מהם בחינת מוחין דגדלות, **ואינו נותן להם האור** בזמן סילוק את המוחין דגדלות **אלא בהפיכת האזוריים אל התזוזתונים.**

ואור זה **נקרא**[62] **אור דין לסבה** זו מפני שאור זה בא דרך אחורי הספירות. **ונקרא**[63] האור הזה גם **אור זוזר, כי בעת זזרתו** של אור דגדלות **והסתלקות למעלה,** כדי **שלא להשפיע**

בארץ אויביהם לא מאסתים ולא געלתים לכלותם ר"ל אפילו בזמן שבני ישראל נמצאים בגלות ובדיוטא התחתונה, עם כל זה לא מאסתים, אלא אני ממשיך ומאיר להם שפע מוחין. **דבר אחר, הצבי כשהוא ישן, הוא ישן בעין אחת, והאחרת הוא נעור,** כך אמרו ישראל לקדוש ברוך הוא - **עשה כמו הצבי,** כמו שכתוב - **הנה לא ינום ולא יישן שומר ישראל** אפילו בזמן סילוק אור הרחמים עדיין המאציל יתברך שומר את ישראל.
59

שיר השירים ב' ט' – דומה דודי לצבי או לעפר האילים הנה זה עומד אחר כתלנו משגיח מן החלונות מציץ מן החרכים.
60

הגהות וביאורים)ב(– כמו שכתוב בזוהר שמות י"ד א' מצאתי כתוב.
61

בחינת העינים היא רומזת לבחינת החכמה, בסוד עיני העדה, והם בחינת מוחין דחיה, שהם מוחין דגדלות. כאשר הצבי ער, וב' העינים שלו פתוחות, הם רומזות על הארה שלימה, והיא הארת מוחין דגדלות, מוחין דפנים. וכאשר הצבי הולך לישון, וידוע כי השינה היא בחינת סילוק מוחין, הוא יושן עם עין אחת פתוחה ואחת סגורה, בחינה זאת רומזת על הארה לא שלימה, והיא הארת מוחין דקטנות, מוחין דאחור. וזאת כדי לראות אפילו בזמן השינה, שהוא סילוק המוחין, המאציל ב"ה עומד ומשגיח מן החלונות מציץ מן החרכים. וכמו שכתוב בשיר השירים לפעמים קורא לה **באחד מעיניך** המורה על עין אחת, והם מוחין דקטנות, ולפעמים **עיניך** המורה על ב' העינים, והם מוחין דגדלות.

תרשים ח – י.

ע"ח שי"ג פי"ג דס"ט ע"א – ודע כי ב' מיני הסתכלות הם. אחד הוא הסתכלות הז"א או או"א בעתיקא, השני הוא הסתכלות דעתיקא בהם, וכל אחד מאלו הב' נחלק לב' אחרים, והם ד'. או כאשר הסתכלות הוא במצח או"א)נ"א א"א(, או כאשר הסתכלות הוא בעין לבד. וכל אחד מאלו נחלק לד' בחינות, **או הסתכלות עין אחת, או הסתכלות שני עינין,** וגם כזה יהיה בז"א המסתכל בעתיקא. וכן ב' חלוקות אלו כאשר עתיקא מסתכל בז"א. סוף דבר הם חלוקות רבים, ואנו לא ביארנו למעלה רק ב' בחינות כנ"ל, שהם אלו הסתכלות או"א או ז"א במצח דעתיק, או הסתכלות בפנים לבד.

שיר השירים ד' ט' – לבבתני אחתי כלה לבבתני **באחד מעיניך** באחד ענק מצורוניך.

שיר השירים ד' א' – הנך יפה רעיתי הנך יפה **עיניך** יונים מבעד לצמתך שערך כעדר העזים שגלשו מהר גלעד.

קהלת ב' י"ד – **החכם עיניו בראשו** והכסיל בחשך הולך וידעתי גם אני שמקרה אחד יקרה את כלם.
62

כרם שלמה ש"ו פ"ח אות ה' – ומה שכתב ונקרא אור דין לסבה וכו'. כי מדת הדין נותנת קצבה, עד כאן תחום זה, וכן זה ראוי, וזה אינו ראוי. כי המדה והקצבה באה מן מדת הדין, שהם שם אלהי"ם, בסוד קו המדה ומדידו דמשחתא, אבל מדת החסד שהם מים, הם נותנים והולכים בלי מדה וקצבה. ולזה הם רחמים, כי אין גבול להשפעתם, בסוד בידקא דמיא כיון דרוח דרוח רוח, ופשוט.
63

בהם שֶׁפַע גָּדוֹל של מוחין דגדלות, **אָז נִמְשָׁךְ לָהֶם אוֹר הַהַכְרֹזִי הֶזֶה** כדי חיותן, שבא מזיווג ישסו"ת.

וְאוֹר זה **נִקְרָא**[64] גם **אוֹר נְקֵבָה, לב' סבות** על דרך הַנִזְכּר לְעֵיל בערך אור הזכר, **אם לְפִי שהוּא כדרך טֶבַע הַנְקֵבָה שֶׁמְקַבֶּלֶת וְאֵינָה מַשְׁפַּעַת** שפע של נשמות חדשות, בסוד[65] תשש כחו כנקבה, ובסוד[66] הפסוק[67] צור ילדך תשי, הואיל והאור החוזר אינו כי אם חיות ההכרחי שלהם, כדי קיומם, **וְאִם**[68] **בְּסִבָּה שֶׁאֵין בָּהּ** ר"ל בנקבה **כֹזֶ לְהוֹלִיד נִשְׁמָתִין** חדשים **כְּמוֹ**

כרם שלמה ש"ו פ"ח אות ה' – ומה שכתב ונקרא אור חוזר וכו'. ר"ל אינו כפשוטו, שהאור הוא עולה מלמטה למעלה, שאותו האור הבא קודם זה בדרך ישר מלמעלה למטה, הוא עצמו חוזר מלמטה למעלה. אלא גם הוא בא ומתפשט מלמעלה למטה. **ומה שנקרא אור חוזר** מפני שהוא מתפשט בעת שהספירות חוזרים למעלה, כדי שלא להשפיע עליהם יותר מדי. אז בעת ההיא, בעת החזרה נמשך להם אור ההכרחי הזה.
64

כרם שלמה ש"ו פ"ח אות ה' – ומה שכתב ונקרא אור נקבה לב' סיבות וכו'. אם כדרך הנקבה שמקבלת ואינה משפעת, ר"ל הואיל ואור החוזר הזה אינו כי אם ההכרחי שלהם, והוא כדי להם, אין בו כח לעצמם, אבל אין נותנים להם סיפוק, ותוספת, וכח כדי להשפיע לאחרים גם כן, ולזה נקרא נקבה, כי אין כח הנקבה כדי להשפיע לאחרים מצד עצמה, אלא מה שנותנים לה. מה שאין כן הזכר, כי הוא מקבל לעצמו ולנוקבא, ולמטה ממנו, והוא יורד בעת רצון של ההשפעה מלמעלה למטה, כדרך הזכר שרוצה להשפיע. ומשפיע גם כן ממנו ומעצמו. מה שאין כן הנקבה, אינה משפעת ממנה ומעצמה, כי אם מה שנותנים לה, כי דרכה לקבל בלבד. מה שאין כן, גם כך אור הישר כשיורד יורד להספירות עצמם, ולצורך אחרים. אבל האור החוזר אינו יורד כי אם בעת אין רצון להשפיע, והוא בזמן שהספירות חוזרות ועולות, ואין רצונם להשפיע כי אם לקבל, ובזה כי עולות נקרא נקבה.
65

גמרא ברכות דל"ב ע"א – מבלתי יכולת הוי"ה, יכול הוי"ה מיבעי ליה, אמר רבי אלעזר, אמר משה לפני הקדוש ברוך הוא (שהוא ז"א), רבונו של עולם, עכשיו יאמרו אומות העולם **תשש כחו כנקבה**, ואינו יכול להציל. אמר הקדוש ברוך הוא למשה, והלא כבר ראו נסים וגבורות שעשיתי להם על הים, אמר לפניו רבונו של עולם, עדיין יש להם לומר למלך אחד יכול לעמוד, לשלשים ואחד מלכים אינו יכול לעמוד.
66

שערי קדושה, חלק ג' שער ב' – הנה בתחילת הבריאה נבראו כל העולמות על הסדר הנזכר לעיל, מכח האין סוף, ברצון הפשוט בתורת נדבה וחסד, **אחר כך צריך עוד להמשיך מזון וחיות ושפע בכל העולמות להעמידן על עמדן כבזמן הבריאה ולא יותר**, כמו שכתוב - ידעתי כי כל אשר יעשה האלהי"ם, הוא יהיה לעולם עליו אין להוסיף וממנו אין לגרוע - וכמו שכתוב - ואין כל חדש תחת השמש. וכתיב - ויכל אלהי"ם ביום השביעי מלאכתו וגו'. שהוא ענין הבריאה עצמה, **אכן המשכת חיותם מאז ואילך הוצרך מעשיהם שיפרנסו עצמן**, כענין הבן שבהיותו גדול אינו אוכל על שלחן אביו. ואמנם העשר ספירות עצמן אינם צריכות למעשיהם כי השפע הצריך להם להעמידן על עמדם כשנאצלו נמשך להם בהתמדה מאת האין סוף, כי בעשר ספירות נאמר - לא יגורך רע, ואין צורך להם לתקון על ידי מעשה, מה שאין כן בנבראים שהן מבחינת הנשמות ולחוץ, שהם מעורבים טוב ורע, שצריכין מעשה ותקון. האמנם בבחינה אחרת והיא, **כשנגרע שפע אל הנבראים, נראה חס ושלום חולשה ומעוט יכולת בעשר ספירות שאינן משפיעין בהם**, לכן נאמר - צור ילדך תשי, ובהפך - תנו עוז לאלהי"ם.
67

דברים ל"ב י"ח – צור ילדך תשי ותשכח אל מחללך.
68

כרם שלמה ש"ו פ"ח אות ה' – ומה שכתב ואם בסיבה שאין כח להוליד נשמתין וכו', אלא בחינת המזון. פירוש כי הזכר יכול להוליד ממנו ומעצמו נשמות ממש, אבל הנקבה אינה יכולה להוליד נשמות כי אם מזון,

הַזָּכָר, אֶלָּא לנקבה יש רק את היכולת להשפיע את **בְּזוֹיִנַת הַמָּזוֹן** והחיות בלבד ולחדש נשמות ישנות, **כְּמוֹ שֶׁכָּתוּב**[69] בפסוק[70] **וַתִּתֵּן טֶרֶף לְבֵיתָהּ** וחוק לנערותיה, ר"ל חוק קבוע **וְגוֹ'** בסוד[71] לחם חוקו, ובחינת האורות האלו הם מוחין דקטנות **שֶׁהֵם שֵׁמוֹת אֱלֹהִ"ם, שֶׁהוּא** אור **דִּין,** ועוד נקרא אור זה אור דנשמה, ואור דבינה, זיווג בלתי נקודות, זיווג דישסו"ת, זוווגא דלא שלים. **נמצא שכל השמות והערכים האלו שהם** – אור הבינה, אור הנשמה, זיווג בלי דנקודות, זיווג ישסו"ת, זוווגא דלא שלים, אור חוזר, אור אחור, אור דחיצוניות, אור דין, מוחין דקטנות, נשמות ישנות, שמות אלהי"ם, **הם לכאורה בעצם אותה בחינה**, ונקראים כולם בכללות מוחין דקטנות[72].

הרב ז"ל מבאר עוד חילוק והבדל שיש בין מוחין דגדלות למוחין דקטנות, והוא בשמות הקודש. צריך[73] לדעת כי יש בבחינות של שמות קודש המצויירים ביושר לדוגמה בצורה זאת **אהי"ה או הוי"ה וכו'**, והם מורים על מוחין דגדלות,

---

ולזה כאן גם כן האור הישר שהוא בחינת מדרגת הזכר, יכול להוליד נשמות חדשות שהוא במדרגת נקבה אינו יורד כי אם לצורך קיום העולמות, ולחדש הנשמות הישנות, ולא להוליד נשמות חדשות.

69

כרם שלמה ש"ו פ"ח אות ה' – וזה סוד הפסוק שהביא - **ותתן טרף לביתה**, זהו הטרף שהוא המזון. **וחוק לנערותיה**, דהיינו לחק הקבוע להם מקודם זה הזמן, והוא הנשמות הישנות שהיו מקודם לזה, והואיל וכן הוא שאין לה דבר יותר, כח אם לצורך המזון ולחדש הנשמות הישנות, שהוא בדרך קצבה וגבול, ולא תוספת חידוש לזה, הם שמות אלהי"ם, המורים דין, שהדין הוא נותן קצבה, ונקרא קו המדה, כי אינו נותן כי אם לפי המדה, כמו שכתוב לעייל. מה שאין כן הזכר, שהוא הוי"ה, והוא רחמים, ומשפיע יותר מן ההכרח, בלי מדה וקצבה, ופשוט.

70

משלי ל"א ט"ו – ותקם בעוד לילה ותתן טרף לביתה וחק לנערתיה.

71

משלי ל' ח' – שוא ודבר כזב הרחק ממני ראש ועשר אל תתן לי הטריפני לחם חקי.

72

לפי זה יוצא כי כל השמות והערכים האלו שהם – אור החכמה, אור החיה, זיווג דנקודות, זיווג דאו"א עילאין, זוווגא שלים, אור ישר, אור פנים, אור הפנימיות, אור הרחמים הגמורים, מוחין דגדלות, נשמות חדשות, שמות הוי"ה, **הם לכאורה** בעצם אותה בחינה, ונקראים כולם בכללות מוחין דגדלות. וכל השמות והערכים האלו שהם – אור הבינה, אור הנשמה, זיווג בלי דנקודות, זיווג ישסו"ת, זוווגא דלא שלים, אור חוזר, אור אחור, אור דחיצוניות, אור דין, מוחין דקטנות, נשמות ישנות, שמות אלהי"ם, הם **לכאורה** בעצם אותה בחינה, ונקראים כולם בכללות מוחין דקטנות.
תרשים י – י"א.

73

ע"ח שט"ו פ"ו דע"ח ע"ב – אמנם בחינת התבונה ויש"ס, כאשר האחוריים של או"א עלאין מתפשטין בהם, נעשו ישסו"ת בבחינת אחוריים של שמות הוי"ה ואהי"ה דיודי"ן ברבוע שלהם, כי ריבוע של הוי"ה גימטריא קפ"ד, וריבוע של אהי"ה גימטריא תקמ"ד, **כי לעולם הפנים שלה בחינת יושר, ובחינת אחוריים הם בבחינת חשבון ורבוע**. נמצא כי או"א בבחינת הפנים שלהם שהם הוי"ה אהי"ה דיודי"ן, גימטריא **רג"ל**, ויששו"ת הפנים שלהן הם ב' אחוריים של ב' שמות הנ"ל, כי מה שהוא אחוריים למעלה, הוא בבחינת פנים למטה. ואמנם זהו שאנו אומרים כי אלו הרבועים הם האחוריים של או"א עליונים, זה בבחינת כשמתפשטין אבא ואמא בסוד יש"ס ותבונה, אבל כל זמן שלא נתפשטו אז אחוריים עצמן דאמא הם ק"ך צרופי אלהי"ם, אלא שאין ק"ך צרופים אלו ניכרין, אלא באחוריים של ד' תחתונות דאמא. והנה כאשר האחוריים האלו מתפשטין מהם לעשות היש"ס ותבונה, הפנים שלה ושל יש"ס הם ב' רבועים הנ"ל של הוי"ה אהי"ה, ואמנם בחינת אלהי"ם עצמן אינו נגלין בפנים דפנימיות שלה, רק בפנים דאחוריים, (נ"א בפנים שלה רק באחוריים שלה כמ"ש). ונחזור לבאר ענין הפנים והאחוריים דיש"ס ותבונה, והנה הפנים שלהם הוא רבוע דהוי"ה דיודי"ן, והוא גימטריא קפ"ד, וזהו פנים דיש"ס, ורבוע דאהי"ה עולה תקמ"ד, והוא פנים דתבונה, ולכן

41

ויש שמות קודש המצויירים ברבוע, לדוגמה בצורה זאת **א', א"ה, אה"י, אהי"ה**, והם מורים על בחינת מוחין דקטנות, והם[74] סוד התרדמה. עוד צריך לדעת כי כאשר השם המצויר הוא שהם **הוי"ה** ביושר הוא מורה על בחינת מוחין של פנימיות דפנימיות. כאשר שם הוי"ה מצויר ברבוע כזה **י', י"ה, יה"ו, יהו"ה**, הוא מורה על בחינת מוחין של חיצוניות דפנימיות, וכן[75] בכל השמות דהוי"ה שבעשר ספירות, כולם הם בגימטריא תרגום. וכאשר שם **אלהי"ם** מצויר ביושר הוא מורה על בחינת מוחין של פנימיות דחיצוניות. כאשר שם אלהי"ם מצויר ברבוע כזה **א', א"ל, אל"ה, אלה"י, אלהי"ם**, הוא מורה על בחינת מוחין של חיצוניות דחיצוניות[76]. וכן בשאר שמות הקודש. יוצא לפי זה כי שם הוי"ה ביושר מורה על מוחין דגדלות, ושם אלה"ם ברבוע מורה על בחינת מוחין דקטנות בבחינה הכי קטנה שלהם. וכן הוא[77] במלוי ורבוע המילוי דשמות הקודש, לדוגמה – שם הוי"ה במילוי יודי"ן הוא ע"ב, ושם אהי"ה במלוי יודי"ן הוא קס"א, חיבורם הוא גימטריא **זכור**. רבוע שם הוי"ה דיודי"ן הוא בגימטריא קפ"ד, ורבוע שם אהי דיודי"ן הוא בגמטריא תקמ"ד, וחיבורם הוא **תשכ"ח**, בסוד הפסוק[78] זכור אל תשכח.

גם[79] **יֵשׁ עוֹד** וְחִילוּק **אזר** בין האור הישר לאור החוזר, והוא כי שֶׁ**הָאוֹר** הַיָּשָׁ**ר** יוצא ממקורו ומתפשט, **כְּמְעַט שֶׁהוּא נִפְרָד מִמְקוֹמוֹ, כדי לרדת ולהשׁפִּיע לתחתוֹנים, לכן**[80]

הפנים של יש"ס הוא גימטריא קפ"ד, לרמז כי על ידי זה שהוא הפנים שלו, הוא מזדווג עם התבונה, ופוק"ד אותה. וגם גימטריא מקד"ם, להורות כי מה שהיה שם זה למעלה באבא בבחינת אחור, בכאן ביש"ס פנים, הנקרא קדם, בסוד אחור וקדם צרתני, וזה סוד וישכן מקדם לגן עדן, וגם הפנים של התבונה שהוא גימטריא תקמ"ד, הוא סוד קדמ"ת עדן, להורות כי למעלה היה זה בבחינת אחור בבינה העליונה, וכאן הוא פנים שהוא קדמ"ת, מלשון אחור וקדם צרתני, כנזכר בזוהר. והנה כשנצרף ב' שמות האלו יהיו גימטריא **תשכ"ח**, כי הנה אלו הם האחוריים העליונים כנ"ל, ומהם נעשה פנים למטה מהם, ונמצא שיש בהם בחינת בינה הנקרא ס', ובחינת תבונה הנקרא מ' סתומה, והקליפה שכנגד בינה ותבונה נקרא מ"ס. וזהו הטעם ששר של שכחה נקרא מ"ס, כי אלו השמות שהם גימטריא **תשכ"ח**, הם בבינה ותבונה, הנקרא מ"ס, **ומשם יש שכחה, לפי שהם אחוריים** והקליפות הנקרא מ"ס, אוחזין בהם. וזה סוד שארז"ל אינו דומה שונה פרקו ק' פעמים, לשונה פרקו ק"א פעמים, לפי שעד ק' פעמים יש לו שליטה כמנין מ"ס, ולא יותר. ואמנם הפנים של או"א הם עולין גימטריא רג"ל, כנזכר והם גימטריא **זכור**, ומשם בא הזכירה, שהם אותיות זכ"ר י"ה, שהם או"א הנקרא י"ה, לפי ששם אין קליפה נאחזת.
74

שער המצות, פרשת ואתחנן דל"ו ע"ב - ודע כי כל בחינת האחוריים הם שמות בסוד ריבוע, שהוא בסוד פשוט, כפול, משולש, מרובע, **ואלו נקראים תרדמה**, הוא סוד - ויפל הוי"ה אלהי"ם תרדמה על האדם, כי הנסירה היתה בהיותם בסוד אחור באחור, כי זהו בחינה הנקראת תרדמה, ואז נסרה, ואחר כך החזירה פנים בפנים.
75

ספר הלקוטים, פרשת לך לך ד"י ע"ד – גם אבאר לך טעם אחר נפלא, כי הלא בכל ספירה וספירה מעשר ספירות, יש הוי"ה אחת, והאחור שלה הוא ריבוע הוי"ה, והוא בגימטריא ע"ב. והנה אחורי חב"ד הם שלוש ע"ב, שהם רי"ו. וכן אחורי חג"ת, וכן אחורי נה"י. הרי שלוש רי"ו, כמנין תרגום, וכולם הם נותנים אל המלכות.
76

תרשים ח – י"ב.
77

תרשים ח – י"ג.
78

דברים ט' ז' – זכר אל תשכח את אשר הקצפת את הוי"ה אלהי"ך במדבר למן היום אשר יצאת מארץ מצרים עד באכם עד המקום הזה ממרים הייתם עם הוי"ה
79

כרם שלמה ש"ו פ"ח אות ו' – גם יש עוד חילוק אחר. ר"ל כי אור ישר הואיל וחשקו הוא להשפיע מחמת חשק ורצון ולא מחמת חיוב, לזה הוא משפיע בכל חשקו, וחשקו לשכון בתחתונים. ולזה נאמר עליו

הוי"ת שלהם פשוטות שהם בצורה זאת י-ה-ו-ה, **ומלאים**[81] לדוגמה כמו שם ע"ב - יו"ד ה"י וי"ו ה"י, או לדוגמה שם ס"ג - יו"ד ה"י וא"ו ה"י, וכו', כי ידוע ששמות הוי"ה מורים על בחינת מוחין דגדלות, לכן

כולם[82] **הם הוי"ת באותיות נפרדות זו מזו** ובסדר ישר.

הרב ז"ל מבאר את שם אלהי"ם ברבוע, אבל מדובר לאו דווקא בשם אלהי"ם, אלא כל אחד משמות הקודש. **עוד צריך לדעת** כי גם השמות דרבוע מתחלקים לשיעור קומה בן עשרה ספירות[83], בסוד[84] שיר פשוט, כפול, משולש ומרובע.

כמעט שהוא נפרד ממקומו ולא נפרד ממש, אלא כמעט, כמעט דייקא. פירוש כאילו נפרד, והוא מחמת רוב חשקו ורצונו להשפיע להתחתונים.
80

כרם שלמה ש"ו פ"ח אות ו' – וסימן לזה האור הישר הזה הוא הוי"ת פשוטות. פירוש כזה: י-ה-ו-ה, ולא הוי"ה ברבוע כזה: י', י"ה, יה"ו, יהו"ה. כי כשהם פשוטות הם מורים שהם כמעט נפרדים משורשם, כדי להשפיע בתחתונים, משאין כן כשהם בריבוע, כי אז הם מורים הם עדיין מחוברים בשורשם, ואין רצונם להשפיע בתחתונים. ומה שנקט הריבוע בשמות אלהי"ם ולא בשמות הוי"ה עצמה, מפני שקרא וכנה לעיל האור החוזר שהוא דין בשם אלהי"ם, ולא בשם הוי"ה, ולזה נקטו לאור החוזר בריבוע שם אלהי"ם, מפני שהוא יותר דין קשה מריבוע של שם הוי"ה עצמה. ועוד כדי לכלול עמה מה שכתב לעיל שהאור החוזר נמשך מן החיצוניות, ונקרא גם כן חיצוניות. וידוע כי שם הוי"ה בין הפשוט ובין הריבוע הוא בפנימיות של אותו פרצוף, אבל שם של אלהי"ם הוא בחיצוניות של אותו פרצוף. והוא כי שם הוי"ה הפשוטה הוא בפנימיות דפנימיות, והריבוע שלו הוא בחיצוניות דפנימיות. והפשוט של שם אלהי"ם הוא בפנימיות דחיצוניות, והריבוע של שם אלהי"ם הוא בחיצוניות דחיצוניות, כנזכר כל זה לקמן בשער או"א פרק ו'. אם כן הכא שמדבר על אור הישר, היש שהוא יותר רחמים, לזה נקטו במדרגת פנימיות דפנימיות, והוא שם הוי"ה פשוטה. והאור החוזר שהוא יותר דין נקטו במדרגת חיצוניות דחיצוניות, שהוא ריבוע דאלהי"ם. מה שאין כן ההוי"ה של ריבוע שהיא יותר רחמים מזה, ופשוט. סוף סוף הריבוע מורה על כי רצונם להסתלק מן התחתונים, והטעם הוא כי הואיל ולמטה אין מגיע להם השפעה מחמת שלא יתאחזו החיצונים מן השפע הזה, שהוא מחמת מעשה התחתונים הרעים, לזה הם עולים למקומם כדי לקבל שפעם מן המאצילים, לבד מן הטעם כדי שלא יתאחזו בהם החיצונים. ולזה כתב כאן עד שמתחברים עם שורשם ומאצילים, פירוש כדי לקבל שפעם.
81

כרם שלמה ש"ו פ"ח אות ו' – ומה שכתב על ההוי"ת הפשוטות שהם מלאים, הטעם הוא יען שלעיל קרא לאור הזה במדרגת מוחין, וז"ל - שהרי הנשמות מזיווג הפנימיים של המוחין באים וכו'. וכתב לקמן בשער או"א פרק ד' שכל הוי"ת של המוחין הם מלאים, ולזה כתב - כי האמיתות הענין לשון פנים ואחור, **לא נוכל**.
82

בית לחם יהודה ש"ו פ"ח – כולם הם הוי"ת באותיות נפרדות זו מזו. הם יו"ד הוי"ת שבעשר ספירות דז"א המנוקדים בתשעה נקודות, שהם קמץ, ופתח, וכו'. ואופן סדרם מבואר באורך בפרק א' דשער מ"ד, יעו"ש. שכתב דאות יו"ד של נקוד קמץ, הוא נשמה לנשמה, תוך הכל. וה' ראשונה בקמץ, הוא נשמה, תוך כלי הפנימי דכתר. ואות ו' בניקוד קמץ, הוא רוח, תוך כלי אמצעי דכתר. ואות ה' אחרונה בניקוד קמץ, היא נפש, בכלי חיצון דכתר. וכן על דרך זה הוי"ה ב' כולו בפתח, בחכמה דז"א. והוי"ה ג' כולו בצירי, בבינה דז"א, יעו"ש. נמצא שההוי"ת הם אותיות נפרדות, כל אות במקום אחד, ואינם בבחינת אחוריים, שהם מחוברים כמו שמבואר באותיות אלהי"ם.
83

תרשים ח – י"'ד.
84

תיקוני הזוהר, הקדמה ג' ע"א עם תרגום וביאור – **כד נחית קודשא בריך הוא בקריאת שמע** שיורד הקדוש ברוך הוא בסוד הקול של קריאת שמע, כדי להאיר למלכות שבעולם הבריאה, לכן **אתמר בחיון** נאמר בחיות הקודש שבעולם הבריאה - **ואשמע את קול כנפיהם** דהיינו קול השיר של הכנפים שלהם, בסוד המשנה דשבת פרק ה' - וכל בעלי השיר יוצאים בשיר ונמשכים בשיר, ועל ידי השיר נמשך מ"ן מלמטה

אמנם[85] המוחין דקטנות שהם **אור החוזר**, הוא שם אלהי"ם שלא מתפשט בסדר האותיות של א-ל-ה-י-ם, אלא **הוא** מאיר ומתפשט בסוד[86] **הרבוע**[87] כדי שלא יתאחזו החיצונים בהם[88], ושם אלהי"ם ברבוע הוא **כזה**

למעלה, ועל ידי זה נשפע להם שפע רב, לכן הם מהללים **בעשר מיני הלולים, בשיר פשוט דאיהו** שהוא אות אחת והיא י', בספירת הכת"ר. שיר **כפול דאיהו** שהוא ב' אותיות והם **י"ה**, בספירת **החכמ"ה** ובספירת **הבינ"ה**. שיר **משולש בג'** אותיות **יה"ו, דאיהו** שהם בספירות **חס"ד, גבור"ה, ותפאר"ת**. שיר **מרובע בד'** אותיות **הוי"ה, דאיהו** שהם בספירות **נצ"ח, הו"ד, יסו"ד, מלכו"ת**. ועל ידי העשר ההלולים הללו, שהם סוד שם הוי"ה, בסוד שיר פשוט, כפול, משולש, ומרובע מקבלות כל הספירות והמלאכים דבריאה שפע וברכה.

תיקוני הזוהר, הקדמה ד"י ע"א עם תרגום וביאור – **ואית גוון פשוט** ויש גוון פשוט כנגד הכתר, אות י' דהוי"ה, ויש גוון **כפול** המורכב משני גוונים, כנגד חו"ב, אותיות י"ה דהוי"ה, ויש גוון **משולש** המורכב משלושה גוונים, כנגד חג"ת, יה"ו דהוי"ה, ויש גוון **מרובע** המורכב מארבעה גוונים, כנגד נהי"מ, כל אותיות הוי"ה, **עד דסליק לעשרה גוונין** עד שעולים לעשרה גוונים, **דנהירין בהון עשר אתוון** ומאירים בהם עשר אותיות, **דאינון י' י"ה יה"ו הוי"ה, וסלקין אלין עשר לע"ב נהורין** ועולים לע"ב אורות, **דנהירין בע"ב גוונין** ומאירים בע"ב הנהגות.
85

בית לחם יהודה ש"ו פ"ח – אמנם אור החוזר הוא רבוע כזה וכו'. פירוש אות א' בכתר, וא"ל בחו"ב, ואל"ה בחג"ת, ואלה"י בנה"י, ואלהי"ם במלכות. וכולם פניהם למטה, ובעת הרוגז אז שם אלהי"ם שבסוף כולם חוזר לאחוריו, כלפי אל"י, ומתחבר עמו. ושניהם חוזרים לאחוריהם, ומתחברים עם שם אל"ה. ושלשתם חוזרים לאחוריהם, ומתחברים עם אותיות א"ל. וארבעתם חוזרים לאחוריהם, ומתחברים עם אות א'. והוא כענין מה שכתב רז"ל בסוף **פרק ג' דשער כ"ב וז"ל** – אמנם כשיש רוגז ח"ו בעולם מחמת פגם עבירות, אז מסתלקין המוחין דגדלות שבו, שהיו כופין המוחין דקטנות, ואז עולין אלו האלהי"ם למעלה בריש"א דז"א, ואז יהיה רוגז גדול ח"ו, יעו"ש. ועיין עוד בסוף פרק ה' דשער כ"ח, בסוד ויהי דוד בא על הראש אשר ישתחוה שם לאלהי"ם, יעו"ש. ולכן נקרא אחוריים, ואור חוזר, כי הוא חוזר לאחוריו, כן נראה לענ"ד דעתי לפרש לפי המשך הסוגיא. ועיין בהגוב"י.
86

שער המצות, פרשת ואתחנן – עוד יש טעם אחר בענין התרגום שהוא אחד, לפי שבחינת שמות האחוריים הם בסוד ריבוע כזה - **י', י"ה, יה"ו, יהו"ה**, אשר תמיד אות ראשונה מתחבר עם כל האותיות שלאחריה, ולכן התרגום נקרא אחד, כי הכל אחדות אחד, נקשר זה בזה, מה שאין כן בלשון הקודש שהוא פנים, אשר אין האותיות מתחברות על דרך הנזכר, אלא כל אות ואות נפרדת בפני עצמה, ולכן היא מקרא לשון רבים. וטעם הדבר התבאר במקום אחר, כי הקליפות נאחזות באחוריים אלו, וכדי שלא יתאחזו בהם, הוצרכו להתחבר האותות זו עם זו, ואף האות האחרונה שבכולם עם האות הראשונה שבכולם, ועם כל האותיות [הקודמות] אליה, כדי שלא תפרד מהם ח"ו, ואז יהיה אחיזה רבה אל החיצונים.
87

הגהות וביאורים)ג(– בספר המצות פרשת ואתחנן כתב ענין הוא ברביבוע, אשר תמיד מתחברות עם כל האותיות כל הוי"ה, הטעם הוא כי הקליפה הוא נאחז באחוריים, וכדי שלא יתאחזו בהם הוצרכו האותיות להתחבר זה עם זה כו', יעו"ש. ואפשר שמטעם זה הוא גם כן בשם אלהי"ם.
88

שער המצות, פרשת ואתחנן – הקדמה ב' בענין השכחה מה ענינה. דע כי השכחה נמשכת מן אחוריים דאו"א, כי הנה נודע שהפנים שלהם הם הוי"ה ואהי"ה במילוי יודי"ן, ושניהם גימטריא זכור, כי מהם נמשכת הזכירה, וזה הוא ענין זכירה, זכ"ר י"ה, כי הזכירה היא באו"א הנקרא י"ה, בבחינת הפנים שלהם, שהם ע"ב קס"א. אבל האחוריים שלהם הם הריבוע והאחוריים של שני שמות הנזכרים, שהם הוי"ה ואהי"ה דמילוי יודי"ן ושניהם גימטריא תשכח, ומאלו השני אחוריים נמשכת השכחה, **לפי שאין אחיזת החיצונים אלא באחורים**, שאין השכחה מצויה אלא על ידי אחיזת החיצונים, ועל שני בחינות אלו כתוב בתורה **זכור ואל תשכח**.

א', א"ל, אל"ה, אלה"י, אלהי"ם, שתמיד האותיות הם מזוזברים להזורות

שהם עוליןֹ למקורם ושורשם **ומזוזברים** האותיות **זו בזו,** ר"ל כי אות **א'** דאלהי"ם יוצאת ומתפשטת

להאיר למטה, אך מיד היא חוזרת ומתעלמת בשורשה. וחוזרת אות א' דאלהי"ם בפעם השניה ומתגלה שוב, אבל הפעם

היא מתגלה עם האות ל' דאלהי"ם, וב' אותיות אלו הם בציור זה - **א"ל,** ואחרי גלוי והתפשטות ב' אותיות אלו, הם מיד

חוזרות להתעלם בשורשם. ושוב מתגלות האותיות א"ל דאלהי"ם בפעם השלישית עם האות ה' דאלהי"ם בציור זה -

אל"ה, ומיד אחר הגילוי האותיות מתעלמות בשורשם. וחוזרים ומתפשטים אותיות הנ"ל בפעם הרביעית עם אות י'

דאלהי"ם, הציור זה - **אלה"י,** ואחרי התפשטות ד' האותיות הנ"ל הם חוזרים ונעלמים בשורשם. ושוב יוצאים

ומתפשטים בפעם החמישית עם האת מ' דאלהי"ם, בציור זה - **אלהי"ם.** כך שהתפשטות המחין דקטנות שהם שמות

אלהי"ם ברבוע הוא כך - **א' א"ל אל"ה אלה"י אלהי"ם,** כך שהאותיות יוצאים משורשם ומתפשטים ומאירים

לתחתונים, ומיד חוזרים **עַד שֶׁמתזוזברין עִם שרשם ומאצילם, כי רצונם** של האורות[89]

להֹסֹתלֹקֹ[90] **מֹן הֹתזֹזֹתונֹים** ולהשפיע רק שפע של חיות העולמות בלבד.

הרב ז"ל מבאר[91] את החילוק שיש כאשר ז"א מקבל מוחין דחיה, לבין כשז"א מקבל מוחין דנשמה. **גָּם יֵשֹ**[92] [93]

זֹזֹילוֹק וכינוי **אֹזֹור**[94] בין אור הישר לבין אור החוזר, **כי המוזזין שֹל בֹזֹינֹת זזיה אֹשֹר בֹז"א**

---

[89]

כאשר מסתלקים האורות, מסתלק אור הכתר תחילה, הרמוז באות **א'** דאלהי"ם. ואחר כך אורות דחב"ד

הרמוזות באות **ל'** דאלהי"ם, מפני שהם ג' ספירות הכוללות כל אחת י' ספירות פרטיות, לכן הם שלושים

ספירות. אחר כך מסתלקים האורות דחג"ת נ"ה, הרמוזים באות **ה'** דאלהי"ם, והם ה' ספירות. אחר כך מסתלק

אור היסוד הרמוז באות **י'** דאלהי"ם. ובסוף מסתלק אור המלכות הרמוז באות **מ'** דאלהי"ם.

תרשים ח – ט"ו.

מקום בינה ש"ו פ"ח ד"ס ע"ב – ענין זהו בסוד עליית האורות אשר מסתלקות לעלות למעלה. ויובן במה

שכתוב בספר לקוטים כי שם אלהי"ם מתחלק בעשר ספירות בדרך זה, **א'** בכתר, **ל'** ב' בחג"ת ונ"ה, **י'**

יסוד, **מ'** מלכות. ונמצא שבחינת אלהי"ם עולה אל תיבת אלה"י. ואלה"י עולה לאל"ה, ואל"ה עולה לא"ל,

וא"ל עולה לא'. או כלו בדרך זה, כי הא' שהוא הכתר הוא הראשון להסתלק, ואחר כך עולה חב"ד שהוא ל',

ואחר כך עולה חג"ת נ"ה שהוא ה' של אלהי"ם, ואחר כך יסוד שהוא י', ואחר כך מלכות שהוא אות מ' של

אלהי"ם. אמנם בסוד ירידת האורות, בסוד ריבוע, הוא כזה בתחלה מתגלה א', ואחר כך א"ל, ואחר כך אל"ה,

ואחר כך אלה"י, וכו'. דהיינו שבא האור מעט מעט, בתחלה מופיע בכתר מעט, ואחר כך בסדר המדרגות.

[90]

הגהות וביאורים)ד(– קול הרמ"ז, ענין זה הוא סוד עליית האורות שיסתלקו לעלות למעלה, ויובן במה

שכתב בספר הלקוטים, כי שם אלהי"ם מתחלק בדרך זה - **א'** בכתר, **ל'** בחג"ת נ"ה, **י'** ביסוד, **מ'**

מלכות. ונמצא שבחינת אלהי"ם עולה אל תיבת אלה"י. ואלה"י עולה לאל"ה, ואל"ה עולה לא"ל, וא"ל עולה

לא'. או כלו בדרך זה, כי **הא'** שהוא הכתר הוא הראשון להסתלק, ואחר כך עולה חב"ד שהוא **ל',** ואחר כך

עולה חג"ת נ"ה שהוא **ה'** של אלהי"ם, ואחר כך יסוד שהוא **י',** ואחר כך מלכות שהוא אות **מ'** של אלהי"ם.

אמנם בסוד ירידת האורות, בסוד ריבוע, הוא כזה בתחלה מתגלה **א',** ואחר כך **א"ל,** ואחר כך **אל"ה,** ואחר

כך **אלה"י,** וכו'. דהיינו שבא האור מעט מעט, בתחלה מופיע בכתר מעט, ואחר כך בסדר המדרגות, עד כן

לשונו.

[91]

ע"ח ש"ו פ"ב מ"ב דכ"ה ע"ב – ודע כי כאשר לא יש בפרצוף בחינת חיה פנימים, שהוא בחינת הטעמים,

שנקרא מוחין, כי כל המוחין בסוד חכמה הוא שם ע"ב, אי אפשר להזדווג, ועדיין שאר האורות שיש לו שהם

נר"ן פנימית, נקרא אורות אחורים, ואז עומדין אחור באחור. והטעם כי כאשר אין לו בחינת הנ"ל עדיין, הם

דינין, ונקראו נקודות, שהוא ס"ג, שהוא הנשמה דינין. ולכן כדי שלא יהיה בהם אחיזה אל החיצונים, הם

מוכרחים להיות אחוריים היותר חיצונים, שהם בחינת אותיות ותגין, שהם נפש ורוח, להיות דבוקים יחד

45

הבאים מהחכמה[95] שהם או"א עילאין, הנקראים אבא[96] בכללות, **הם הגורמים זיווג זו"ן** הגדולים, ולאו[97] דווקא זו"ן, אלא כל פרצוף ופרצוף, כי רק על ידי מוחין דחיה זו"ן יכולים לחזור פנים בפנים, כמו בזמן מוסף דשבת, **כדי להוציא נשמות חדשות, והם** המוחין ד**בחינת פנים, כי** מוחין דחיה **הוא** בחינת **זכר**, נמצא כי רק מוחין דחיה יכולים להוליד.

הרב ז"ל מבאר את המוחין הבאים מצד אימא. **והבוזזין דז"א** שבאים לו **מצד** הבינה[98] שהיא **אימא**[99] בכללות, **הנקראת נשמה** מוחין דישסו"ת שהם יש**סו"ת, הם** לא נותנים כח בזו"ן הגדולים לחזור פנים בפנים

ואינם נגלין, רק אור פנים שהם נשמה נשמה בינה. **אך בבא חיה פנימי,** שהם המוחין, אז אין הקליפות יכולין להתאחז כלל אפילו באחוריים, כי אור החיה מאיר עד שם. **אך בעוד שאין בה אלא נשמה בינה,** אמת הוא שאין כח בקליפות לאחוז בנשמה עצמה, שהוא בפנים, אך באחוריים שולטין. לכך עומדין אז אחור באחור. ובבוא חיה אין יכולין אז לאחוז החצונים אפילו באחוריים, מרוב האור שמאיר החיה באחוריים, ונגדלים יותר, ואז חוזרת פנים בפנים, ומזדווגים ביחד.

ע"ח ש"כ פ"ח דצ"ט ע"ג – וביאור הדבר, כי תחלה היה לו בחינת עצמו שהוא רוח, ובחינת נוקבא הכוללת בו, והוא נפש. ובלקחו מיש"ס ותבונה כל אותן הצלמים, אז יש לו נשמה שלימה, כי הרי יש"ס ותבונה נקרא בינה כנודע. ובלקחו אותם שנית מן או"א עלאין, הנקרא חכמה, יש לו חיה בשלימות. ובלקחו אותן ג' כלים מא"א, הנקרא כתר, נשלם בו יחידה בשלימות.
92

בית לחם יהודה ש"ו פ"ח – גם יש חילוק אחר, כי המוחין של בחינת חיה וכו'. לאו דווקא חילוק אחר, כי זה הוא עצמו הנזכר לעיל, אלא כלומר כינוי אחר.
93

כרם שלמה ש"ו פ"ח אות ז' – בא עכשיו לחזק ראייתו כי אור הישר הנקרא אור הפנים, שממנו נמשך נשמות, הוא זכר. ואור החוזר שאינו גורם זיווג של נשמות, הוא נקבה. ומה שמביא מן החכמה והבינה שהם חיה ונשמה, ולא זו"ן, מפני שהזכר והנקבה הראשונים שנתגלו תחילה בהפרצופים, הם החכמה והבינה.
94

הגהות וביאורים (ה) – כנזכר במבוא שערים ש"א ח"ג פ"ד.
95

ע"ח ש"ו פ"ג מ"ת דכ"ו ע"ג – והנה כאן בעולם העקודים היו זו"ן גדולים מאו"א, כי זו"ן היו פנים בפנים, ואו"א היו אחור באחור, והענין כי הנה זו"ן השלימו כל צרכם הצריך להם, שהם ה' אור פנימי וב' מקיפין, קודם שחזרו לעלות במאצילם, מה שאין כן בא באו"א, כי עדיין לא היו שלימים, שהרי לאבא לא היו רק ג' פנימים לבד, ובלי שום מקיף, ולאימא לא היה רק ארבע פנימים, ובלי שום מקיף. ועוד כי אפילו קודם שתחזור שום ספירה להתעלות במאצילה, כבר היה מה שצריך להם אל זו"ן לצורך הזיווג. **והענין הוא כי כבר ידעת כי הזיווג הוא נמשך מן המוחין שהוא מחכמה ולמטה, וכבר היה לז"א בחינת חכמה, שהוא חיה פנימית,** קודם שיתעלה כתר במאציל, שהוא הראשון שחזר קודם כולם.
96

כרם שלמה ש"ו פ"ח אות ז' – כי כשהז"א יש לו מוחין מן או"א עילאין, שנקראים שניהם בשם אבא, שהוא חכמה, אז יש לו מוחין דחיה. ואז יש בו כח על אלו המוחין לעשות זיווג ולהוליד נשמות חדשות. והוא, מפני שאלו המוחין הם של חכמה, שהוא זכר, ולזה הוא בחינת פנים.
97

ע"ח ש"ו פ"ז מ"ב דכ"ט ע"א – והנה כל הענינים האלו היו באלו העשר ספירות בעולם העקודים, (נ"א הטעמים האלו היה בערך ההוא באלו בעולם העקודים), והנה כדי שנבין היטב בחינת אור ישר וחוזר, פנים ואחור, **אבאר לך למציאות זה בזו"ן,** ומשם תקיש אל השאר.
98

ולהתייחד, כי רק מוחין דחיה הם הגורמים לייחוד דזו"ן הגדולים, עם כל זאת כאשר[100] זו"ן הגדולים מקבלים מוחין דנשמה, הבאים מבחינת הבינה, שהם פרצופי ישסו"ת, עדיין זו"ן הגדולים עומדים אחור באחור, **ורק יעקב ורחל הקטנים**, שהם בחינת מ"ה וב"ן עטרות דיסוד, חוזרים ועומדים פנים בפנים, ומתייחדים, כמו בזמן התפילה דיום חול.

ולכן כאשר זו"ן מקבלים מוחין דנשמה הם עדיין עומדים אחור באחור, וזה הבחינה **וְעָנְיֵן** מוחין **דאחור, והם** בחינת מוחין הבאים מישסו"ת הנקראים **נֻקְבָה**[101] בערך מוחין דאו"א עילאין הנקראים זכר, ונקראים פנים[102], בסוד[103] הפסוק[104] אחור וקדם צרתני ♦

ע"ח ש"כ פ"ח דצ"ט ע"ג – וביאור הדבר, כי תחלה היה לו בחינת עצמו שהוא רוח, ובחינת נוקבא הכוללת בו, והוא נפש. ובלקחו מיש"ס ותבונה כל אותן הצלמים, אז יש לו נשמה שלימה, כי הרי יש"ס ותבונה נקרא בינה כנודע. ובלקחו אותם שנית מן או"א עילאין, הנקרא חכמה, יש לו חיה בשלימות. ובלקחו אותן ג' כלים מא"א, הנקרא כתר, נשלם בו יחידה בשלימות.
99

כרם שלמה ש"ו פ"ח אות ז' – אבל כשלוקח מוחין מצד אימא, שהם ישסו"ת, הנקרא נשמה, והם ענין מוחין דאחור, והם נקראים נקבה. כמו שנאמר - אחור וקדם צרתני, שהם הזכר והנקבה, כי הזכר נקרא קדם, והנקבה נקרא אחור, ופשוט.
100

עיין **בביאור** הגהת השמש בשער ו' פ"ב דכ"ה ע"ג.

ע"ח ש"ו פ"ב מ"ב דכ"ה ע"ג הגהת השמש [א] – נ"ב צ"ע, והלא כבר לעיל כתב בפרק זה שאינם חוזרים פנים בפנים עד בא להם החיה, שהם מוחין דאבא. ונראה לעניות דעתי לומר כי לעיל מיירי בזמן שבאים לזו"ן מוחין מצד בינה דאימא לבד, שאז אינם חוזרים פנים בפנים, עד בא להם מוחין מצד בינה דאבא, והכא מיירי בזמן שבאים להם מוחין מצד בינה דאבא ובינה דאבא, שהם בחינת נשמה דנשמה ונשמה דחיה, ואז חוזרים פנים בפנים ומזדווגים, ואשמועינן הכא כי אף על פי שעדיין לא נגמר כניסת המוחין, לא דאבא ולא דאמא, כבר הם יכולים לחזור פנים בפנים ולהזדווג. ואל תתמה על סדר כניסת המוחין באופן הנזכר, ואיך נכנס בינה דאבא קודם גמר כניסת החכמה וכתר דאמא, כי כך הוא הסדר בכל זמן כנודע, ואין מקום להאריך. וראיה לכל זה היא תפלת לחש דשחרית דחול, שבה נכנסו המוחין מצד בינות דיסו"ת, ועל ידי כך חזרו פנים בפנים ונזדווגו, ובחזרה נכנסו המוחין מצד חכמת דיסו"ת, ועל ידי כך עלו יעקב ורחל לחג"ת, ושם חזרו פנים בפנים ונזדווגו. ואף על פי שבספר הכוונות כתב שאין זווג אלא בנפילת אפים, ומשמע שכיון שעדיין לא נכנסו המוחין דחכמות דיסו"ת אין זווג. כבר כתב בשער או"א דאין זה אלא בזווג הגדול דהב"ד, אבל לא בזווגים הקטנים דנה"י וחג"ת, שאלו כבר היו בלחש ובחזרה כנ"ל. עוד יש לומר כי לעיל מיירי בזווג דזו"ן הגדולים הכוללים, שאין זווגם רק בשבת, אחר שמקבלים מוחין דאו"א עילאין, שהם חיה לכללות, והכא מיירי בזווג דיעקב ורחל שמזדווגים בחול, כי בערכם המוחין הנמשכין מישראל סבא ותבונה לזעיר ונוקבא בחול בערך זו"ן, הם נשמה ובערך יעקב ורחל הם חיה, כי הם מדרגה שלישית שלהם.
101

הגהות וביאורים)ו(– וחסר תשלום הענין, וכן הוא בכתב יד.
102

ביאור הגהה המיוחסת לשמ"ש מדף כ"א ע"א.

אחור גימטריא אלהי"ם ברבוע והוא ח', א"ל, אל"ה, אלה"י, אלהי"ס, והו"א בגימטריא ר' (200). בט"ו אותיות שלו ר"ל ומספר האותיות לרבוע אלהי"ס הס ט"ו (15) אותיות. והגמטריא לרבוע אלהי"ס שהוא ר', עס מספר האותיות לרבוע אלהי"ס שהס ט"ו, הס רט"ו (215), והס מספר מאחור. וב' פעמים אחור גימטריא ת"ל (430), שהם ה' פעמים אלהי"ם, לכן ב' אחור רומז על שלמות קומה ה' גבולות. ופנים גימטריא ק"פ (180), ובס סוד שמות ע"ב ס"ג מ"ה, שהם רומזיס לאורות זכרים בערך שס ב"ן הרומז על אור הנקבה. וכן פנים בפנים שהס ב' פעמים פנים, גימטריא ש"ס (360). הגימטריא של חסד הוא ע"ב

הרב ז"ל ביאר עד עתה בדרוש זה כי באורות יש בחינת פנים ואחור, כאן הרב ז"ל מבאר בעצם ובאמיתות[105] כי האור הוא כולו בחינת פנים, הכלול מרחמים ודין, ורק בכלים יש את בחינת הפנים ואחור, ונקראים על שם המוחין המתלבשים בהם. **והנה צריך להבין מאוד אמיתות הענין** של **פנים ואחור** באורות, **כי ב**עצמות ה**אורות** לא שייך בחינות של פנים ואחור, כי כל האור הוא בחינת פנים, עם כל זאת באמיתות בחינת פנים ואחור **יקראו התפשטות והסתלקות,** **התפשטות** הם האורות המאירים בבחינת מוחין דגדלות, והם האורות היורדים מהמאציל דרך יושר. **הסתלקות** הם האורות המאירים בבחינת מוחין דקטנות, והם האורות המאירים דרך אחורי האורות העולים למאצילים, והם אור האחוריים, **ו**שתי בחינות אלו של התפשטות והסתלקות **נקרא**ים אור יושר ואור חוזר. וגם **בכלים**[106] יש ב' בחינות, אחת כנגד בחינת ההתפשטות, ואחת כנגד ההסתלקות, כאשר האור מתפשט באור יושר, ומתלבש בכלי, הכלי נקרא **נקרא פנים,** וכאשר האור מתפשט באור חוזר, **ו**מתלבש בכלי, הכלי נקרא **אחור,** יוצא כי הכלי נקרא על שם האור המתלבש בו, אם האור הוא אור דהתפשטות, הכלי יקרא פנים, אם האור המתלבש בכלי הוא דרך הסתלקות, הכלי יקרא אחור. וכן[107] הוא באורות

---

(72), וחמשה פעמים שם ע"ב גימטריא ש"ס (360), שהס בסוד ה' חסדים. וזה סוד הגימטריא פנים בפנים הרומז על יחוד דוכרא עם נוקבא, ושלמות קומת ה' חסדיס. שמ"ש כתב יד.
תרשים ח – ט"ז.
יחזקאל ג' ט"ו – ואבוא אל הגולה תל אביב **תל** אביב הישבים אל נהר כבר ואשר המה יושבים שם ואשב שם שבעת ימים משמים בתוכם.
103

ע"ח ח"ב של"א פ"ה מ"ת דל"ד ע"ג – והנה מתבאר למה הזכר יוצא דרך פנים דז"א, והנקבה דרך אחור, כי זה מצד אבא, ואלו מצד אמא. **ולעולם הזכר בערך הנקבה הוא פנים, והיא אחור,** בסוד - אחור וקדם צרתני. והנה בהיות או"א קודם התיקון אחור באחור, עם כל זה היה אבא בבחינת פנים בערך הנקבה שהיא אחוריו, ולכן אורות דאבא יוצאין לצד פנים, דאמא לצד אחור.
104

תהילים קל"ט ה' – אחור וקדם צרתני ותשת עלי כפכה.
105

כרם שלמה ש"ו פ"ח אות ח' – עכשיו חוזר לריש פירקין שכתב ענין פנים ואחור, וחיצוניות ופנימיות, כפי הנראה שהשכל דבר אחד. ועכשיו בא לברר הדבר, ולומר **כי האמיתות הענין לשון פנים ואחור לא נוכל לומר על האור שהוא הנשמה,** כי לא שייך דבר זה של פנים ואחור, כי אם בכלים, כי הואיל והאור כולו פנימיות, כנראה דרך משל באור הגשמי שלנו, לא שייך בזה שני חלקים, צד הפנים יקרא פנים, וצד האחוריים שלו יקרא אחור, כי כולו יקרא פנים. אם כן מה שביאר לעיל, בריש פירקין ענין אחור ופנים, וחיצוניות ופנימיות שהשכל דבר אחד, עכשיו נתברר הדבר **שאין הכל שייך דבר אחד,** כי האחור והפנים לחוד, שזה שייך על הכלים. וחיצוניות ופנימיות לחוד, שזה שייך על האורות, והם פירושם **הסתלקות והתפשטות,** או יושר וחוזר. ובכלים דווקא שייך פנים ואחור, כנראה בחוש הראות בכלים הגשמיים שלנו. וכן הוא באורות העליונים ובכלים העליונים כפי ערכם. ואמת שלא שייך ביה אור פנים ואחור, אבל הוא כולל חלק אחד דין וחלק אחד רחמים, דהיינו אור יושר יקרא רחמים, שהוא בחינת חלק החיה. ואור החוזר דהיינו בחינת הנר"ן יקרא בחינת דין. וזהו מה שכתב - אמנם ודאי שהוא כולל דין ורחמים.
106

בית לחם יהודה ש"ו פ"ח – ובכלים נקרא פנים ואחור. וכן נקראים פנימיות וחיצוניות, כי הכל דבר אחד, כמו שכתב בריש פרקין. ומאחר שהשכל דבר אחד לכן מכאן ואילך קרי להו פנים ואחור בלבד, ואינו אומר חיצוניות ופנימיות.
107

מבוא שערים, דרוש פנימי ומקיף, דרוש א' – ואמנם אלו המקיפים, הם מקיפים כל האדם סביבותיו, על דרך מלבושיו ממש, אבל עיקרם הם למעלה על הראש, אלא שגם הם יורדים ומקיפים סביב האדם, בבחינת

המקיפים. **דהיינו שֶׁבָּאור** המתלבש בכלים **לֹא שַׁיָּיך** לקרוא לו אור **פָּנִים ואור אֲחֹור,** מפני שלשון פנים ואחור היא לשון מושאלת באורות, אלא לאור ב' בחינות, בחינת הרחמים שהם מוחין דחיה, ובחינת הדין שהם מוחין דנר"ן, **שֶׁהַכֹּל** צ"ל שכל האורות מתלבשים בְּפְנִימִיֹּות הכלים. **אמנם ודאי שֶׁ**האור המתלבש בכלים **הֹוא כֹולֵל** בחינת **דִּין** שהם מוחין דקטנות הנקראים נר"ן, ובחינת **רֹזזמים** שהם מוחין דגדלות הנקראים חיה, **ובֶהֱיֹותֹו**[108] **מִתְפַּשֵּׁט** מלמעלה **וְיֹורֵד לְמַטָּה** בבחינת מוחין דגדלות, שהם מוחין דחיה, **ונכנָס** להאיר **בַּמָּקֹום הָרָאֹוי לֹו,** במקום[109] הראוי לו **דַּווקָא,** אור זה **נִקְרָא אור יֹושֵׁר,** כי הֹוא מאיר בבזזינת הרֹזזמים שֶׁבֹּו, להוליד נשמות חדשות, ונקרא הכלי, כְלֵי[110] דפנים. **וכשֶׁהֹוא זֹוזֵר** לשורשו ולעֲלֹות ממקומו בכלים, **אז מֵאִיר** דרך אחוריים, אור מבחינת מוחין דקטנות שהם מוחין דנשמה ולמטה, ומאיר **בַּמְּקֹומֹו** התחתון בתוך הכלים, ונקרא הכלי, כְלֵי[111] דאחור, ואחרי שהסתלק האור לשורשו, **בֶּהֱיֹותֹו שָׁם לְמַעְלָה** בבחינת עצמות האור, מאיר דרך אחורי הספירות **בבזזינת**

המלבושין של האדם, כמעט שהמלבושין הם כלים שלהם. **אבל העניין הוא, שיש להם כלים רוחנים מאד,** ואותם כלים מתלבשין בלבושי האדם, ובאותם הכלים מלובשין האורות סביב האדם. נמצא כי לבושי האדם הם כלים אל הכלים, **והבן זה.**

מבוא שערים, דרוש פנימי ומקיף, דרוש ב' – ואחר שנתבאר הפנימי, נבאר ענין המקיף, כי נודע שהמקיף מקיף על לבושי הגוף, כנ"ל, שהוא אור מקיף בתוך כלי רוחני. וכלי רוחני בתוך לבוש של הגוף. והנה היחידה והחיה, שהם א"ק ואצילות, העומדים בבחינת אור מקיף אל ג' עולמות בי"ע למעלה מהם, גם הם מקיפים סביבותם, ולכן ביארנו במקומו **שיש ג' כלים גם כן אל אור המקיפים, והם כלים דקים,** ומתלבשים בכלים של העולמות, הנקראים לבושים שלהם, ושם נעשים מקיפים.
108

כרם שלמה ש"ו פ"ח אות ט' – עכשיו בא לפרש מה שכתב לעיל שזה האור הוא דין ורחמים. אימתי מתפשט בחלק הרחמים שבו, ואימתי מתפשט בבחינת הדין שבו. והוא כשהוא מתפשט בבחינת יושר ממעלה למטה כרצונו, וממילא נכנס במקום הראוי לו, כמו שמפרש ואזיל, והוא בכלים דפנים, אז נקרא אור יושר, דהיינו שזהו יושרו ורצונו להאיר בחלק הרחמים שבו. אבל כשהוא חוזר לעלות, פירוש בעת הסתלקות הרצון למעלה, כי התחתונים אינם ראויים לזה של רחמים, וממילא הואיל ועלה למעלה, הוא מאיר להתחתונים בחלק הדין שבו, ואותו חלק נקרא אור חוזר. ואז ממילא הכלים שלמטה שמקבלים זה האור של החוזר, לא יקראו כלים דפנים, אלא כלים דאחור, ר"ל כמו שמפורש במקום אחר. כי בכלים יש בלי ערך וקצבה, ופשוט.
109

הרב ז"ל מדגיש כי האור המתלבש בכלים **במקום הראוי לו.** מפני שכל אור מתלבש אך ורק בכלי השייך לו לפי זכות הכלי, אם בזמן התפשטות האורות, או בזמן הסתלקותם למעלה.

נהת שלום דכ"ד ע"ד – והנה טבע האור העליון חפצו וחשקו לעלות למקורו ושורשו, להכלל ולהדבק שם כשלהבת קשורה בגחלת, ואם כה יעשה **יתבטל מהות תיקונו.** לפיכך שם המאציל לכל בחינה יראה פנימית, **שלא יעלה האור ההוא ויכנס פנימה יותר מהראוי לו, וגם יראה חיצונית וחק וגבול, שלא ירד למטה ויצא יותר ממדריגתו.** והנה יראה זו היא שם מ"ב, שהוא בחינת גבורה כמספר יראה, ושם זה הוא האוחז ומעכב לאור העליון שלא יעלה יותר מהראוי לו, ושלא ירד יותר מגבולו.
110

כרם שלמה ש"ו פ"ח אות ט' – חלק הנקרא כלים דפנים, שבו שוכנים המוחין דגדלות, שהם מוחין דחיה, שהם הם הנקרא כאן אור ישר ורחמים.
111

כרם שלמה ש"ו פ"ח אות ט' – חלק הנקרא כלים דאחור, שהוא מקבל המוחין שאינם דגדלות, ושהם מבחינת הנשמה ולמטה.

דינין שבו, הנקרא אור חוזר, ואז הכלי שבתוכו מתלבש האור החוזר **לא יקרא כלי**
דפנים אלא כלי דאחור, כי עתה הכלי מקבל אור מבחינת הסתלקות, שהוא אור דאחור, ורק כאשר הכלי מקבל
מוחין דגדלות, שהם מוחין מבחינת התפשטות, הנקראים אור דפנים, הכלי **נקרא כלי דפנים**. לכן כאשר הכלי מקבל
מוחין דקטנות, **הכלי נקרא כלי דאחור**, ולא **כמו בזמן היותו מקבל אור יושר** אז נקרא כלי דפנים,
ורק בזמן קבלת מוחין דקטנות **יקרא** הכלי **כלי דאחור.** נמצא[112] **כי מה שביארנו** במספר
מקומות[113] **בענין זו"ן** הגדולים[114], שהם ישראל ולאה הגדולה, **שעומדין** לפעמים **פנים בפנים** כאשר

כרם שלמה ש"ו פ"ח אות י' – ר"ל כפי ההקדמה הזאת שפירוש פנים - מוחין דחיה, ופירוש אחור - מוחין
דנר"ן. אם כן מה שכתב במקום אחר שזו"ן עומדים פנים בפנים, או אחור באחור, פירוש שכשבאו להזו"ן
מוחין דחיה לו ולה, נמצא שהוא יש לו מוחין דפנים שהם מוחין דחיה. והיא גם כן מקבלת מוחין דחיה שהם
נקרא גם כן מוחין דפנים. נמצא שהוא יש לו מוחין דפנים, והיא גם כן יש לה מוחין. ולזה נקראים עומדים
פנים בפנים, פירוש ששניהם יש להם מוחין דפנים, והואיל ויש להם מוחין דפנים, וכתב לעיל כי טיפת הזרעית
של הזיווג נמשכת מן מוחין דפנים, ולזה אז יכולים להזדווג שניהם. והכלים שלהם
גם כן שבאו, ושכנו אלו האורות של הפנים בהם, הכלים ההם נקראים גם כן כלים דפנים. ונמצא שכלים של
ז"א הם כלים דפנים, וכלים שלה גם כן כלים דפנים.

ע"ח ש"ח פ"ו מ"ת דט"ל ע"א – ותחלה צריך לבאר הקדמה, פנים בפנים, ואחור באחור. והענין כנ"ל כי
מקום הקליפות והחיצוניות הם אחורי נוקבא דז"א, ושם הם נדבקים, ואמנם גם כן באחור ז"א יש קצת אחיזה.
והנה טרם ברא אלהי"ם אדם על הארץ, היה כח בקליפות לינק שפע מקדושה, בסוד ואדם אין לעבוד את
האדמה, ואחד מעבודת האדמה הוא כיסוח קוצים מן הכרם, אשר לזה צריך מצות מעשיות. אבל כאשר נאצלו
ז' תחתונות עדיין לא היה האדם הראשון התחתון נברא בעולם, יצאו זו"ן אחור באחור מפני פחד החיצונים שלא
יינקו, כי אם היו עומדים פנים בפנים היה לקליפות מקום להתאחז, במקום אחיזתן שהמה אחוריים לינק, כי
מפנים לא יוכלו לינק, ולכן הוצרכו להיות מתדבקים אחור באחור כדי שלא יוכלו החיצונים לינק משם.
וכאשר נברא אדם הראשון ועשה מצות מעשיות, החזירם פנים בפנים, ואז לא היה פחד מן הקליפות, כי כבר
חפר, ועזק, סקל, וכרת קוצים מן הכרם. והנה בהיותם אחור באחור אין לזו"ן רק כותל אחד לשניהם, וכותל
אחד לבד מפסיק בין שניהם, ומשתמשין בכותל אחד, חצי כותל לז"א, וחצי כותל לנוקבא. וכאשר אדם
החזירם (נ"א וכשאדם מחזירם) פנים בפים על ידי מצות ומעשים הטובים, אז נגמר ונשלם אחור אחד שלם
לזה, ואחור אחד שלם לזה, ויכולין להחזיר פנים בפים. וטעם הדבר כי האדם התחתון על ידי מעשיו גורם זווג
עליון, ויורדין טפין עלאין למטה, שהם בחינת המוחין דז"א, הם בחינת החסדים וגבורות אשר הם (נ"א משם)
עיקר הטפה כנודע, כי אין יוצא מיסוד דבינה רק חו"ג, כי מן החכמה ובינה דז"א אינו יוצא רק הארה בעלמא,
שמכים החסדים המגולין שם, ומוציאין אורותיהן לחוץ. והנה בבא אלו החו"ג בראש ז"א, כדין איהו נקיט
החסדים ומשתלים אחור דידיה, ואיהי נקטא גבורה ומשתלים אחור דידה, וכדין אתהדרו פנים בפנים, כמו
שכתוב בברכת אבות. והרי בארנו איך החו"ג גורמין הגדלת האחוריים, ועל ידי כך יכולין לחזור פנים בפנים.
ע"ח ש"ו פ"ב מ"ב דכ"ה ע"ב – ודע כי כאשר לא יש בפרצוף בחינת חיה פנימים, שהוא בחינת הטעמים,
שנקרא מוחין, כי כל המוחין בסוד חכמה, הוא שם נ ע"ב, אי אפשר להזדווג. ועדיין שאר האורות שיש לו, שהם
נר"ן פנימית, נקראת אורות אחורים, **ואז עומדין אחור באחור**, והטעם כי כאשר אין לו בחינת הנ"ל, עדיין הם
דינין, ונקראו נקודות שהוא ס"ג, שהוא הנשמה דינין. ולכן כדי שלא יהיה בהם אחיזה אל החיצונים, הם
מוכרחים להיות אחוריים היותר חיצונים, שהם בחינת אותיות ותגין, שהם נפש ורוח, להיות דבוקים יחד
ואינם נגלין, רק אור אור פנימי, שהם נשמה בינה. אך בבא חיה היה פנימי, אז אין הקליפות יכולין
להתאחז כלל אפילו באחוריים, כי אור החיה מאיר עד שם, אך בעוד שאין בה אלא נשמה בינה, אמת הוא
שאין כח בקליפות לאחוז בנשמה עצמה, שהוא בפנים, אך באחוריים שולטין, לכך עומדין אז אחור באחור.
ובבוא חיה היה אין יכולין אז לאחוז החצונים אפילו באחוריים מרוב האור שמאיר החיה באחוריים, ונגדלים יותר
ואז חוזרת פנים בפנים, ומזדווגים ביחד.

הם מקבלים מוחין דגדלות, הנקראים חיה, **או** שבדרך כלל הם עומדים **אזור באזור או** הם בעלי מוחין דקטנות, שהם מבחינת נשמה ולמטה.

הענין הוא כי לפרצופי זו"ן יש גודלים שונים התלויים בהמשכת המוחין אליהם, אם המוחין בבחינת עיבור, יניקה, או גדלות. וגם לגדלות יש מספר בחינות. הבחינה הראשונה היא בבחינת[115] עיבור בבטן דאימא, ויש להם רק מוחין מבחינת נפש, והם בחינת פרצוף דנה"י. אחר כך בלידת זו"ן, זו"ן נמצאים בבחינת[116] יניקה, ומקבלים מוחין דרוח, שהם בחינת פרצוף חג"ת נה"י, שהם שמות אלהי"ם בפנים ובאחור, והם עומדים אחור באחור מפחד יניקת החיצוניים. וכאשר בחינת הבינה שהיא אימא, והם פרצופי ישסו"ת מזדווגים, הם ממשיכים לזו"ן הגדולים מוחין[117] דגדלות א', הנקראים נשמה, שהם שמות הוי"ה, ועל ידי מוחין אלו נגדלים פרצופי זו"ן לפרצוף שלם, וז"א מקבל את בחינת הג"ר הפרטים שלו. עם כל זאת זו"ן עומדים אחור באחור, כי אפילו שזו"ן קבלו מוחין דנשמה, שהם שמות דהוי"ה, שמות אלו הם בפנים, אבל באחור עדיין יש להם שמות דאלהי"ם, שבהם החיצונים יכולים לאחוז, עם כל זאת יעקב ורחל הקטנים, שהם בחינת מלכויות דזו"ן הגדולים, חוזרים ועומדים פנים בפנים ומתייחדים, כי כאשר זו"ן מקבלים את מוחין דנשמה, בערכם של יעקב ורחל הקטנים הם בחינת מוחין דחיה, וזהו סוד הזיווג דתפילות שביום חול. וכאשר בחינת החכמה שהוא אבא, והם או"א עילאין מזדווגים, הם ממשיכים לזו"ן הגדולים מוחין[118] דגדלות ב', הנקראים חיה, וגם הם שמות הוי"ה, ושמות אלו דוחים את שמות אלהי"ם מאחורי זו"ן, כך שלזו"ן יש עתה שמות הוי"ה גם בפנים וגם באחור, וכאשר יש שמות הוי"ה גם באחור, החיצונים לא יכולים לאחז באחור, בסוד הפסוק[119] - לא יתיצבו הוללים לנגד עיניך, לכן זו"ן יכולים לחזור פנים בפנים וליתיחד, וזהו סוד תפילת מוסף דשבת קודש. את בחינת המוחין דיחידה מקבלים זו"ן במנחה דשבת, והם באים מבחינת הכתר שהוא פרצוף א"א, וזה הוא בחינת שלמות זו"ן.

לכן **שכשבאו המוחין ד**גדלות **לז"א, שהם בזוינ'ת** מוחין דזיה הבאים מפרצופי או"א עילאין, **ל**פרצוף **החכמה שבו** שהוא הפרצוף הרביעי[120], שהם מוחין דפנים, **או האור ההוא** של מוחין דחיה

---

[114]

זו"ן הגדולים נקראים גם ו"ק דמ"ה וב"ן.
תרשים ח – י"ז.
[115]

תרשים ח – י"ח.
[116]

תרשים ח – י"ט.
[117]

תרשים ח – כ.
[118]

תרשים ח – כ"א.
[119]

תהילים ה' ו' – לא יתיצבו הוללים לנגד עיניך שנאת כל פעלי און.
[120]

צריך לדעת כי כל פרצוף ופרצוף כולל ה' פרצופים פרטים, וכן ז"א כולל ה' פרצופים. א' פרצוף דנה"י הנקרא נפש. ב' פרצוף דחג"ת הנקרא רוח. ג' פרצוף הבינה הנקרא נשמה. פרצוף החכמה הנקרא חיה. ופרצוף הכתר הנקרא יחידה. המאציל העליון תיקן בששת ימי בראשית את ב' הפרצופים הראשונים של ז"א שהם נפש רוח, והם בחינת ו"ק, חג"ת נה"י. לבני ישראל הקדושים נשאר לתקן את ג' הפרצופים העליונים שהם נח"י, ותיקון זה נעשה על ידי תלמוד תורה, תפילה וקיום המצות. כך שעל ידי כל לימוד תורה, תפילה, ברכה או מצוה ממשיכים לז"א דאותט את בחינה את בחינת הנח"י של אותה מצוה בבת אחת. ויש נח"י שנמשכים לאותו שבוע, לאותו חודש, לאותה שנה, ויש נח"י שנמשכים לאותו היום, לאותה שמיטה, לאותו יובל. וכן על דרך זה בכללות ובפרטות.
תרשים ח – כ"ב.

הבא אל ז"א **נִקְרָא** אור ויושר, **שֶהֵם אֵלוּ הַמּוֹחִין עַצְמָן** דחכמה, **שֵהֵם** נקראים חיה, או **נְשָׁמָה לַנְּשָׁמָה, וְאוֹ הַכֵּלִים שֶׁלָּהֶם נִקְרָא פָּנִים בְּפָנִים** מפני שהכלי נקרא על שם המוחין המתלבשין בו. **אַךְ**[121] **כָּל זְמַן שֶׁאֵין לוֹ** לז"א דכללות **מוֹחִין בִּבְחִינַת זוֹחְכְמָה** דחיה, שהם מוחין והם אורות דהתפשטות, **וְשֶׁהֵם עִיקָר אוֹר יוֹשֶׁר שֶׁלוֹ** המביא את זו"ן לבחינת פנים בפנים, **וּמִסְתַּלֵק** אור דיושר **לְמַעְלָה** לשורשו, **וּבְהִכְרַחַ שֶׁמִּשָׁם מֵאִיר בּוֹ** דרך אחורי הספירות **בִּבְחִינַת** [דכ"ט ע"ג 58] **(נ"א אָז מֵאִיר בּוֹ) אוֹר חוֹזֵר** הנקרא הסתלקות, **שֶׁהֵם הַדִּינִין, שֶׁהוּא שְׁאָר זְלְכֵי הָאוֹר**ות ומוחין דז"א **שֶׁמִּתְחַזֵּת בְּמַדְרֵגַת זִיהַ וְלְמַטָּה** שהם בחינת מוחין דנשמה, הנקראים מוחין דאימא, **וְאָז**[122] **הֹז"א** שהוא ישראל **עוֹמֵד** עם הנוקבא דליה שהיא לאה הגדולה **אֲחוֹר בְּאָחוֹר, וּמְקַבֵּל בְּכֵלִי שֶׁל אֲחוֹרַיִים שֶׁלוֹ**, ונקרא כלי של אחוריים על שם האור המתלבש בו, שהוא אור חוזר, הנקרא אחור, **וְאָז** ישראל **אֵינוֹ יָכוֹל לְהִזְדַּוֵּוֹג** עם לאה הגדולה, מפני שיש לו רק את בחינות המוחין דנר"ן. עם כל זאת יעקב ורחל הקטנים עומדים פנים ומתייחדים.

הרב ז"ל ביאר כי כדי שהיה אפשרות לזו"ן להוליד, צריכים הם לעמוד פנים בפנים. עם כל זאת מבואר בספר הזהר הקדוש כי כאשר נולדו אדם וחוה, הם נולדו מזיווג אחור באחור, ונראה כי יש סתירה לדברי קודשו בכאן שכתב כי הייחוד נעשה רק כאשר זו"ן עומדים פנים בפנים. הרב ז"ל מבאר כאן כי אפילו שכתוב בזהר כי הזיווג דזו"ן להוליד את אדם וחוה היה זיווג אחור באחור, אין[123] זה כפשוטו, אלא זיווג זה דזו"ן הנקרא אחור באחור היה כאשר עלו זו"ן לחיק

ע"ח ח"ב שכ"ה דרוש ג' ד"ח ע"א – הנה הז"א לא היה רק ו"ק הנקרא קטן, והוא גדל והולך עד תשלום י"ג שנה ויום אחד על ידי ה' החסדים כנ"ל בדרוש הקודם לזה, שהם ה' חסדים של הדעת התחתון הנ"ל, הנקרא מים, ומטבע המים להגדיל האילן ולהחיותו, ולטעם זה נקרא ז"א אילנא דחיי. וכבר נתבאר במקום אחר ענין ג' בחינות שיש לז"א, שהם עיבור ויניקה ומוחין, והנה אחר היניקה שהם ב' שנים דיניקה כנודע, אז מתחילין לבא המוחין ולהתגדל מעט מעט, עד תשלום י"ג שנה ויום אחד, כמו שנבאר בע"ה, וכל זמן זה הוא זמן המוחין דז"א, הבא אחר זמן היניקה. **ודע כלל זה** כי כל מה שאנו מדברים בו שצריך זמנים לגדלות דז"א, כל זה היה בעת אצילות הראשון, אך משם ואילך אחר שנאצל ז"ל בעת אצילות ונתקן, הנה אף על פי שבכל יום ויום חוזר לקבל מוחין חדשים כבתחילה, כמו שכתוב בדרושים אחרים, שאין פה מקומם, **הִנֵּה אֵין צָרִיךְ לְהַמְתִּין זְמַן, כִּי בְּרֶגַע אֶחָד נַעֲשֶׂה וְלֹא בִּזְמַנִּים אֲרוּכִים הַלָּלוּ, וְשְׁמוֹר כְּלָל זֶה בְּיָדֶךְ.**
121

כרם שלמה ש"ו פ"ח אות י' – אבל כל זמן שאין לו מוחין דפנים בפנים, שהם החכמה, שהיא החיה, אף על פי שיש לו בחינת נשמה ורוח ונפש, אלו המוחין נקראים מוחין דאחור באחור, מפני שמקבלים בתוך הכלים דפרצוף האחורים שלהם, ואינם מקבלים אותם בתוך כלים דפנים שלהם, והואיל ואין שם מוחין דחכמה, שמשם באה טיפת הזרעית של הנשמות, ולזה אינם יכולים להזדווג, פירוש פנים בפנים במקומם.
122

בית לחם יהודה ש"ו פ"ח – ואז הז"א עומד אחור באחור. היינו זו"ן הגדולים, אבל יעקב ורחל הם עומדים פנים בפנים. כמבואר בסוף פרק ב' דלעיל, שכתב אבל עם כל זה הם פנים בפנים ומזדווגין וכו'. וכמבואר התם בהגהות השמ"ש והרב שעה יפה שעה ז"ל יעו"ש.
123

ע"ח ח"ב שט"ל דרוש א' מ"ק דס"ו ע"א – ועתה יש ב' מניעות, כי היה צריך לברא את האדם וחוה, כדי שעל ידם יתבררו מ"ן של כל הנשמות כנ"ל, ולזה היה צריך זווג, **וְאִי אֶפְשָׁר לָהֶם לְהִזְדַּוֵּוֹג אִם לֹא יַחְזְרוּ פָּנִים בְּפָנִים**, ולחזור פנים בפנים אי אפשר לסבה כנ"ל, כדי שלא יתאחזו הקליפות באחוריים דנקבות. ולכן כדי לבטל ב' המניעות האלו מה עשו או"א, נסרו את הנוקבא העומדת אחורי ז"א, ואחר כך העלו זו"ן הננסרים למעלה בהיכל או"א עצמה, ששם אין כח לקליפות להתאחז באחורי הנקבה, וזה ההיכל דאו"א הוא **בחינת**

או"א, ושם היה בחינת הזיווג להולדת אדם וחוה, כי[124] אין זיווג אלא רק פנים בפנים, **ומה**[125] **שכתוב ב**ספר[126] ה**זוהר** הקדוש **שהנשמה של אדם הראשון יצא מזווג אזור באזור,** וזה נראה זה

החופה של זו"ן, חתן וכלה. ושם יוכלו לחזור פנים בפנים, ושם נזדווגו זו"ן יחד. וכל ענין זה תבינהו בזוהר פרשת בראשית, מה שכתוב בפסוק ויבן הוי"ה אלהי"ם את הצלע, שהוא ענין הנסירה. ואחר כך - ויביאה אל האדם, מהכא ילפינן דבעאן או"א לאעלאה לכלה ברשותא דחתן, כמה דאיתמר - את בתי נתתי לאיש הזה, מכאן ואילך ייתי בעלה לגבה דהא ביתא דילה, היא דכתיב ויבא אליה. **פירוש ענין זיווג הראשון דזו"ן בעת אצילותן איננו כשאר זיווגים של אחר כך,** והוא כי הזיווג הזה לא היה למטה, רק **או"א העלו את ז"א בחיקם,** ואחר כך העלו את הנוקבא בסוד - ויביאה אל האדם, ושם נזדווגו כמו שנבאר בע"ה. ואמנם כל שאר הזיווגים דזו"ן דבחינת פנים בפנים הוא למטה בביתא דילה של הנוקבא, שהוא בהיכל הנוקבא, ושם יורד הז"א להזדווג עמה. והנה אז לא היה מ"ן של הנוקבא מבוררים ומתוקנים כנ"ל, ונמצא כי מ"ן שהעלתה מלכות לגב ז"א הם המ"ן דבינה, אשר הם שמשו אל הנוקבא, ועל ידי מ"ן אלו יצאו אדם וחוה וכל כך מעולין, ונאחזין עד למעלה כמו שנבאר בע"ה. ואחר כך ירדו זו"ן במקומם למטה, ושם הוכרחו לחזור אחור באחור כנ"ל, ולסבה הנ"ל שלא יתאחזו החיצונים. ואז בהיותן אחור באחור הוציאה הנוקבא וילדה לנשמה דאדם וחוה, **וזכור כלל זה בכל מקום אשר נאמר כי אדם וחוה על ידי זווג דאחור באחור יצאו, אין הכוונה כפשוטו, כי אי אפשר לעולם להזדווג, כי אם פנים בפנים.** אך הכוונה לומר כי לא יכלו לעמוד זו"ן פנים בפנים במקומם למטה להזדווג ולהוציא אדם וחוה, והוצרכו לעלות למעלה בחיק או"א כנ"ל, ונזדווגו שם פנים על ידי מ"ן דבינה שהעלתן המלכות, וכאשר חזרו במקומן וירדו למטה, הוכרחו להיות אחור באחור, ואז יצאו נשמת אדם וחוה בהיותן זו"ן אחור באחור. ועיין בדרושי אבי"ע בענין חטא דאדם הראשון, ותבין סדר מעלות מדרגות העולמות איך היו בעת שנברא אדם הראשון, ושם תבין איך היו הזו"ן עליונים במקום או"א, ושם היו בבחינת אחור באחור, ונזדווגו שם להוציא אדם הראשון, ועי"ש היטב. **וזכור כלל זה לכל המקומות שנזכר ענין זווג אחור באחור שאין הענין כפשוטו אלא על דרך הנ"ל.** והוא כשיש בישראל מצות ומעשים טובים, שעל ידיהם יגרמו שיוכלו להזדווג זו"ן פנים בפנים, ועל ידיהם היא יכולה להעלות מ"ן לגבי מ"ד דדכורא, ואם אין ח"ו בישראל זכות, אין כח בנוקבא דז"א להעלות מ"ן שלה לגבי בעלה, כנודע כי אין המ"ן עולין אלא על ידי נשמות התחתונים, ולכן כדי לזווגם היא צריכה לעלות עם ז"א למעלה באו"א, והיא מעלה מ"ן דאמא, ומזדווגים יחד. ונמצא כי כמעט זווג זה אין נקרא על שמם, רק על שם או"א, כי עד שם עלו ובכחם, ועל ידי מ"ן שלהם הם מזדווגים, ואלו בעת ההיא היו רוצין לירד למטה למקומם, לא היה יכולת וכח להם לעמוד פנים בפנים, אלא אחור באחור. ונמצא ודאי שאין שום זווג אלא בהיותן פנים בפנים, אבל מה שאנו קורין אותו אחור באחור, ר"ל שאם היו אז יורדין למקומן למטה, לא היו יכולין לעמוד אלא אחור באחור, כי על כן עלו למעלה כדי שיוכלו להיות פנים בפנים.

124

כלל – כל מקום שנזכר זיווג אחור באחור, אין הענין כפשוטו, מפני שאין זיווג אלא פנים בפנים.

125

כרם שלמה שו"ו פ"ח אות י"א – ומה שכתוב בזוהר, פירוש כי הוקשה לו הואיל ואמרנו שכל זמן שיש להם מוחין מנשמה ולמטה, שנקרא עומדים אחור באחור, אז אין נעשה זיווגן של נשמות. אם כן איך כשהיו זו"ן אחור באחור בבריאת העולם, אז נזדווגו בבחינת זיווג דנשמות, ויצאו מזיווגם נשמות של אדם הראשון וחוה. והלא אין זיווג דנשמות נעשה עד שיהיו להם מוחין דפנים, שהם מן החכמה. ואי אפשר לומר שאז היו לזו"ן מוחין דחכמה, והיו פנים בפנים, והלא לא נברא אדם הראשון אלא כדי שיחזיר לזו"ן פנים בפנים על ידי מעשיו, כמו שכתוב - ואדם אין לעבוד את האדמה, שהוא קצירת קוצים מן הכרם, וחזרתם פנים בפנים כידוע. אם כן איך יצאו נשמות של אדם הראשון, לזה אמר שלעולם אין זיווג דנשמות נעשה אלא על ידי מוחין דפנים, וחזרתם פנים בפנים. ואם תאמר ואיך זה אפשר זאת, והלא אדם אין וכו', לזה אמר שזה דווקא במקומם אי אפשר, אבל אז באותו זמן עלו זו"ן להיכלא דאו"א, ושם יכלו לקבל מוחין דפנים בפנים, בסוד הלואה מן או"א לפי שעה, ושם חזרו פנים בפנים, ולא במקומם. וממילא יכלו להזדווג זיווג דנשמות, ולהוציא נשמות אדם הראשון, אבל לא היה בהם כח לקבל אלו המוחין דפנים במקומם של זו"ן. הטעם מפני שעדיין לא נעשו הבירור הצריך לאותה מדרגה, והקליפות עדיין שכיחין תמן ופן יתאחזו. ולכן עלו בהיכל

הפך דברי הרב ז"ל, כי הרב ז"ל ביאר שלא שייך בזו"ן זיווג אחור במחצב הקדושה , אלא באמת לא הולידו זו"ן את אדם וחוה מזיווג אחור באחור, כי רק הגמל הרומז לחיצונים אוחר[127], ר"ל זיווג הגמל[128] הוא אחור באחור. אלא כוונת הזהר הקדוש היא כי כאשר זו"ן מקבלים מוחין דנשמה עדיין הם עומדים אחור באחור, ואינם יכולים להזדווג. לכן כדי לעשות בנוקבא כלי[129], וצריך לדעת כי יש ב' בחינות של זיווג, בחינת הזיווג הראשון, שהוא לעשות בה כלי,

---

או"א בסוד - ויבן הוי"ה אלהי"ם את הצלע, הוי"ה אלהי"ם דא אינון או"א, ובסוד מכאן בעי או"א להכניס לחתן בחופה דילהון וכו'. ואם היה כח להתפשט אלו המוחין דחכמה עד למטה, היו נקראין אלו המוחין אור ישר, כי נתפשטו ביושרם ממקומם עד למטה במקום זו"ן, ולזה אז נקרא אור ישר, אבל עכשיו בעמדם למטה האור הישר אוסף חלקו, ואינו מאיר למטה, כי אם מבחינת אור חוזר, שהם מן הנשמה ולמטה, ולזה נקרא אז אחור באחור, ועד שיעלו למעלה אז נקראו פנים בפנים, כי שם יקבלו מוחין דפנים שלהם. אבל אחר שנברא אדם הראשון, על ידי מעשיו החזיר זו"ן אפילו במקומם בבחינת פנים בפנים, על ידי שהמשיך להם מוחין דפנים במקומם למטה, ופשוט. ובזה מבואר כל לשון הרב ז"ל דהכה , ופשוט.
126

זהר בראשית דמ"ט ע"א תרגום וביאור – ויבן הוי"ה אלהי"ם כמו שיצירת האדם התחתון שהוא מסוד זו"ן היה בב' שמות הוי"ה אלהי"ם, אוף הכי נמי בשם מלא כמו כן בנין הצלע שהוא סוד הנוקבא היה בסוד שמות הוי"ה אלהי"ם, דהא אבא ואמא שהם שמות הוי"ה אלהי"ם אתקינו לה עד לא את לבעלה תיקנו אותה כדי שתוכל לבוא פנים בפנים עם בעלה ז"א, ומה שכתוב - את הצלע הכוונה היא כמה דאת אמר כמו שכתוב - שחורה אני ונאוה בנות ירושלים כי תחילה היתה המלכות בחינת נקודה אחת קטנה, העומדת אחור באחור עם ז"א, היא בחינת הצלע, ונקראת שחורה, ובהיותה בסוד נקודה אחור באחור עם ז"א, היא אספקלריאה דלא נהרא מראה שאינה מאירה, שאין לא אור משל עצמה. אבל אחר כך אבא ואמא אתקינו לה תיקנו אותה להיות פרצוף שלם, כמו שכתוב ויבן הוי"ה אלהי"ם את הצלע, לאתפייסא בעלה בהדה כדי שיתפייס ז"א שהוא בעלה, ויתייחד איתה פנים בפנים. בהמשך הפסוקים כתוב - ויביאה אל האדם הכוונה שאו"א הביאו את הכלה לז"א, מהכא אוליפנא דבעאן מכאן אנחנו לומדים כי אבא ואמא דכלה לאעלה ברשותיה דחתן צריכים להכניס את הכלה לרשות החתן, כמה דאת אמר כמו שכתוב - את בתי נתתי לאיש הזה וגו', מכאן ואילך בעלה ייתי לגבה ואחרי שנכנסה הכלה לרשותו של החתן, צריך החתן להתייחד איתה, הוא בא אליה, ולא היא אליו, דהא ביתא דילה הוא כי האישה נקראת בית, היא הבית של האיש, דכתיב כמו שכתוב על יעקב אבינו - ויבא אליה אל לאה, שהיא אותיות אה"ל, ואחר כך ויבא גם אל רחל. בקדמיתא בתחילה כתוב - ויביאה אל האדם, מכאן לומדים איך האב והאם של הכלה צריכים לנהוג עם הכלה, דעד הכא אית לאבא ולאמא למעבד עד החופה צריכים ההורים של הכלה לתקן אותה, ולהכניסה לחופה עם החתן, כלומר כמו שאו"א תיקנו את פרצוף הנוקבא, והביאו אותם פנים בפנים ליחוד הראשון, שהוא סוד חיק או"א, לבתר איהו ייתי לגבה ואחר כך ר"ל אחרי היחוד הראשון, יבוא ז"א אליה, ליתיחד איתה, וכל ביתא דילה הוא כי כל הנהגת הבית הוא על יד הנקבה, וז"א צריך ליטול רשות ממנה לבוא אליה, ועל דא אתערנא ועל זה פירשנו מה דכתיב - ויפגע במקום וילן שם שהוא סוד היחוד בין ז"א הנקרא יעקב לבין המלכות הנקראת מקום, כאשר תיבת ויפגע היא לשון בקשה, לכן כמו שיעקב אבינו דנטיל רשו בקדמיתא ביקש רשות תחילה לפני שלן במקום, מכאן אוליפנא מכאן למדנו, דמאן דמתחבר באנתתיה שכל מי שרוצה להתייחד עם אישתו, בעי למפגע לה ולבסמא לה במלין צריך לבקש ממנה רשות ולשמחה בדברים, ואי לאו לא יבית לגבה אם לא תרצה לא ילון אצלה, בגין דיהא רעותא דלהון כחדא בדלא אניסו כדי שיהיה רצונם כאחד בלי אונס.
127

גמרא בבא בתרא דצ"ג ע"א – רבי אחא אומר גמל האוחר בין הגמלים, ונמצא גמל הרוג בצדו, בידוע שזה הרגו. מפרש רש"י, גמל האוחר - עסוק בתשמיש רביעה דאמרינן בבכורות לגבי תשמיש גמל אחור כנגד אחור, וסתם בהמות בשעת תשמיש משתגעות, ומכין זכרים זה את זה.
128

גמרא בכורות ד"ח ע"א – הכל משמשין פנים כנגד עורף, חוץ משלשה שמשמשין פנים כנגד פנים, ואלו הן - דג, ואדם, ונחש. ומאי שנא הני תלתא, כי אתא רב דימי אמרי במערבא, הואיל ודיברה עמהם שכינה. תנא גמל אחור כנגד אחור.
129

54

ובבחינת הזיווג השני, שהוא זיווג דהולדה. לכן הזיווג הראשון, הנקרא זיווג אחור באחור נעשה בדרך זאת, לזו"ן עצמם לא היתה יכולת לחזור פנים בפנים מפני אחיזת החיצונים, לכן [130] או"א העלו את זו"ן הגדולים הנקראים בזוהר חתן וכלה למעלה לחופה עילאה שלהם, ובהיות זו"ן למעלה בחיק או"א הם לוקחים בהשאלה מאו"א מוחין דפנים, ומזדווגים זו"ן פנים בפנים, ובזיווג זה מתקן ז"א את היסוד דנוקבא לעשותו כלי, ויהיב בה חד רוחא, שהוא בחינת הרוח לכל ההולדות דזו"ן. לכן הזיווג הזה הנקרא בספר הזוהר אחור באחור הוא לא כפשוטו [131], אלא הוא זיווג פנים בפנים **לצורך שעה**

ע"ח ח"א שט"ל דרוש ז' דע"ב ע"ב – והנה נודע כי זו"ן כשמזדווגין יחד, זה ניתן מ"ד והיא נותנת מ"ן, ונודע מה שאמרו רז"ל אין האשה כורתת ברית אלא למי **שעשאה כלי**. וגם אמרו רז"ל אין האשה מתעברת מביאה ראשונה, גם נודע מה שכתוב בסבא דמשפטים שבביאה ראשונה שהאדם בא באשתו, שדי חד רוחא בגווה. ופירוש הדברים הם כך שכבר נודע שאין הנוקבא לוקחת שום אור אלא על ידי ז"א, ונודע שב' עטרין הם בדעת, ונקרא חו"ג, והם שם מ"ה וב"ן, ואף על פי שבהיות הנוקבא אחור באחור עם ז"א, אינה יכולה להתתקן וליעשות פרצוף, אם לא על ידי שנותנין לה עטרא דגבורות, שהם החמשה גבורות, עם כל זה אינה לוקחת החמשה גבורות עצמן, רק הארתן עוברת דרך האחוריים דז"א, שהרי חמשה גבורות ירדו אחר כלות החסדים, ועמדו ביסוד דז"א, ומשם עברה הארתן אל הנוקבא, אך הגבורות עצמן אי אפשר שתקבלם אם לא על ידי **זווג ממש בביאה ראשונה** דבעל עמה. ואז הם יוצאין לגמרי מן יסוד שלו, וניתנין ביסוד שלה, ואלו נשארין בה תמיד שם, והם חיותה, והם נקרא נפש המלכות, ולפי שעצמותה שלה לא נעשה רק מהארה שלה בלבד, לכן עדיין לא היתה ראויה לילד, כי אין האשה ראויה לילד אלא אם כן תהיה שלימה, שאם היא חסרה אינה יולדת. ואמנם כל השלימות אינו אלא עד שיהיה בה כל החמשה גבורות עם אלו שהם שם ב"ן הנ"ל, כי זה ממש נפש של הנוקבא כנודע, כי שם ב"ן הוא בנוקבא דאצילות, וכן הוא בעולם עשייה הנקרא נפש של ב"ן. לכן על ידי שם זה נוצר נפש של האדם תחלה, וזהו הבא לאדם בעת צאתו ממעי אמו, ששם זה הוא פנימית ורוחניות עולם הנוקבא, **ואין נפש זה של הנוקבא העליונה נותן בה עד ביאה ראשונה דבעלה עמה**, ואז נותן בה הנפש הזו, ועל ידי כך נשאר נפשה הזאת ביסוד שלה. ושם ב"ן הוא המעלה אחר כך כל המ"ן דשאר הזווגים דמאז ואילך. וזה הטעם שאין האשה מתעברת מביאה ראשונה, כי ביאה ראשונה עושה אותה כלי לקבל טפת הזרע, ואחר שקבלה הכלי ההוא בביאה ראשונה, אז משם ואילך תתעבר, ותקבל טפת הזרע בזווגים אחרים.

שער הגלגולים, הקדמה ל"ו – וביאור ענין זה הוא סוד נמרץ נכון להעלימו, דע, כי אמרו בספר הזהר בפרשת משפטים, **כי כל אדם מניח חד רוחא באתתא בביאה ראשונה, כשעושה אותה כלי**. והנה ההוא רוחא, הוא חלק נצוץ מנשמתו.

גמרא סנהדרין דכ"ב ע"ב – אמר רב שמואל בר אוניא משמיה דרב, אשה גולם היא, **ואינה כורתת ברית אלא למי שעשאה כלי**, שנאמר - כי בועליך עושיך הוי"ה צבאו"ת שמו.

גמרא יבמות דל"ד ע"ב – אמר ליה הון בריה דרב נחמן לרב נחמן, לימא קא סבר רבי יהודה התורה חסה על תכשיטי כלה, **אמר ליה לפי שאין אשה מתעברת מביאה ראשונה**.

בראשית רבה מ"ה ד' – ויבא אל הגר ותהר, רבי לוי בר חייתא אמר, מביאה ראשונה נתעברה, אמר רבי אלעזר **לעולם אין האשה מתעברת מביאה ראשונה**. והכתיב - ותהרין שתי בנות לוט מאביהן, אמר רבי תנחומא, שלטו בעצמן והוציאו ערותן ונתעברו כמביאה שניה.
130

נהר שלום דכ"ג ע"ב – הנה נודע כי סדר המשכת המוחין בזו"ן, הוא כי בתחילה הז"א מקבל המוחין דאו"א חלקו וחלק נוקביה, והוא מאיר אליה דרך אחוריו מהארת המוחין דילה, שהם ממוחין דצלם דאימא, ובונה ומתקן פרצופה דאחור, ואחר כך מסתלקין כל המוחין מהז"א למעלה, וחלק המוחין דיליה נשארים על גבי רישיה, וחלק המוחין דנוקבא מתפשטים ונכנסים בנוקבא, ועל ידי כך נגדלת בכל האחור דז"א, ואז ננסרת. **ואחר כך עולים שניהם לחיק או"א, ושם חוזרים פנים בפנים, ומזדווגים, ונותן לה הז"א כלי ורוחא**, ואחר כך חוזרים למטה למקומם, וחוזרים או"א ומזדווגים, וממשיכים להם המוחין דפנים, ומתפשטים ונכנסים תחילה בנוקבא, ונגדלת בכל פנים דז"א, וחוזרים ומסתלקים ממנה עצמות המוחין ונכנסים בז"א, והוא חוזר ומאיר אליה, ובונה ומתקן פרצופה דפנים. ואחר כך מזדווגים, ונותן לה טיפת מ"ד דחמשה חסדים, טיפה זרעיית להוליד נשמות כנודע.
131

הנקרא אחור באחור בערך זו"ן. **ר"ל**[132] **שֶׁעָלוּ זו"ן** הגדולים **לְמַעְלָה בִּמְקוֹם** החזה ד**או"א** הנקרא חיק דאו"א, שהם בחינת או"א תתאין, והם פרצופי ישסו"ת[133], **וְשָׁם קִבְּלוּ** זו"ן את **הַמּוֹחִין**[134] דפנים

נהר שלום דכ"ט ע"ד)שאלת חכמי תוניס למרן הרש"ש, שאלה י"ז(- בענין זווג אחור באחור, יש בו כמה חילוקים ונראים הפכים, הנה במקום אחד אמר כי זווג אחור באחור אינו כפשוטו, וקתני עלה כי הכוונה היא כי הוא נוטל ה' חסדים והיא ה' גבורות להשלים אחוריהם, ואז חוזרים פנים בפנים להזדווג, ונמצא כי חו"ג אלו בבחינת אחת יקראו פנים בפנים, כי הם הגורמים להיות פנים בפנים. ובבחינה אחת נקרא אחור באחור, כי על ידי זה נגדל ונשלם אחוריהם. ובמקום אחר אומר שכשהם אחור באחור, וצריכים אז להזדווג, עולין בהיכלין דאו"א ומזדווגים שם, ובערך שאם היו אז במקומן נשארים אחור באחור נקרא הזווג ההוא אחור באחור, אף על פי שעלו אז ונזדווגו פנים בפנים בהיכלות או"א, דאי אפשר להיות הזווג אחור באחור, כנזכר שם ובשער הקדמות, בדרוש המתחיל - ונחזור שנית לבאר היטב ההפרש שיש בין ד' עולמות אלו כו', כתוב שזיווג זו"ן בהיות הנוקבא קצרת הקומה מהחזה ולמטה, אפילו פנים בפנים נקרא זווג אחור באחור. ובשער התפלות נאמר בכמה מקומות זווג דאחור באחור, ולא שייך בהו הני מילי, אלא כפשוטו ממש.
132

בית לחם יהודה ש"ו פ"ח – ר"ל שעלו זו"ן למעלה. מבואר בהגה בסוף פרקין, ובפרק א' דשער ט"ל, ובסוף פרק ד' דשער מ'.
133

לפי פשט דברי הרב ז"ל מובן שזו"ן הגדולים עולים לחיק או"א עילאין, שהוא בחינת חג"ת דאו"א. לפי פשט זה **מדלגים** זו"ן על פרצופי ישסו"ת, **ועוקרים ממקומם, וקופצים** ועולים ישר לאו"א עילאין. וכך באמת הבינו כל גדולי המקובלים לפני מרן הרש"ש, שלפי פשט הדברים הרב ז"ל זו"ן מדלגים על ישסו"ת ועולים לאו"א. מרן הרש"ש מביא כלל גדול ויסוד בעבודת השם, כי שום פרצוף לא נעקר ממקומו וקופץ ומדלג, אלא כל פרצוף תחתון מקבל מוחין מהעליון ממנו, ועולה הפרצוף התחתון למקום הפרצוף העליון **באותו זמן** שהפרצוף העליון גם כן עולה לפרצוף שמעליו. לכן לפי דבריו הקדושים של מרן הרש"ש, לעולם אין באפשרות זו"ן לעלות ולדלג על ישסו"ת ולעלות לאו"א עילאין, אלא הכוונה היא לעלות למדרגת ישסו"ת, שהם בעצם נמצאים בחזה דאו"א עילאין. וגם זה הוא לפי פשוטם של דברים, הרי כאשר זו"ן מקבלים מוחין דגדלות א', שהם מוחין דנשמה הבאים מישסו"ת, הם עדיין עומדים אחור באחור, במקום ישסו"ת, ומי שמקבל מוחין דחיה בערך זו"ן הגדולים הם זו"ן הקטנים, שהם יעקב ורחל שהם מלכויות דמ"ה וב"ן דו"ק, והם עטרות דיסוד דזו"ן הגדולים. וכאשר זו"ן הגדולים מקבלים מוחין דנשמה, יעקב ורחל מקבלים מוחין דחיה בערכם, **והם מתייחדים פנים בפנים**. וכאשר הם מקבלים מוחין דחיה, שהם מוחין דפנים, עומדים זו"ן במקום או"א עילאין, ושם זיווגם האמיתי. אחר כך מקבלים זו"ן מוחין דיחידה, ועולים למקום א"א. **צריך לדעת** כי פרצופי א"א, או"א וישסו"ת עולים גם הם למקום פרצופי א"ק.

תרשים ח – כ"ג

רחובות הנהר ד"ח ע"ג – כי ה' בחינות נרנח"י הם, כל אחת כלולה מכ"ה בחינות, והז"א יש בו כללות כ"ה בחינות דנפש, וכ"ה דרוח. ואחר כך כ"ה בחינות דנשמה, וכ"ה דחיה, וכ"ה דיחידה, מקבל על ידי א"א ואו"א וישסו"ת. כי אי אפשר לז"א לקבל נשמתו אם לא עד שתתלבש תחלה תוך חיצוניות ישסו"ת, ולפעמים על ידי או"א, ולפעמים על ידי א"א עד כאן לשונו. ואחר כך כתב באותו הפרק וז"ל, והנה נתבאר ה' בחינות הנזכרות של ז"א, ואמנם לפעמים לוקח כולם על ידי הבינה הכללית, שהם בחינת ישסו"ת, ולפעמים עולה יותר ולוקח כולם ממקום החכמה הכללית, שהם או"א עילאין, ולפעמים עולה יותר ולוקח כולם ממקום הכתר הכללי, שהוא א"א ונוקבא. **אמנם דע כי לעולם אי אפשר שיקחם אלא על ידי ישסו"ת, כי הרי הם עליונים ממנו, אך העניין הוא כי אי אפשר לעלות למעלה ממדריגתו**, כי הרי אין מקום פנוי וחלל. אמנם צריך שתחילה יתעלו ישסו"ת למקום או"א, ואז זו"ן יעלו למקום ישסו"ת, ויעלו או"א במקום א"א ונוקביא, ויעלו א"א ונוקביא למדריגה שעליו. וכן על דרך זה עליה למעלה מעליה, עד שיתנועעו ויתחלפו כולם ממקומם. ונמצא כי בעלות ישסו"ת למעלה במקום או"א, הנה נמצא ז"א ונוקביה במדריגת ישסו"ת, ובעלות ישסו"ת יותר בא"א ונוקביא, יעלו זו"ן במקום או"א עצמם, ונמצא כי הרי הם נקראים או"א עצמם, **אמנם אינם מקבלים הארה והמוחין שלהם אלא על ידי ישסו"ת**, שגם הם עלו, ודי בזה, עד כאן לשונו, הרי בפירוש כל מה

שכתבנו. **אמנם צריך להבין ענין עליות אלו לפי משמעות פשט הדברים, אף על פי שאינם כפשוטם, שיש בהם סודות נעלמים**, הנה מתוך פשטם אפשר להבין מעט מסודם, אף על פי שאין לסודם דוגמא עם הפשט, כי הם סודות נעלמים עמוק עמוק לית מחשבה תופסת בהם, כל שכן דיבור, אלא שדברה לתורה כלשון בני אדם, וכנזכר בסוף ההקדמה ראשונה משער ההקדמות וז"ל - ואמנם דבר גלוי הוא כי אין למעלה גוף ולא כח בגוף חלילה, וכל הדמיונות והציורים אלו לא מפני שהם כך ח"ו, אמנם לשכך את האזן לכשיוכל האדם להבין הדברים העליונים הרוחניים, בלתי נתפסים ונרשמים בשכל האנושי, לכן ניתן רשות לדבר בבחינת ציורים ודמיונים, כאשר הוא פשוט בכל ספרי הזוהר וגם בפסוקי התורה עצמם כלם כאחד עונים ואומרים בדבר הזה, כמו שאמר הכתוב עיני הוי"ה המה משוטטים בכל הארץ, עיני הוי"ה אל צדיקים, וישמע הוי"ה, וירח הוי"ה, וידבר הוי"ה, וכאלה רבות. וגדולה מכולם מה שאמר הכתוב - ויברא אלהי"ם את האדם בצלמו בצלם אלהי"ם ברא אותו זכר ונקבה וגו'. ואם התורה עצמה דברה כך, גם אנחנו נוכל לדבר כלשון הזה, עם היות שפשוט הוא שאין שם למעלה אלא אורות דקים בתכלית הרוחניות, בלתי נתפסים שם כלל, וכמו שאמר הכתוב - כי לא ראיתם כל תמונה, וכאלה רבות. ואמנם יש עוד דרך אחרת כדי להמשיל ולצייר בה הדברים העליונים, והם בחינת כתיבת צורת האותיות, כי כל אות ואות מורה על אור פרטי עליון, וגם תמונה זו דבר פשוט הוא כי אין למעלה לא אות, ולא נקודה, וגם זה דרך משל וציור כדי לשכך את האזן כנזכר, וב' בחינות ציורים אלו, אם ציור האדם, ואם ציור אותיות, שתיהם מוכרחות להבין ענין האורות העליונים, כאשר תראה ספרי הזוהר בנויים על פי ב' בחינות הציורים האלה, עד כאן לשונו. והענין הוא שצריך להבין אם עליות אלו, הוא כעין דילוג שמדלגים ונעקרים ממקומם, עולים הפרצופים למעלה מזה, אם כן מה מעלה וגדולה זו היא להם, אחר שכל הפרצופים של כל העולמות עליונים ותחתונים בצביונם ודמיונם עולים, כפי שיעור עליית הזו"ן ולמה ישתנה שמם, ויקראו בשם הפרצופים שעלו למקומם, אחר שגם אותם הפרצופים עלו כנזכר וכמה שאלות כיוצא בזה. **אף על פי שיש ליישב, אין היישוב ההוא אמיתי לפי סוד של דברים**, ועוד שלא כל העתים שוות לעליות האלו, וכמו שנבאר בע"ה, ואם עליות אלו הם מכח קבלתם המוחין, שכן הוא האמת כי על ידי התלבשות צלמי המוחין בפרצופים העליונים, ואחר כך מתפשטים בו"ק דז"א, ועל ידי כך נגדלים הו"ק ההם דז"א, ונעשים עשר ספירות, ועל ידי התפשטות בתוכו **צלמי ל"מ** דחג"ת וחב"ד, נגדל כשיעור קומת הפרצוף העליון ההוא. המשל בזה בעת שמקבל הז"א מוחין דנרנח"י דנשמה, על ידי ישסו"ת, הנקראים מוחין דעיבור ויניקה, ומוחין דגדלות ראשון, לה' פרצופים דפרצוף השלישי דז"א, הנקרא בינה, הנה בירידת הנרנח"י דנשמה עם צלמי המוחין ההם מלמעלה, מתלבשים בה' פרצופי ישסו"ת, ואחר כך כל פרצוף מה' פרצופים ההם עם הצלם שבו, מתלבש ומתפשט בו"ק דפרצוף אחד מה' פרצופי בינה דז"א, ואז הו"ק ההם מתחלקים לח"י פרקים, ובהם מתלבשים ט' פרקים **דצ'** דצלם, המלובש בט' פרקי נה"י דכל פרצוף מה' פרצופי ישסו"ת, כל פרק בתרין פרקין דו"ק, ונעשים ט' ספירות, כל ספירה מתלת פרקין, שהם חב"ד חג"ת נה"י שבספירה ההיא, ואחר כך מתפשטים ומתלבשים בתוכו צלמי **ל"מ** דחב"ד וחג"ת דכל פרצוף מה' פרצופי ישסו"ת, ואז נגדלים ה' פרצופי בינה דז"א כשיעור קומת ישסו"ת, והז"א לא עלה ונסתלק ממקומו, וגם ישסו"ת לא עלו ונסתלקו ממקומם, ואם היו יוצאים מתוכו ועולים ומסתלקים ממקומם, היה חוזר הז"א לבחינת ו"ק, ואיך כתב הרב שתחלה יעלו ישסו"ת למקום או"א, ואז זו"ן יעלו למקום ישסו"ת כו', איך יגדלו ויעלו למקום ישסו"ת, **כי אי אפשר להם לקבל המוחין שלהם מבלתי התלבשותם בישסו"ת** כנז"ל.

דוד אות ע"ו דנ"ב ע"א – ז"א יש בו נפש רוח שלמים, כל בחינה כלולה מכ"ה בחינות, דכן צריך להיות בכל בחינה כדי שתהיה שלימה, בכל בחינה צריך שיהיה בה חמשה בחינות נרנח"י, וכל אחד מהחמש כלולה מנרנח"י, הרי חמש פעמים חמש הם מכ"ה בחינות. וחסר לז"א כל הכ"ה בחינות דנשמה, וכ"ה דחיה, וכ"ה דיחידה. וכשמקבל המוחין מישסו"ת הנקרא נשמה דכללות האצילות, ונכנסים בכלי הבינה דז"א, אז יש לו הכ"ה בחינות דנשמה שלימה, וכשמקבל המוחין מאו"א עילאין, הנקרא חיה דכללות האצילות, ונכנסים בכלי החכמה דז"א, אז יש לו כ"ה בחינת חיה שלימותא. וכשמקבל המוחין מא"א הנקרא יחידה דכללות האצילות, ונכנסים בכלי הכתר דז"א, אז יש לו כ"ה בחינות דיחידה שלים. אמנם כל זה הוא בערך הכללות, **כי ישסו"ת גם כן נקרא זו"ן בערך או"א עילאין**, ואין בהם רק נפש ורוח, וצריכים עיבור, יניקה, ומוחין כדי להשלים להם נשמה, חיה, יחידה, וכשמקבלים מוחין מאו"א עילאין, הנקרא בערכם נשמה, אז יש להם נשמה שלימה לישסו"ת. וכשמקבלים המוחין מא"א הנקרא בערכם חיה, אז יש להם לישסו"ת חיה שלימה. וכשמקבלים המוחין מאח"פ דא"ק, הנקרא בערכם יחידה, אז יש להם לישסו"ת יחידה שלמה, כי מה שכתב דישסו"ת הם

בהשאלה מאו"א, כי מצד עצמם אינם ראויים למוחין אלו, ומוחין אלו נקראים **אור ישר, ושם** בחיק או"א

זזרו דווקא **כליהם** של זו"ן **בבזוינת פנים בפנים** מפני שהרב ביאר בפרקין שלא שייך בחינת פנים בפנים או אחור באחור באורות, רק בכלים, **ונזדווגו** זו"ן הקטנים, שהם יעקב ורחל מלכויות דמ"ה וב"ן דו"ק, והולידו את נשמת אדם וחוה, ואחר כך חוזרים זו"ן להיות אחור באחור. ואחר שנברא האדם הראשון, ועל[135] ידי

נקראים נשמה, והם ממשיך מוחין דגדלת לזו"ן, הוא בערך זו"ן, אמנם בערך מה שלמעלה מהם נקרא זו"ן, וחסרים נשמה, חיה, יחידה, וצריכים לקבלם משלוש מקומות שלמעלה מהם, דהיינו מאו"א עילאין, ומא"א, ומאח"פ דא"ק, כי אלו נקראים נשמה, חיה, יחידה בערך ישסו"ת. וכן או"א עילאין נקרא חיה בערך זו"ן, ונשמה בערך ישסו"ת, **וזו"ן בערך מה שלמעלה מהם**, וחסרים נשמה חיה, יחידה, וצריכים עיבור, יניקה, מוחין כדי להשלימם, ומקבלים אותם משלוש מקומות שלמעלה מהם, הנקרא בערכם נשמה, חיה, יחידה, דהיינו מא"א נשמה, ומאח"פ חיה, ומשערות הראש ע"ב דא"ק יחידה. וכן א"א נקרא יחידה בערך זו"ן, וחיה בערך ישסו"ת, ונשמה בערך או"א עילאין, **אמנם בערך הא"ק נקרא זו"ן**, ואין בו רק נפש ורוח, וחסר נשמה, חיה, יחידה, וצריך עיבור, יניקה, מוחין כדי להשלימו, ומקבלים משלוש מקומות שלמעלה ממנו, הנקרא בערכו נשמה, חיה, יחידה, דהיינו מאח"פ דא"ק נשמה, ומשערות דהיינו ע"ב דא"ק, דהוא חכמה דא"ק חיה, ומקוץ היו"ד א"א דא"ק יחידה, כי אח"פ הם מס"ג, ושערות הראש מע"ב ממוחין דא"ק, והם ישסו"ת ואו"א עילאין דא"ק. נמצא כי א"א כשמקבל **מישסו"ת דא"ק, אז יש לו נשמה**, וכשמקבל **מאו"א עילאין דא"ק, אז יש לו חיה**, וכשמקבל **מא"א דא"ק אז יש לו יחידה**. כי כמו שזו"ן דאצילות שהם נפש רוח דכללות האצילות, כן א"א דאצילות שהם זו"ן דכללות א"ק, ואין בו רק נפש רוח בערך כללות א"ק, נשלמו בו הנשמה, חיה, יחידה מישסו"ת, ואו"א, ואא"א דא"ק, שהם נשמה, חיה, יחידה דכללות א"ק. וכן א"ק עצמו נקרא יחידה בערך האצילות, **אמנם בערך שלמעלה הימנו נקרא גם הוא זו"ן**, ואין בו רק נפש רוח, וחסר לו נשמה, חיה, יחידה, כי הרי כל כללות א"ק עומד במקום חצי מלבוש התחתון כנודע, כי כללות המלבוש הוא סוד עסמ"ב, וכשנחלק המלבוש ונקפל חצי התחתון שהוא סוד מ"ה וב"ן, והלביש לחצי העליון שהוא ע"ב ס"ג, המקום הפנוי הנזכר לעיל, שהוא במקום שהיה חצי מלבוש התחתון נקרא אויר קדמון, והכדור הנעשה בתוכו שבתוכו עומדים עשר ספירות דא"ק נקרא טהירו, ועל גבי הטהירו בין אויר קדמון למלבוש עומדים עשר ספירות דא"ק עילאה סתימאה. הרי כי א"ק עומד במקום מ"ה וב"ן, שהוא סוד חצי המלבוש התחתון, **ולכן נקרא זו"ן בערך מה שלמעלה ממנו**, וצריך עיבור, יניקה, מוחין להשלימו, ומקבלם משלוש מקומות שלמעלה ממנו, דהיינו מא"ק סתימאה עילאה נשמה, ומאויר קדמון חיה, ומהמלבוש יחידה. **והמבין יבין כי אי אפשר לדבר יותר**. וכן נוקבא דז"א דאצילות נקרא זו"ן בערך ז"א, וחסרה נשמה, חיה, יחידה, וצריכא עיבור יניקה, מוחין להשלימה, ומקבלת אותם משלוש מקומות שלמעלה הנקראים בערכה נשמה, חיה, יחידה, מז"א נשמה, מישסו"ת חיה, ומא"א עילאין יחידה. וכן בריאה אין בה רק נפש ורוח בערך נוקבא דז"א דאצילות, ומקבלת נשמה משלוש מקומות שלמעלה ממנה, הנקרא בערכה נשמה, חיה, יחידה, דהיינו מנוקבא דז"א דאצילות נשמה, ומז"א חיה, ומישסו"ת יחידה. וכן יצירה נקרא זו"ן בערך בריאה, ומקבלת נשמה, חיה, יחידה משלוש מקומות שלמעלה ממנו, הנקרא בערכו נשמה, חיה, יחידה, דהיינו מהבריאה נשמה, ומנוקבא דז"א דאצילות חיה, ומז"א דאצילות יחידה. וכן עשיה נקרא זו"ן בערך יצירה, ומקבלת נשמה, חיה, יחידה משלוש מקומות, הנקרא בערכה נשמה, חיה, יחידה, דהיינו מיצירה נשמה, ומבריאה חיה, יחידה דאצילות יחידה. **באופן שאין פרצוף בעולם נשלם בכל בחינותו עד שיעלה שלוש מדרגות למעלה ממדרגתו**. ולכן במנחת שבת שאז נשלמים כל העולמות, **עולה א"א דאצילות, לא"א דא"ק. ואו"א עילאין, לאו"א דא"ק. וישסו"ת, לישסו"ת דא"ק**. וז"א, לא"א דאצילות. ונוקבא דז"א, לאו"א עילאין דאצילות. ובריאה, לישסו"ת דאצילות, הנקרא בריאה דאצילות. ויצירה, לז"א דאצילות, הנקרא יצירה דאצילות. ועשיה, לנוקבא דז"א דאצילות, הנקרא עשיה דאצילות. ואז נשלמו כולם בבחינת נרנח"י, וזו היא מדרגתן האמיתי.

134

58

מעשיו[136] ומצוותיו ותפילותיו, הוא היה מעלה מ"ן, ומחזיר את זו"ן פנים בפנים. **אמנם** כאשר זו"ן הגדולים עומדים אחור באחור **אין בהם כח לקבל אור המוזין** דחיה שהם צרכים כדי ליתייחד, מפני שרק אור החיה יכול להעמיד את זו"ן פנים בפנים, **בסוד התפשטות** האור **למטה במקומו, שאז** האור המתפשט למטה **נקרא אור יושר** והוא בחינת גדלות ב', בחינת מוחין דחיה שזו"ן מקבלים מאו"א עילאין, **כי** כאשר זו"ן **בעמדם למטה** לפני קבלת המוחין דחיה, **אינן מקבלים רק אור חוזר** שהוא מוחין דנר"ן, **ועל כן** כאשר זו"ן עומדים **למטה** במקומם, **אינם** עומדים **רק אזור באזור** ולא יכולים ליתייחד, ורק יעקב ורחל הקטנים מתייחדים, **וכשיעלו** זו"ן לחיק או"א, שהוא בחינת קבלת מוחין דנשמה להם, עדיין זו"ן עומדים אחור באחור, עם כל זאת יעקב ורחל הקטנים מקבלים באותו זמן את בחינת מוחין דחיה שלהם **ואז הם** ר"ל יעקב ורחל עומדים **פנים בפנים** ומתייחדים[137].

הרב ז"ל ביאר בפרקין[138] כי בכללות יש ב' בחינות באורות, שהם התפשטות והסתלקות, ובמקביל יש בכלים יש ב' בחינות שהם פנים ואחור. עם כל זה מבאר הרב ז"ל בשער[139] פנימיות וחיצוניות כי בפרטות כל בחינה נחלקת לשלוש

ע"ח ש"ח פ"ו מ"ת דט"ל ע"א – והענין כנ"ל, כי מקום הקליפות והחיצונים הם אחורי נוקבא דז"א, ושם הם נדבקים, ואמנם גם כן באחור ז"א יש קצת אחיזה. והנה טרם ברא אלהי"ם אדם על הארץ, היה כח בקליפות לינק שפע מקדושה, בסוד - ואדם אין לעבוד את האדמה, ואחד מעבודת האדמה הוא כיסוח קוצים מן הכרם, אשר לזה צריך מצות מעשיות. אבל כאשר נאצלו ז' תחתונות עדיין לא היה אדם הראשון התחתון נברא בעולם, יצאו זו"ן אחור באחור מפני פחד החיצונים שלא יינקו, כי אם היו עומדים פנים בפנים היה לקליפות מקום להתאחז במקום אחיזתן, שהמה אחוריים לינק, כי מפנים לא יוכלו לינק, ולכן הוצרכו להיות מתדבקים אחור באחור, כדי שלא יוכלו החיצונים לינק משם. וכאשר נברא אדם הראשון ועשה מצות מעשיות, החזירם פנים בפנים, ואז לא היה פחד מן הקליפות, כי כבר חפר, ועזק, סקל, וכרת קוצים מן הכרם.
136

נהר שלום ד"ה ע"ד – ואחר שנתברר ונתקן כל מה שהיה צורך להעשות מהם כל חלקי פרצופי ד' עולמות אבי"ע כנז"ל, וכמו שנכתוב לקמן בע"ה, אז נברא אדם הראשון ממחצב הנשמות, להעלות מ"ן מבירורי ו"ק דזו"ן, וכל שארית הבירורים על ידי מעשיו ומצותיו ותפלותיו.
גמרא חולין ד"ס ע"ב – רב אסי רמי כתיב - ותוצא הארץ דשא בתלת בשבתא, וכתיב - וכל שיח השדה טרם יהיה בארץ במעלי שבתא, מלמד שיצאו דשאים ועמדו על פתח קרקע, **עד שבא אדם הראשון ובקש עליהם רחמים, וירדו גשמים וצמחו**, ללמדך שהקב"ה מתאוה לתפלתן של צדיקים
137

המשך סוגיה זאת הוא בסוף הדרוש, דף ל' ע"א והוא מהספר הקדוש קהילת יעקב, ד"ה **הגה"ה** וזווג אחור באחור אינו כפשוטו. בדפוסים ישנים של ספר עץ חיים היתה הגהה זאת במקום זה, אך בדפוס ירושלים דשנת תר"ע המדפיסים הדפיסו הגהה זאת משום מה בסוף הדרוש.
138

כרם שלמה ש"ו פ"ח אות י"ב – כי באורות יקראו יושר וחוזר, ובכלים נקרא פנים ואחור וכו', וידוע כי פנים ואחור הם החיצוניות ופנימיות בכלים, וכן באורות נקראים יושר וחוזר. נמצא שלא יש בכל אחד רק ב' בחינות בין באורות בין בכלים, ועל זה מקשה, כי במקום אחר מיצינו כי בכל אחד יש ג' בחינות, דהיינו עיבור יניקה וגדלות, שהם נקרא לפעמים מוחין. ואלו הג' בחינות בין באחור דאחור, ובין פנים בפנים , אם כן למה לא נזכר כאן כי אם בחינה אחת באחור, ובחינה אחת בפנים. והוא מקשה על הכלים, והוא הדין על האורות, גם כן יש בהם ג' מדרגות שמתלבשים באלו הג' מיני כלים. והואיל וכן הוא כל כך השינוי בין הכא להתם, אפשר ליה להטועה לטעות ולומר כי התם מדבר על בחינה לחוד, והכא לחוד. ואם כן הואיל והכא מדבר לכאורה על בחינה משונה מהתם, אם כן צריכים אנו לידע מה הם ב' בחינות הללו המוזכרים כאן, שהם שנים דווקא באורות, שהם אור ישר ואור חוזר, ושנים דווקא בכלים, שהם פנים ואחור.

בחינות פרטיות, שהם חיצון אמצעי ופנימי, והם נתקנים בשלשה שלבים, והם עיבור יניקה ומוחין. כך שהבחינה הפנימית נתקנת על ידי עי"מ[140], והבחינה החיצונית מתקנת על ידי עי"מ. ודרך התיקון הוא כך, בחינת העיבור מתקן את בחינת ההב"י דאותו פרצוף, בחינת היניקה מתקנת את בחינת החג"ת דאותו פרצוף, ובחינת המוחין מתקנים את בחינת החב"ד דאותו פרצוף. יוצא שיש ג' שלבי תיקון לכל בחינה, ג' בחינות עי"מ בכלי דפנים, וג' בחינות בכלי דאחור. אם כן כאן דברי הרב קשים, איך יש רק ב' בחינות של אורות שהם התפשטות והסתלקות, וב' בחינות בכלים שהם כלים פנים ואחור, הרי היה צריך הרב ז"ל לכתוב כאן כי יש ג' בחינות באורות, וג' בחינות בכלים. [141]**ואמנם** במה[142] שנתבאר

139

ע"ח ח"ב ש"ב דרוש א' דע"ט ע"ב – הנה אין לך פרצוף מכל החמשה פרצופים שבכל ד' עולמות אבי"ע, שכל אחד מהם יש לו ג' כלים לכל ספירה וספירה שלו, והם ג' כלים לג' בחינות נר"ן, כי עד הנשמה שהיא מבינה שממנה בחינת אותיות יש כלים, אך משם ולמעלה שהוא כנגד חיה ויחידה בכל ספירה וספירה אין עוד כלים, כי שם הם הטעמים ונקודות ולא אותיות. ונודע כי כל הכלים מהאותיות נעשו, והנה בג' כלים אלו יש בתוכם נר"ן דחיצוניות, כנזכר גם יש בהם (בנר"ן) בחינת אור פנימי ואור מקיף בסוד הצלם כנודע, גם יש בהם אורות כפולים, שהם צלם דאו"א, וכל זה נקרא חיצוניות העולמות. וכנגדן יש גם כן שלשה כלים פנימיות דנשמות, ובתוכם נר"ן דפנימיות הנשמות, ויש בהם אור פנימי ומקיף, וכפולים בבחינת צלם דאו"א על דרך הנ"ל ממש, וכולם פנימיים. אמנם יש עיון במה שכתוב בקריאת שמע, שהכלי הג' הוא נקרא פנימיות ז"א, וכן שם בעניין קריאת שמע נראה כי העיבור הג' דמוחין הוא נקרא פנימיות, והנה אנחנו פירשנו כי העיבור הב' הוא בחיצוניות, זולת הפנימיות. והעניין הוא כי תחלה נכנס העיבור ראשון דקטנות, והם נה"י כלולין בחג"ת, ואחר כך נכנסה היניקה דקטנות, והוא התפשטות נה"י וחג"ת כל אחד לעצמה, ובחינות אלו לא יחסרו ממנו לעולם, אמנם בהיותו בעיבור א' אשר נכנסו נה"י דתבונה בחב"ד דז"א, אז אין בו דעת כנזכר במקום אחר, כי אין כלי חיצון ליסוד דלתבונה. ואחר כך בעיבור ב' נכנסו חג"ת בחב"ד דז"א, וירדו נה"י בחג"ת דז"א, אז יש לו ג' מוחין דיניקה, וזהו תמיד בז"א. ואחר כך בעת הקריאת שמע, בשמע ישראל יש עיבור ב' דקטנות בתבונה, ואז נכנסין מוחין גמורים דקטנות בחב"ד דז"א, ויורדין חג"ת בחג"ת, ונה"י בנה"י, ואז נשלם ז"א בחיצונותיו לגמרי בג' בחינות דכלים, ובכל מוחין דקטנות, עיבור, ויניקה, ועיבור, ואורות פנימים ומקיפים דצלם דאו"א. ואחר כך עולה בסוד מ"ן במילת אחד, ואז באים לו פנימיות ז"א הן דעיבור א', והן בחינת ר"ק דיניקה, והן המוחין דו"ק דגדלות, המפורשים אצלינו בכוונת קריאת שמע, עיין שם. אחר כך בברכת אבות באלהינ"ו ואלה"י אבותינו, אז בא עיבור ג' דגדלות, ונשלמים מוחין דז"א דפנימיות חב"ד דביה, וחג"ת בחג"ת דיליה, ונה"י בנה"י דיליה.

140

עי"מ – עיבור, יניקה, מוחין.

141

יפה שעה)א(– ואמנם מה הם ב' בחינות האלו, בין באורות בין בכלים צ"ע. ואפשר לומר שג' בחינות צלם, שהם נר"ן דמוחין דזעיר אנפין, הם שלשה בחינות הפנימיים, שהם עיבור יניקה ומוחין, וכולם פנימים כנודע, כי המוחין הם פנימיות. אלא שקשה לזה אם כן לא נשאר אל החיצוניות רק שתי בחינות, שהם עיבור ויניקה לבד, או המוחין לומר כנודע כו'. **כל דברי רז"ל אלה אין אתנו יודע עומק כוונתו, ואין בידינו אלא רחמין למבעי פוקח עורים יאיר עינינו בהם.** מה נוכל לומר לומר שכוונתו להקשות לו לעצמו, לפי מאי דרהטן סוגיין של דרוש, שאין מוחין דפנים נכנסין בז"א, על שיכנס בו מוחין דאבא, שהם בחינת חיה שבו, ומזולתם אין מציאות לז"א לחזור פנים בפנים, שמבחינת חיה ולמטה כולם הם מוחין דאחור באחור. וקשתיה לזה, שהרי לעיל פרק ה' כתב רז"ל במ"ב ז"ל - דע לך שאין בחינת פרצוף בעולם, שאין לו חמשה חלקים, שהם נרנח"י, והם כפולות, כי הם ה' בחינות פנימים, וה' מקיפים, וכל בחינה מאלו החמשה יש לו שתי בחינות, א' בחינת אורות פנים וגדולים, ב' בחינת אורות של אחורים, והם מתמעטים. וכל זה הוא באורות, וכן על זה הדרך הוא בכלים, כי יש בהם בחינת כלים דפנים, ויש בהם בחינת כלים דאחוריים, יע"ש. לפי זה נמצא היות ד' בחינות, שנים באורות, שהם אורות דאחור ואורות דפנים, וב' בכלים שהם כלים דפנים וכלים דאחור. וכל ד' מדרגות האלו ישנה בכל אחד ואחד מן החמשה, שהם הנרנח"י. נמצא שאפילו בבחינת הנפש שהיא הקטנה שבכולם, יש בה כל ד' בחינות אלו, ואם כן במה תתעלה החיה שהיא בחינת פנים, וכל השאר הם בחינת אחור. וזהו שכתב - ואמנם מה הם ב' בחינות האלו, בין באורות בין בכלים צ"ע, כי נמצא שאפילו באורות דבחינת נפש,

בפרקין **שהם** רק ב' **בחינות** (נ"א מה שהם בבחינות הללו) הללו בלבד, **בין באורות** שהם אור ישר ואור חוזר, או התפשטות והסתלקות, **בין בכלים** שהם כלי דפנים וכלי דאחור, **צריך עיון**[144][143] לפי מה שכתוב במקום[145] אחר **מה ענינם**[146], מדוע בדרוש זה רק ב' בחינות, ולמה הם לא

ובכלים דבחינת נפש, יש בהם בחינת פנים, ואין הדבר תלוי עד עת בא מוחין דאבא, שהם בחינת חיה. לזאת תריץ יתיב - ואפשר לומר שג' בחינות צלם, שהם נר"ן דמוחין דז"א הם שלשה בחינות הפנימים, שהם עיבור יניקה ומוחין, וכולם הם פנימים כנודע, כי המוחין הם פנימיות. פירוש תירוצו כי נודע שז"א כולל שלשה פרצופים, שהם פרצוף נה"י, ופרצוף חג"ת, ופרצוף חב"ד, וכל אחד כלול ג' פרצופים, פרצוף נה"י, ופרצוף חג"ת, ופרצוף חב"ד, וכולם דנה"י, וכן בחג"ת, וכן בחב"ד, והם ט' פרצופים, כמו שביאר רז"ל בכמה מקומות, ומהם בפרק ו' משער חיצוניות ופנימיות. ולעולם פרצוף החב"ד דכל אחד הוא נקרא פרצוף דמוחין דכל אחד, והוא נקרא פנימיות דכל אחד, והוא בחינת צלם דמוחין שהם נר"ן כנודע, כי בפרצוף החיצון הם מוחין דנפש, ומוחין דפרצוף אמצעי הם דרוח, ופרצוף התכון הם מוחין דנשמה, והם צלם נר"ן דמוחין דפנימיות. ולבחינת הפנימית שהוא פרצוף חב"ד דכל אחד ואחד הוא קרי ליה אורות דפנים, וכלים דפנים. ולעולם שאין ז"א חוזר פנים בפנים ממש, אלא דוקא עד שיכנס בו מוחין דאבא שהם בחינת חיה. ומה שאמרנו שבכל בחינה ובחינה יש אורות וכלים דפנים, היינו שכלים של הפנימיות, והאורות שבתוכם נקראים פנים, בערך פרצופים החיצונים, שהם פרצופי נה"י וחג"ת. אלא שקודם לזה, אם כן לא נשאר אל החיצוניות אלא שני בחינות, שהם עיבור ויניקה לבד, כי לפי מה שאמרנו בפרצוף חב"ד לעולם בכל מקום שהוא נקרא פנימיות, ונקרא פנים. אם כן לא נשאר אל החיצוניות אלא שני פרצופים, שהם פרצופי נה"י וחג"ת, עיבור ויניקה, ואנן קיימא לן עיבור יניקה ומוחין אל החיצוניות, מלבד הפנימיות. ונמצא שפרצוף החב"ד נמי נקרא חיצוניות, והיא היא הקושיא עצמה שהקשו רז"ל בפרק ראשון משער חיצוניות ופנימיות, יע"ש. ומכח קושיא זאת חזר בו מתירוץ ראשון, וכתב - או אפשר לומר כי בחינת הפנים הוא כשבאים לז"א מוחין מבחינת חיה, שהם חכמה כנ"ל, שאפילו הבינה נקרא אחור בערך החיה חכמה, שאינה יכולה להוליד נשמות אלא בחכמה. כלומר האמת הוא שבחינת החיה בחינה ובחינה היא אורות הפנים שבא, כגון נרנח"י דנשמה, בחינת החיה שבה, היא אורות דפנים שבה, וכן בנרנח"י דרוח, וכן בנרנח"י דנפש. לעולם בחינת החיה דאותה בחינה היא אורות דפנים דאותה בחינה. אלא שאין שום אחד מחזיר לזו"ן פנים בפנים כדי להוליד נשמות, אלא נרנח"י דחיה הכוללת דכללות עולם האצילות. שהרי אפילו מוחין דנשמה, שהם מוחין דישסו"ת, שמחזירים אותם פנים בפנים, ועל ידם נעשה הזיווג כל השבוע כולה, אינו אלא מוחין דפנים ליעקב ורחל. באופן שלישראל ולרחל הגדולה, שהם זו"ן הגדולים, מוחין דישסו"ת אינו כדאי להחזירם פנים בפנים, כדי להוליד נפשות, ואינם מוחין דפנים אלא בערך יעקב ורחל.

142

בית לחם יהודה ש"ו פ"ח – ואמנם מה שהם ב' בחינות הללו בין באורות בין בכלים. כך צריך לגרוס, כן הוא בע"ח כתב יד, וכן נראה שהיתה גירסת השמ"ש ז"ל. ור"ל מה שהם ב' בחינות באורות, שהם אור ישר ואור חוזר. וכן בכלים ב' בחינות שהם אחור ופנים, שהם עצמם נקראים חיצוניות ופנימיות.

143

בית לחם יהודה ש"ו פ"ח – צריך עיון מה ענינם. כלומר איך הוא סדרם, דאיזה בחינה מעי"מ נקראת אור חוזר באורות, ואחור בכלים. ואיזה בחינה מהם נקראת אור ישר באורות, ופנים ופנימיות בכלים.

144

כרם שלמה ש"ו פ"ח אות י"ב – וזה שכתב כאן **אמנם מה הם ב' בחינות הללו בין באורות בין בכלים**, הואיל ולכאורה בחינה אחרת היא מהתם, ואינה דומה להתם, ואם כן צריך לעיין היטב ולהבין מה ענינם, וזה משכתב **צריך עיון** מה ענינם.

145

ע"ח ח"ב ש"מ דרוש ג' ד"פ ע"ב – נמצא כי בחינת חיצוניות העולמות דכל אבי"ע, יש בהם עי"מ, ומקיפים דצלם, וכלים, ונשמות דנר"ן דהויו"ת סג"ל, שבא, חולם, וקמץ, כו', ט' הויו"ת הנודעות, וכן על דרך זה הוא בפנימיות העולמות. נמצא **כל הדרושים שיש בחיצוניות, ישנם גם כן שוה בשוה בפנימיות**, וגם בחינת אחור ופנים. ובחינת אלהי"ם והוי"ה, הכל הם בין בחיצוניות בין בפנימיות בכל הדברים כולם, ואין

61

ג' בחינות כמו שמבואר בדרוש ג' דשער מ', שבשם הרב ז"ל מבאר כי לכל בחינה בין דפנים בין דאחור יש לה ג' בחינות פרטיות. לדוגמה, כל [147] שעור קומה הוא בן ג' בחינות של חב"ד, חג"ת, נה"י. כאשר הנה"י הוא בחינת עיבור, והוא כולל ג' ספירות תחתונות. החג"ת הוא בחינת היניקה, הכולל את בחינת הנה"י וחג"ת. החב"ד הוא בחינת הגדלות, הכולל את בחינת הנה"י חג"ת וחב"ד. לפי פשט דברי הרב ז"ל כאן על פי שער מ' פ"ג **רק לבחינת הגדלות** יש ג' בחינות פרטיות, לכן רק בבחינת הגדלות רואים את בחינות פנים ואחור, כאשר בפרצוף הגדלות חב"ד הם בחינת פנים, וחג"ת נה"י הם אחור. לעומת זה בבחינת פרצוף דיניקה או פרצוף דעיבור לא רואים את בחינת הפנים[148]. יוצא לפי פשט דברי קודשו של הרב ז"ל רק לפרצוף הגדלות יש ג' בחינות פרטיות. וזה אי אפשר, מפני שלפי הדרוש דשער מ' פ"ג גם לעיבור ויניקה צריך ג' בחינות של עי"מ. לכן מפשטות דברי הרב ז"ל בדרוש זה במחצב הפנימיות יש ג' בחינות של עי"מ, ובמחצב החיצוניות יש רק עיבור ויניקה.◆

לקושיה איך בפרקין מבאר הרב ז"ל כי יש ב' בחינות, שהם אור ישר ואור חוזר באורות, וכלי דפנים וכלי דאחור בכלים. לעומת זאת בפרק ג' דשער מ' מבואר כי לכל בחינה יש ג' בחינות. לרב ז"ל יש ב' תירוצים. **התירוץ והישוב הראשון** בין הסוגיה דפרקין, לבין הסוגיות בשער פנימיות וחיצוניות, **ואפשר**[149]

הפרש. רק זה לבדו כדי להבין היכן אנו מדברים אם בפנימיות אם בחיצוניות, והוא **שכל בחינת מעשה הוא בחיצוניות, וכל בחינת דבור ותפלה הוא בפנימיות**, ואין הפרש אחר עוד, **ולכן אל תטריח עצמך יותר כלל**. ודע כי אף על פי שתראה כתוב בספרינו בחינת חיצוניות ופנימיות, אל תטעה בהם, כי לפעמים רובן של מקומות אינם מדברים רק בחיצוניות לבד, או בפנימיות לבד, כי הכל שוה כנ"ל, אלא שלפעמים קורא פנימיות אל כלי ג' הפנימי מכולם, ולפעמים קורא פנימיות זה אל נר"ן שבתוך הכלים, שהם בחינת אור פנימי כנודע. אמנם כל זה החיצוניות ופנימית מדבר בחיצוניות העולמות בלבד, או בפנימיות בלבד, זולת המקומות שנתבאר בפירוש חיצוניות העולמות, ופנימיות נשמות העלמות, **וזכור כלל זה.**
146

השמ"ש [א] – ר"ל מה שלא מצינו בכאן רק ב' בחינות באורות, שהיא יושר וחוזר, ובכלים פנים בפנים, ואחור באחור, והם הם פנימיות וחיצוניות. צ"ע איך לא נזכר ג' בחינות באחור באחור, וג' בחינות בפנים בפנים, כמבואר אצלינו בשער פנימיות וחיצוניות. כי ג' הם עיבור ויניקה ומוחין בחיצוניות, ונקרא אחור באחור, וכנגדם בפנימיות, ונקרא פנים בפנים. ואפשר להשיב בא כמתרץ, ולומר שג' בחינות נר"ן דבצלם הם בחינת עיבור ויניקה ומוחין לפנימי, אלא שקשה לזה, שלא נשאר לחיצוניות רק ב' בחינות עיבור ויניקה, כי הצלם דנר"ן שהוא המוחין הוא משלימו לעשר ספירות. ולפי מה שכתב כי הצלם דנר"ן הוא ג' בחינות דפנימיות, אם כן לא נשאר לחיצוניות רק ב' בחינות עיבור ויניקה. ואחר כך תירץ התירוץ השני באומרו - או אפשר לומר שבחינת הפנים הוא כשבאים לז"א מוחין לחיה וכו', ר"ל לעולם הצלם דנר"ן הוא הבחינת הג' דחיצוניות, שהוא המוחין, ומבחינת החיה נעשו כל הפנימית וראיה לזה וכו', ועוד ראיה גדולה מזה וכו'. כי לא מבניא כי צלם לנר"ן מוחין דחיצוניות, והם אחור באחור, אלא אפילי בבא החיה אם לא יקבלוה למעלה במקומה האמיתי, כגון בחול, לא נשלם הפנימיות דז"א לגמרי, עד עליתו לקבלה במקומה למעלה, כגון בשבת, ואז הוא זיווג לזו"ן גמור.
147

תרשים ח – כ"ד.
148

תרשים ח – כ"ה.
149

בית לחם יהודה ש"ו פ"ח – ואפשר לומר שג' בחינות צלם שהם נר"ן דמוחין (כך הוא בע"ח כתב יד) דז"א, הם ג' בחינות הפנימים, שהם עי"מ, וכולם פנימיים. פירוש, כי כלי החיצון דעיבור הוא קטן כשיעור הנה"י דגדלות. וכלי האמצעי דיניקה הוא כשיעור חג"ת ונה"י דגדגלות. וכלי הפנימי דמוחין הוא גדול כשיעור חב"ד וחג"ת ונה"י. וכלי הפנימי הנזכר הוא לבדו נקרא עי"מ, יען כי יש בו נה"י, שהם בחינת עיבור, וחג"ת בחינת היניקה, וחב"ד שהם בחינת מוחין לגדלות. וג' צלמים שהם בחינת אור הפנימי שבו, כולם הם נר"ן דהויי"ת, והם הנקראים אור ישר וכלים דפנים. וזה אומרו שג' בחינות צלם שהם נר"ן דמוחין וכו'. כלומר שהם נר"ן שבכלי הפנימי הנקרא מוחין הם עי"מ הפנימיים.

לומר שיש הבדל בין החיצוניות והפנימיות של האורות והכלים. והוא כי בפנימיות יש ג' בחינות, שהם עי"מ, ובחיצוניות יש ב' בחינות שהם עיבור ויניקה. כי הנה בשער מ' מבואר כי כל פרצוף נתקן בג' שלבים, שהם עיבור יניקה ומוחין, ובבחינת החיצוניות יש ב' בחינות שהם עיבור ויניקה, והם בחינת האחור. ובפנימיות יש גם את בחינת המוחין, שהם גדלות. כך שלפנימיות יש הם בחינת צל"ם שלם[150], וצל"ם עצמו מתחלק לג' בחינות שהם **צ'** דצל"ם הם בחינת נה"י, נפש. **ל'** דצל"ם הם בחינת חג"ת, רוח. **מ'** דצל"ם הם בחינת הכחב"ד, נשמה. וכולם בפנימיות. כך **עַ"גֹ'**

בֹזֹיוֹנֹוֹת צֹל"ם שֹהֹם ג' בחינות[151] **נֹר"ן שֹבֹמוֹזֹיֹן** דגדלות **דֹז"א, הֹם גֹ' בֹזֹיוֹנֹוֹת**

150

ע"ח שכ"ד פ"ה מ"ק דקי"א ע"ב – ונחזור לענין ראשון כי הנה כל מה שזכרנו עד עתה, נקרא **צ'** דצלם דז"א (והם בחי' נה"י), ודע כי יש דוגמתו ממש על דרך זה ג' בחינות וכל אחד מתשעה ספירות, ונקרא **ל'** דצלם, והם בחינת חג"ת דז"א. וכנגדן ג' בחינות אחרות והם כל אחד כלול מתשעה ספירות, ונקרא **מ'** דצלם, והם בחינת חב"ד דז"א, והרי נשלם כל ז"א. הכלל העולה הוא זה, כי הנה יש ט' ספירות דז"א, והם חב"ד חג"ת נה"י. וחב"ד הם **מ'** דצלם. וחג"ת **ל'** דצלם. ונה"י **צ'** דצלם. וחב"ד שהם מ' דצלם נעשין מקיפין לחג"ת, שהם ל' דצלם. וחג"ת שהם ל' דצלם נעשין מקיפים לנה"י, שהם צ' דצלם. וצ' דצלם שהם נה"י דז"א, נקרא ז"א ממש, אור פנימי.

151

בחינת צלם ובחינת נר"ן הם אותם מושגים, ואותם בחינות, רק שבבחינת הנר"ן הם אורות יותר זכים מבחינת הצלם, ר"ל שהצלם מלביש את הנר"ן. לכן **צ'** דצל"ם מלביש את אור הנפש, **ל'** דצל"ם מלביש את אור הרוח, **מ'** דצלם מלביש את אור הנשמה. והם בחינות עי"מ. ובחינת הצל"ם נקרא בלשון חז"ל חלוקא דרבנן. וחלוקא דרבנן של כל אחד ואחד מישראל נעשה על ידי לימוד התורה הקדושה, מצות ותפילה.

ע"ח ח"ב שכ"ו פ"א מ"ב די"ד ע"ב – ענין הצלם באמיתות. נראה לעניות דעתי, הנה באדם העליון יש בו ה' בחינות צורות זו בתוך זו, **הם נרנח"י**, ויש להם בחינת חומר המלבישם, ונקרא גוף וכלים. וגם גוף זה נחלק לכמה חלקים, מוח, עצמות, וגידין, בשר, ועור. **ואמנם אי אפשר לצורה להתלבש בתוך חומר, אם לא על ידי אמצעי**. נמצא כי יש ה' מיני לבושים, אל ה' מיני צורות, **והוא צלם של נפש, וצלם של רוח, כו'**. והה' לבושים של ה' מיני צורות הנ"ל נקרא צלמים, ואמנם סודם הן מן רפ"ח ניצוצין שנשארו בתוך הכלים שנשתברו, הנקרא הבל דגרמי, ויש ניצוצין דב"ן, והם צלם דנפש, ויש ניצוצין דמ"ה, והם צלם דרוח שהוא מ"ה, כו'. ואי אפשר להתלבש שום צורה מאלו הה' צורות בתוך הגוף, עד התלבשותם תוך הצלם הפרטי שלו. וכללות הה' צלמים נקרא צלם אדם, ואינו אדם עצמו, וה' צורות נקרא נשמת אדם עצמו, וכללות הכלים עצמות וגידין כו' נקרא גוף האדם. אמנם כל זה באצילות, וכן בבי"ע. אך החילוק כמו שכתוב במקום אחר, כי באצילות כל האורות, וכל הצלמים, וכל הכלים, נקרא אלהו"ת גמור, אחד, יחיד, ומיוחד, כנזכר בהקדמת תקונים - איהו וחיוי וגרמוי חד בהון, שהם ג' בחינות הנ"ל. אך בבי"ע אינו כן, כי אם עד בחינת הנשמה אלהו"ת, ומן הרוח ואילך משם יפרד, ונקרא נבר"א, נוצ"ר, נעש"ה. וכל זה בצורות, אך הצלמים וכלים כולם נבראים, ונוצרים, ונעשים. והנה על דרך זו הוא באדם אבי"ע, הכולל כל עולמות אבי"ע, ויש לו ה' צורות, וה' צלמים, וה' כלים דאצילות, וכנגדן בבריאה, וכנגדן ביצירה, וכנגדן בעשיה. ונתחיל מן העשיה ונאמר כי הנה יש לו ה' צורות מעשיה, וכולם נקרא נפש, אלא שיחידה, חיה, נשמה, הם נאצלים מאאצילות ואלהו"ת אשר ספירות שבעשיה, ורוח נפש הם נעשין מהמעשייה עצמה. ויש בהם ה' צלמים כולם מעשיה עצמה, וכנגדן כלים מהמעשייה עצמה. והנה הכלי שלו טרם שחטא אדם הראשון היה מהמקדושה, ממובחר עשיה שהוא מעפר גן עדן הארץ, ואחר שחטא היה מעפר עולם הזה. **והנה כל המצות הם לתקן בחינת הכלים והצלמים**, הנקרא הבל דגרמי כנ"ל, שהם הניצוצין שירדו עם הכלים שנשברו, ולכן ב' פעמים צלם הם ש"ך דינין, ש"ך ניצוצין כנודע. **ולא נתנו המצות אלא לצרף, ולברר, וללבן הצלמים, וגם הכלים, ולהסיר מהם הקליפה**. לכן הצלם הוא תרי"ג איברים, וכולם מבחינת מלאכים, נבראים, או נוצרים, או נעשים, כי אינם מבחינת אלהו"ת ואצילות שבכל העולמות כולם. ואלו הם תרי"ג מלאכים דסלקין לנשמתין, ואלו הם כללות צלם אחד הטוב שבאדם, וכנגדן תרי"ג רעים כללות צלם אחד ונקרא יצר הרע. ותחלה נתקן הצלם בעולם הזה, **וכפי תיקון הצלם כך נכנסו בו בחינת צורות** כנ"ל. ואחר שנתקן הצלם, ודאי שממילא נתקנו הכלים גם כן, ואז

הַפְּנִימִים דווקא, **שֶׁהֵם עִיבּוּר יְנִיקָה וּמוֹחִין** של הבחינה הפנימית, כי הנפש היא בחינת עיבור, היא אות **צ'** דצלם. והרוח היא בחינת היניקה, אות **ל'** דצלם. והנשמה היא בחינת מוחין אות **מ'** דצלם, וכולם בבחינת הפנימיות, ולפי זה נמצא כי רק לבחינת הפנימיות יש ג' בחינות פרטיות דעי"מ, **וכולם פְּנִימִים כַּנּוֹדָע,**

אחר מות האדם שהוא הכלים האלו, מתלבש הצלם ההוא בכלים ההם האחרים הראויין לו, האמיתים הנקרא לבושי האדם שבגן עדן הארץ, ושבגן עדן העליון, ושבכל עולם ועולם.

ע"ח ח"ב ש"מ דרוש ד' ד"פ ע"ג – ונחזור לענין הג' כלים הנ"ל, תחלה הוא הגוף והם כלים הממשיים, והם ג' בחינות בשר גידין ועצמות, והם ג' כלים, והחיצון שבהם הוא הבשר, והוא בחינת נה"י לבד, ובתוכם נעלמים חג"ת, וזה ענין תלת כלילן בתלת (ונקרא עיבור), וזה לפי שכל הו"ק נקרא בחינת ו', ואינה נפרדת, אך ג"ר חב"ד שהם אותיות י"ה, ואינם מכלל אות ו', אינם מוכרחים להיות שם. והטעם שלא באו למה שביארנו כדי שיסתלקו בעת החורבן והגלות, אך עם כל זה רושם שלהם שם בחג"ת שבתוך נה"י, וזה הרושם נקרא **מוחין דעיבור**. ואחר כך בלידה ויניקה מתפשטין ויוצאין ונכרין גם החג"ת למעלה מן הנה"י, ונעשה ו' שלימה בלי ראש, והרושם של ג"ר עדיין הם נעלמים תוך חג"ת, וזה הרושם נקרא **מוחין דיניקה**. ואלו המוחין דעיבור ויניקה הם שמות אלהי"ם כולם, ואמנם אלו המוחין שהם רושם ג"ר אינם ממש תוך חג"ת, דאם כן כבר הם מחוברים יחד, אמנם באים מלובשים תוך נה"י אמא, ובעיבור הם תוך חיצוניות הכלי החצון דנה"י דאמא, ודיניקה תוך אמצעית נה"י דאמא, ונמצא אותו המלבוש דנה"י אמא הוא המפסיק בין רושם ג"ר דז"ת, אל חג"ת דז"א, ועל ידי זה אינם מחוברים לגמרי, ויכולין להתפרד ולהסתלק למעלה, או לירד למטה, כמו שנבאר בע"ה. אחר כך **בגדלות** אז באין ג"ר דז"א, והם בחינת הוי"ת לא בחינת אלהי"ם, וגם אלו מתלבשים תוך הכלים הפנימים בנה"י אמא, וגם זה כדי שיסתלקו כשירצו. ונמצא כי הו"ק לעולם אינם מתלבשים אלו באלו, כי כולם בחינה אחת, באות ו', וזה גדול כחבירו, ואין לזה יתרון על זה. אך הג"ר שהם אותיות אחרות י"ה, מעולות מהו"ק, ואינם מתלבשים כולם רק הז"ת הם מתלבשים תוך הו"ק, וג"ר שלהם הם מגולים למעלה על הו"ק, כי כבר ידעת כי כל אחד מהג"ר כלולה מעשר, אות י' בפני עצמה ואות ה' בפני עצמה, והג"ר שבכל אחד מג"ר נשארין מגולים, והז"ת שבכל אחד היא המתלבשת תוך הו"ק, והרי עתה הז"א גדול ונשלם בכל עשר ספירות, ובהוי"ה גמורה כוללת כל הפרצוף שלו, הנחלק לה' בחינות שהם כח"ב, ו"ק, ומלכות. ונמצא כי הם כמה בחינות, והם בעיבור, הם ו"ק מלובשים תלת בתלת, ותוכם חיצוניות החיצון דנה"י אמא, ובתוכם מוחין דעיבור. ואחר כך בינקה נתפשטו ו"ק, ובתוכן חיצוניות אמצעי דנה"י אמא, ובתוכם מוחין דיניקה, האמנם חיצוניות החיצון דנה"י אמא עם המוחין דעיבור, יורדין למטה בסדר המדרגות מעט מעט, עד שיורדין בבריאה. ואחר כך בגדלות הוא על דרך זה, כי מוחין דיניקה עם חיצוניותיו אמצעית נה"י דאמא, יורדין בסדרי המדרגות עד למטה בבריאה, והמוחין דגדלות עם פנימיות דנה"י אמא נכנסים תוך ז"א, ואלו לבד הם הוי"ת. ודע כי אינם נכנסין ביחד, כי תחלה נכנסין הו"ק של עשר ספירות דגדלות, ואחר כך הג"ר שלהם, ועל דרך זה הוא ירידת מוחין דאלהי"ם ביניקה, כי כפי שיעור הנכנסים כך שיעור הוצאין והיורדין למטה, **והבן זה.** ועל דרך זה יש גוף ב', יותר דק וזך, **והוא סוד הנקרא באדם חלוקא דרבנן, שהוא לבוש וגוף של העצמות שהם האורות**, וגם כן יש בו ג' בחינות על דרך זה ממש, והם עיבור ויניקה ומוחין, וגוף זה הוא זך מאד, והוא קרוב אל מדרגת הנפש, וזה נעשה על ידי המצות, ובתוך זה הגוף מתלבשים נר"ן, שהם האורות נפש בעיבור, רוח ביניקה, נשמה בגדלות.

מאיר עינים, חלק ב' אות ח' דס"ה ע"ד – חלוקא דרבנן. הנה ההוא חלוקא דרבנן הוא סוד מעיל קטן דשמואל, שעשה לו אמו חנה, שהוא סוד בחינת יניקה דקטנות של שם אלהי"ם, שהוא אורות החיצוניות של ז"א, והחיצוניות הזה עושה לבוש אל הנשמה שהוא פנימיות, ולבוש הזה נמשך משם אלו"ה, שהוא אמצעי דחסד דז"א. וזהו סוד מה שבעלת אוב שראתה את שמואל עוטה מעיל. שנמשך מעיל מבחינת אמצעית נה"י דאמא עלאה, שהוא שם קנ"א משם אהי"ה דההי"ן, העולה מעי"ל ע"ה (וצ"ע). וזהו גם כן סוד של הבל דגרמי. עיין שער היחודים פרק ג' ד"ד ע"א.

שער היחודים פ"ג – כי כבר ידעת כי אין לך נשמה שאין לה לבוש אחד הנקרא כסותה (רוחנית), הנזכר לקמן ובפרשת משפטים, והוא נקרא **חלוקא דרבנן**, הנעשית ונשלמת על ידי **עשיית המצות** כנזכר בפרשת ויחי, וכמו שהמלאכים של אברהם אבינו נתלבשו, ונתגלו אליו, ונתראו אליו, כן אלו הצדיקים מתלבשין בההוא חלוקא דרבנן, ומתגלין על ידו, ומגלין לו רזי התורה. ולפעמים נפש הצדיקים לבדו מתלבש בההוא חלוקא דרבנן, ולפעמים גם הרוח, ולפעמים גם הנשמה.

כִּי הַמּוֹחִין הֵם פְּנִימִים המתלבשים בתוך הבחינה החיצונית. **אֶלָּא**[152] **שֶׁקָּשֶׁה כֹּזֶה** לפי הדרוש דשער פנימיות וחיצוניות, אם לפנימיות יש ג' בחינות של עי"מ, **אִם כֵּן לֹא נִשְׁאָר לַחִיצוֹנִיּוּת רַק** אֵלּוּ ב' בְּזִיזוֹת שֶׁהֵם עִיבּוּר וְיִנִיקָה לְבָד, וזה לא יתכן, גם לבחינה החיצונית צריכים להיות ג' בחינות פרטיות דעי"מ, כמו שמבואר בשער פנימיות וחיצוניות שגם לבחינה הפנימית וגם לבחינה החיצונית צריך שיהיו ג' בחינות דעי"מ.

הַתֵּירוּץ וְהַיִּשּׁוּב הַשֵּׁנִי של הרב ז"ל. בתירוץ זה הרב מבאר כי הכן בבחינת החיצוניות יש ג' בחינות פרטיות, שהם נר"ן דחיצוניות. ובבחינה הפנימית שהיא חיה יש ג' בחינות פרטיות, שהם נר"ן דחיה, ועל ידי נר"ן דחיה חוזרים זו"ן הגדולים פנים בפנים ומתיחדים. מאחר וחזר בו הרב ז"ל מהתירוץ הראשון, ודחה אותו, וחייבים ב' בחינות אלו של פנימיות וחיצוניות שיהיו להם ג' בחינות פרטיות, לכן אפשר ליישב את החילוק בין שער פנימיות וחיצוניות לסוגיא בפרקין בדרך זאת, **אוֹ**[153] **אֶפְשָׁר לוֹמַר שֶׁבְּזִיזַת הַפָּנִים הוּא** רק **כְּשֶׁבָּאִין לוֹ"א מוֹחִין מִבְּזִיזַת** **זִיהָ, שֶׁהוּא** מוחין דזוכמה, (ג"א בזוכמה) הבאים מאו"א עילאין **כַּנַּ"ל** הנקראים מוחין דגדלות ב', והנקראים של הפרצוף הרביעי[154], והם שמות הוי"ה. ולבחינת מוחין דחיה יש ג' בחינות פרטיות הנקראות נר"ן המתלבשות בזו"ן, והמוחין דחיה שבפרטותם הם נר"ן מתלבשים בזו"ן אחרי שהמוחין דגדלות א', שהם מוחין דבינה הבאים מישסו"ת, והם הפרצוף השלישי המתלבשים בזו"ן, שהם שמות אלהי"ם, **שֶׁאֲפִילוּ** המוחין הבאים מישסו"ת שהם מוחין דְבִינָה שהם מוחין דנשמה **נִקְרָאת אָזוֹר בְּעֵרֶךְ**[155] המוחין הבאים מהַזוּכמה הנקרא

152

בֵּית לֶחֶם יְהוּדָה ש"ו פ"ח – אלא שקשה לזה שאם כן לא נשאר לחיצוניות וכו'. כך צריך לגרוס, כן הגירסה בספר תולדות אדם כתב יד. ובע"ח כתב יד הגירסה אלא דקשה לזה שלא נשאר וכו', ור"ל שאם כלי הפנימי הוא לבדו בחינת עי"מ, אם כן לא נשאר לחיצוניות הז"א רק ב' בחינות, שהם כלי חיצון וכלי אמצעי, שהם עיבור ויניקה, ובתוכם נפש ורוח דצלם אלהי"ם, הנקראים אור חוזר. ואנן קיימא לן בריש פרק א' דשער מ' כפירוש הראשון דהתם, שגם בחיצוניות יש ג' כלים, שהם עי"מ. והוא הדין דהוה מצי לאקשויי לאי נר"ן שבמוחין הם, פנימיות ואור ישר. קשה, והא אמרינן לעיל מזה שמתחת מדרגת חיה ולמטה נקראים אור חוזר, שהם דינים. אלא שבלאו הכי משני שפיר.

153

בֵּית לֶחֶם יְהוּדָה ש"ו פ"ח – או אפשר לומר וכו'. מכח קושיא זו חזר בו מפירושו הראשון, וקאמר שבבחינת הפנים הם כשבאים לז"א מוחין מבחינת חיה, שהיא חכמה כנ"ל. כלומר לעולם גם ג' בחינות הצלם דנר"ן שבכלי הפנימי האמור לעיל הוא בחיצוניות, אלא שהוא בפנימיות דחיצוניות, ונמצא דהשתא איכא ג' בחינות בחיצוניות, ובתוכם ב' צלמי אלהי"ם דעיבור ויניקה, וצלם אחד דהוי"ת שהוא נשמה, והם נמשכין מישסו"ת, הנקראים אימא, וכולם נקראים אחור, ואור חוזר, בערך צלמי המוחין הנמשכין מאו"א עלאין, הנקראים חיה. אבל עי"מ דפנימיות כולם הם נר"ן דאו"א עלאין, הנקראים חיה, וכמבואר היטב בסוף פרק ד', ובסוף פרק ח' דשער כ', יעו"ש. וגם צלמי העי"מ דג' כלים דפנימיות הם ב' צלמים דאלהי"ם, שהם נפש ורוח, וצלם פנימי דהוי"ת שהוא נשמה, באין הפרש כלל מן החיצוניות, וכמבואר בפרק ג' דשער מ' וז"ל - נמצא כל הדרושים שיש בחיצוניות, ישנם גם כן בשוה בפנימיות, וגם בחינת אחור ופנים, ובחינת אלהי"ם והוי"ה, הכל הם בין בחיצוניות בין בפנימיות, בכל הדברים כולם וכו'. ולכן אל תטריח עצמך יותר, יעו"ש.

154

תרשים ח – כ"ו.

155

נְהַר שָׁלוֹם דִּי"ג ע"ב – באופן כי הענין חיצוניות ופנימיות הוא בערכין, כי האור היותר זך ופנימי, נקרא פנימיות לאור היותר גרוע וחיצון ממנו, אמנם הכלים דכל הפרצופים יקראו חיצוניות אמיתי, לאורות והנרנח"י המלובשים בהם. גם הו"ק דכל פרט נקרא חיצוניות בערך הג"ר, והכל ענין אחד, כי הו"ק נקראים כלים, כי הכלים דכל העשר ספירות הם מן הו"ק, שנחלקין לתרין תרין פרקין, להיות כלים לכל העשר

מוחין דחיה, וממוחין דבינה אין זיווג לזו"ן, **שאינה יכולה להוליד נשמות חדשות** אלא המוחין דנשמה הם רק לחיות העולמות בלבד, **אלא** להוליד נשמות חדשות אפשר רק **בחכמה, שהוא הזכר** שהם מוחין דחיה, **ואם כן אין בחזינת פנים לז"א, רק אזור היות לו בחזינת אחור** מוחין דזיה, **שהם מוזין דאבא** הבאים מאו"א עילאין, והם המוחין הבאים מהפרצוף הרביעי, **ואז יכולים** זו"ן **להוליד** נשמות חדשות, נמצא לפי התירוץ[156] הנפלא הזה[157], גם לבחינת החיצוניות יש ג' בחינות פרטיות שהם נפש ורוח, ונוסף להם בחינת מוחין דנשמה, הבאים מהפרצוף השלישי הנקרא בינה, והם פרצופי ישסו"ת, וכל הבחינות האלו **נקראים אחור**. ובחינת הפנים[158], הם מוחין דחיה, הבאים מהפרצוף הרביעי הנקרא חכמה, והם פרצופי או"א עילאין, אשר בפרטותם מתחלקים לג' בחינות נר"ן, שהם ג' בחינות עי"מ, המתלבשים תוך זו"ן כדי להעמידים פנים בפנים, הבחינות האלו **נקראים פנים**

וראיה[159] **לזה** שמוחין דחיה[160] גורמים לזיווג זו"ן[161] הכוללים דכ"ד שעות יש להביא **מענין ברכת כהנים,** והוא ידוע כי ביום החול[162], בזמן קריאת[163] שמע נכנסים מוחין דו"ק דתבונה, ובברכת אבות דלחש וחזרה

ספירות כנודע. וכל אורות הם מן הג"ר שמתפשטים ומתלבשים בכל העשר ספירות שהם אותם התרין תרין פרקין, וגם אחר ההתחלקות וההתפשטות הנזכר לא נשתנו האורות והכלים מכמו שהיו, כי התרין פרקין דכל כלי מן הו"ק שנעשו כלי לכל פרט, אינם אלא בחינת ו"ק לאותו הפרט, והאור שהוא פרק אחד מן הג"ר, הוא הג"ר דאותו הפרט. וכן על דרך זה הולכים ומתחלקים ונפרטים הכלים והאורות הנזכרים לאין קץ, ואינם משתנים כלל מכמו שהיו, אלא שבזה עולים ומתברררים יותר, ומזככים יותר. **גם כללות פרצופי האחור נקראים חיצון בערך פרצופי הפנים,** והוא הדבר אשר דברנו פרצופי האחור דזו"ן נקראים ו"ק בערך פרצופי הפנים, הנקראים בערכם ג"ר, ובירור ותיקון פרצופי האחור דזו"ן, הוא בירור ותיקון דכלים ואורות דנשמה, והוא על ידי ישסו"ת הנקרא נשמה בערך זו"ן, והם הו"ק דאו"א, והם החיצוניות לאו"א עילאין, הנקרא חיה, שהוא הפנים, ונקרא אצילות בערך ישסו"ת הנקראים בערכם בי"ע. ובירור ותיקון פרצופי הפנים דזו"ן הנקרא ג"ר, הוא על ידי או"א עילאין, הנקרא ג"ר בערך ישסו"ת.
156

כרם שלמה ש"ו פ"ח אות י"ב – ולזה תירץ תירוץ השני באומרו, **או אפשר וכו'**. כי בחינת הפנימיות העיקריים, אין נקרא אלא המוחין שבאים לו מבחינת מוחין דחכמה, שהיא חיה, כי אלו נקראים פנים ופנימיות. שאפילו בחינת מוחין דנשמה, שהיא מבינה נקראת מוחין דחיצוניות בערך החכמה, מפני שאינה יכולה להוליד נשמות חדשות. נמצא שפיר הוא מה שאמרנו, כי אפילו דחיצוניות יש בהם ג' בחינות, שהם עיבור ויניקה וגדלות, הואיל ואין נקרא בחינת פנים כי אם דוקא מוחין דחכמה. וזה שכתב **שאפילו בינה נקראת אחור בערך החכמה,** ואחור והחיצוניות הכל אחד, כי אחור היינו חיצוניות, מפני שהחכמה בחינת זכר, והבינה היא בחינת נקבה. וכתיב אחור וקדם צרתני, ולזה אפילו מוחין דבינה, שהם מוחין הגדלות נקראים אחור וחיצוניות, בערך מוחין דחיה שהם נקראים פנימיות ופנים. ולזה סיים, ואם כן אין בחינת פנים לז"א רק אחור היות לו בחינת חיה, שהם מוחין דאבא, ואז יכול להוליד.
157

תרשים ח – כ"ז.
158

תרשים ח – כ"ח.
159

בית לחם יהודה ש"ו פ"ח – וראיה לזה מענין ברכת כהנים, שהם מקיפין דצלם אבא. פירוש כי כתב בשער הכוונות בדרוש ה' דחזרת העמידה, דיש בז"א מוחין מצד אימא, והם מוחין פנימיים, וגם יש לו מוחין מקיפין מבחוץ, וחיבור ב' בחינת אלו נקראים צל"ם, בסוד אך בצלם יתהלך איש, ואות צד"י דצל"ם הוא מוחין פנימיים, וב' אותיות ל"מ דצל"ם הם מוחין מקיפין. וכן על דרך זה יש בז"א מוחין אחרים מצד אבא, והם מתלבשין בתוך המוחין דמצד אימא, והם גם כן פנימים ומקיפין, ונקראים גם הם בחינת צלם. באופן שהם ב'

צלמים, בסוד עד שיפוח היום ונסו הצללים, תרין. והנה המוחין הפנימים דמצד אימא נכנסין תחלה, ואחר כך נכנסין בו המקיפין למצד אימא, ואחר כך נכנסין בו מוחין הפנימיים דמצד אבא, ואחר כך נכנסין בו המקיפין דמצד אבא. והנה בברכת אבות בתפלת שחרית דחול, נכנסו בו כל המדרגות הנזכרים, זולתי מקיפין דמצד אבא בלבד. והנה הם צריכים ליכנס בו טרם הזווג, ולכן אנחנו מכניסין אותם בו על ידי ברכת כהנים. ואז אחר סיום החזרה, נעשים ב' זווגים, אחד הוא זווג הז"א הנקרא ישראל, המזדווג עם לאה מן החזה שלו ולמעלה, וזווג זה הוא נעשה בי"ג מדות של ויעבור. והשני הוא זווג יעקב עם רחל, הנעשה בנפילת אפים, יעו"ש. נמצא שאינו יכול להזדווג עד היות לו מוחין מצד אבא, הנקרא חיה, והיא בחינת פנים, ויושר, ופנימיות.
160

כרם שלמה ש"ו פח אות י"ג – ורואיה לזה מענין ברכת כהנים וכו'. הרב ז"ל מביא ראיה כי המוחין דזיווג הוא על ידי מוחין דחיה, והוא ידוע כי בקריאת שמע נכנסים מוחין דו"ק דתבונה, ובברכת אבות דלחש וחזרה נגמרים להכנס הג"ר דתבונה הפנימיים והמקיפים, והו"ק והג"ר דמוחין פנימיים דישראל סבא, שהוא חכמה. ונשאר עוד מקיפים דמוחין דישראל סבא, שהוא חכמה, ואלו אין נכנסים כי אם בעת ברכת כהנים, ואחר שנכנסו אלו המוחין דחכמה בברכת כוהנים, אז נעשה הזיווג של **ויעבור**, שהוא זיווג ז"א ולאה, וכן הזיווג האחר של יעקב ורחל, שהוא מזמור של נפילת אפיים. נמצא שאין נעשה הזיווג של ויעבור ושל נפילת אפים עד שיכנסו המוחין דחכמה. ולזה אמרינן לעיל, אין נקראים מוחין דפנים שהם עושים זיווג, עד שיכנסו בו מוחין דחיה שהוא החכמה. וכל אחד כפי ערכו, כי בחול חכמה דישסו"ת, ובשבת חכמה דא"א עילאין.
161

נהר שלום דכ"ב ע"ג – והענין הוא כי היום והלילה הם כ"ד שעות, והם זו"ן דכללות, והם שני המאורות הגדולים, ונקרא14 מדת יום ומדת לילה, והם המ"ה וב"ן דא"ק. ונחלקים לד' זמנים, כי הז"א הנקרא מדת יום, נחלק לשני זמנים, והנוקבא הנקראת מדת לילה, נחלקת לב' זמנים. וממשלת עליון באלו הארבעה זמנים אינה שוה. כי **מתחלת הלילה עד חצות** הוא בירור, ותיקון, והמשכת מוחין דב"ן דב"ן, לפרצופי ב"ן דב"ן דזו"ן דכללות דכל הכ"ד שעות, ואלו הם המוחין הנז"ל שהם נקראים ליל, שהם יין המשכר. **ומחצות הלילה עד הבוקר** הוא בירור, ותיקון, והמשכת מוחין דב"ן דמ"ה, לפרצופי ב"ן דמ"ה דזו"ן, והם סוד יין המשמח. **ומהבוקר עד חצות היום** הוא בירור, ותיקון, והמשכת מוחין דמ"ה דמ"ה, לפרצופי מ"ה דמ"ה דזו"ן. **ומחצות היום עד הלילה** הוא בירור, ותיקון, והמשכת מוחין דמ"ה דב"ן, לפרצופי מ"ה דב"ן דזו"ן. **כל זה הוא בזו"ן דכללות דכל הכ"ד שעות**, אשר תיקונם הוא באופן הנזכר, כי ב"ן דב"ן הנתקן עד חצות הלילה, הוא נקרא נוקבא ונקבא, אחור דאחור, והם סוד התפשטות המוחין בנוקבא בלילה. וב"ן דמ"ה הנתקן מחצות עד הבוקר, הוא סוד דכורא ונקרא פנים דאחור, ובערכם נקרא מוחין דפנים בפנים, ועל ידיו חוזרים פרצופי ב"ן דב"ן עם ב"ן דמ"ה פנים בפנים בחצות ומזדוווגים, ונותן לה הכלי והרוחא כנזכר לקמן בברכת המעביר, והם בערך יעקב ורחל לגבי זו"ן, הנתקנים ביום שהם מ"ה דמ"ה ומ"ה דב"ן, והם נקראים דכורא בערך ב"ן דב"ן וב"ן דמ"ה, והם נקראים מוחין דפנים בפנים דכללות, אבל בערך עצמם הם דכר ונוקבא, כי מ"ה דב"ן הוא נוקבא, והוא אחור דמ"ה דמ"ה הנקרא דכורא, ונקרא פנים. כל זה בכללות, חוץ מפרטי זו"ן, ויעקב ורחל, וכל פרצופי אבי"ע, שבכל זמן מארבעה זמנים דיום ולילה הנז"ל, ויש תיקון דאחור באחור, ופנים בפנים, וזיווג, וחיבוק, ונישוק, בכל זמן. ועיין לקמן בהקדמת ביאור ברכת המעביר, כי שם מבואר ענין זה היטב, אף על פי שהוא בקיצור, הוא מפורש היטב, עיין שם. כי זה הוא בזו"ן הכוללים דכ"ד שעות דיום שעבר.

נהר שלום דכ"ג ע"ג – גם נודע כי הבירורין המתבררים ועולים למ"ן לזו"ן בכל יום, על ידי התפילות והמצות שעושים ישראל, הנקראים בנים לזו"ן, וכן כל הבירורים המתבררים על ידי הפרצופים העליונים, ועולים למ"ן לפרצופים שעליהם, כי כל פרצוף וכל עולם נקרא בן לפרצוף שלמעלה ממנו, והוא מברר (מחלקי ו) מחלקי הפרצוף שעליו, ומעלה אותם למ"ן לפרצוף שעליו להזדווג, לתקן אותם הבירורים. והנה אותם הבירורים אי אפשר להם לתקן באותו הזיווג, רק נתקנים קצת על ידי אותו הזיווג, ואחר כך חוזרים הם אותם הבירורים עם הזו"ן לרדת ולברר ולהעלות עוד ניצוצות אחרים למ"ן, לפרצוף העליון ההוא להתקן, ושוהים ומתעכבים שם, והם מתתקנים שם לאט לאט, בכל המשך זמן עיכובם שם עד בוא עת הזיווג השני, ואז נגמר תיקונם של הניצוצות הראשונות על ידי אותו הזיווג הב'. אבל הניצוצות השניות לא נגמר תיקונם, רק נתקנים קצת על ידי אותו הזיווג כי בערכם הוא זווג א' ואז אנו הניצוצות השניות, אחר שנתקנו קצת כנ"ל

חוזרים עם הזו"ן לירד עוד לברר ולהעלות ניצוצות אחרים למ"ן לפרצוף העליון להתקן, וגורמים זווג עליון. ואז נגמר תיקונם על ידי אותו הזיווג שהוא שני בערכם, אבל בערך הניצוצות החדשים הוא זווג ראשון, ואינם נתקנים רק קצת. וכן על דרך זה תמיד חוזר חלילה בכל יום, עד שישלמו כל הבירורים, וכמעשה הראשונים כך מעשה השניים, כמבואר בעץ חיים ובספר מבוא שערים ש"ב ח"ג פ"ט. **וידוע כי אין בכל הכ"ד שעות רק זיווג אחד והוא זיווג דנפילת אפים דשחרית, שהוא זווג דזו"ן הכוללים דכל הכ"ד**, והוא זיווג להוליד, ואינו זווג דזו"ן הפרטים שזוגם בלחש וחזרה, ואותו זווג דחצות הלילה. אף על פי שהוא דזו"ן הכוללים, הנה הוא היה לעשות כלי ליסוד דנוקבא, ולתת לה רוחא, ואינו אלא הכנה לזיווג דנפילת אפים, שהוא להוליד, ושניהם נקראים זווג אחד. ואף על פי שיש כמה מיני זווגים בהמשך כל הכ"ד שעות, הנה הם דפרטות ולא דכללות, וידוע כי הבירורים האלו הם מבחינת אורות דרפ"ח והכלים דמלכים דעולמות דאבי"ע ודמחצב הנשמות, כמבואר בספר מבוא שערים ש"ב ח"ג פ"ח, עיין שם. כי כן הוא העיקר, ולא כמו שכתוב במקום אחר דאין עוד בירור רק למחצב הנשמות, אלא כמו שבואר כאן, ועיין היטב לעיל בהקדמה איך האמת הוא כן. ואחר גמר תיקונם מערב אורות דרפ"ח עם אורות המלכים שנשארו באצילות, והכלים עם הכלים דמ"ה, והוא להשלים בחינת חסרון הספירות דפרצופי עולמות אבי"ע ודנשמות, כמבואר בסוף פ"ד משער שבירת הכלים.

נהר שלום דל"ב ע"ב – וענין זווג דשים שלום, וזווג דנפילת אפים, כבר הוא מבואר בהקדמת ברכת הנותן לשכוי, ובהקדמת ברכת המעביר, כי זווג דשים שלום הוא זווג דיעקב ורחל פרטית דאותו יום, **וזווג דנפילת אפים הוא דזו"ן הכוללים דכל הכ"ד שעות**, יעיין שם.

162

ביום שבת קודש המוחין הפנימיים והמקיפין דז"א באים מאבא, והם פרצופי או"א עילאין, והם מהפרצוף הרביעי, הנקרא חכמה. ביום חול המוחין הפנימיים והמקיפין דז"א באים מאימא, והם פרצופי או"א תתאין שהם פרצופי ישסו"ת, והם מהפרצוף השלישי, הנקרא בינה.

163

שער הכוונות, דרושי חזרת העמידה, דרוש ה' – ועתה נבאר ענין ברכת כהנים, כבר הודעתיך בדרוש הצלם של ז"א, איך יש בז"א מוחין מצד אימא, והם מוחין פנימיים, וגם יש לו מוחין מקיפים מבחוץ, וחיבור ב' בחינות אלו נקרא צלם, בסוד - אך בצלם יתהלך איש. ואות **צ'** הם מוחין פנימיים, ושני אותיות **ל"מ** הם מוחין מקיפים. וכן על דרך זה יש בז"א מוחין אחרים מצד אבא, והם מתלבשים בתוך המוחין דמצד אימא, והם כן פנימיים ומקיפין, ונקראים גם הם בחינת צלם. באופן שהם ב' צלמים, בסוד - עד שיפוח היום ונסו הצללים, תרין. והנה המוחין פנימיים דמצד אימא, נכנסין בז"א עד תשלום היותו בן י"ג שנים, ואז נקרא איש, ואחר כך נכנסים בו מקיפין דמצד אימא בה' שנים אחרים, שהוא עד תשלום היותו בן ח"י שנה, ואז נאמר עליו בן ח"י לחופה. ואחר כך בב' שנים אחרים נכנסים בו מוחין הפנימיים דמצד אבא, ואז הוא בן עשרים שנה, ואמרו עליו בגמרא - בן עשרים שנה ואילך יכול למכור אפילו בקרקעות שהניח לו אביו. ומשם ואילך נכנסין בו מקיפין דמצד אבא בהיותו בחתימת זקן. והנה בברכת אבות דתפלת שחרית דחול, נכנסו בו כל המדרגות הנזכרים, זולתי מקיפי מצד אבא בלבד, **והנה צריכים הם ליכנס בו טרם הזווג**, והנה עדיין הוא חסר מהם, ולכן אנו מכניסין אותם בו על ידי ברכת כהנים, כמו שיתבאר. והנה ביארנו במקום אחר דרוש זה של הצלם בסדר השנים של ז"א, והוא באופן אחר, ועיין שם, כי שם ביארנו האמת והנכון. והנה אני שמעתי ממורי ז"ל שהמקיפין דמצד אימא שהם **ל"מ** דצלם, הנה אות **הצ'** הוא המוחין הפנימיים בנה"י דאימא, והמקיפים הנקראים **ל'** דצלם, הם בחג"ת דתבונה, והמקיפים היותר עליונים הנקראים **מ'** דצלם, הם בחב"ד דתבונה. וכפי זה נמצא שבתפלת שחרית דימי החול, עולה ז"א עד ראש התבונה, אמנם אינו ממש שהוא עולה, רק שהם יורדין עד מקום ז"א, כמו שהוא בליל שבת, כמבואר במקומו. ונמצא שבשחרית דחול הוא כמו ערבית דליל שבת, אבל לא שמעתי בפירוש ממורי ז"ל, וברוך היודע האמת. ונחזור לענין ראשון כי הנה עדיין ז"א עתה צריך שיכנסו בו המקיפין שלו דמצד אבא, תוך פנימיותו, בבחינת פנימיים לצורך הזווג שעתיד להזדווג עתה, ועל ידי כניסת אלו האורות המקיפין בתוכו, בסוד פנימיים, ניתוספו בו הארות עצומות במוחין שבו, ועל ידי כך נבקע יסוד דאימא שבתוך הדעת שלו כנודע, כי אינו יכול לסבול כל כך אורות עצומים, בסוד - ונבקע הר הזתים וכו'. ונבקע בעת שאומרים **ויעבור** וכו', כמו שיתבאר שם בע"ה. ואז נעשים בו ד' תיקוני דיקנא העליונים שהיו חסרים ממנו, כי לא היו בו בברכת אבות רק ט' תיקוני דיקנא כנזכר באדרת נשא, ונגמרו בו י"ג תיקוני דיקנא, גם הוא כמו א"א, והוא סוד י"ג מדות אל רחום וחנון וכו'. ונודע כי גם השערות דתיקוני

נגמרים להיכנס התבונה הפנימיים והמקיפים, והו"ק והג"ר דמוחין פנימים דישראל סבא, שהוא חכמה. ונשאר עוד מקיפים דמוחין דישראל סבא, שהוא חכמה, שהם הל' והמ' דצלם, ואלו נכנסים בתפילת החזרה, בזמן ברכת כהנים, ואחר שנכנסו המוחין דחכמה בברכת כהנים **שהם מקיפים דצלם דאבא** תתאה[164], הנכנסים **קודם ויעבור** לפני י"ג מידות הרחמים, [דכ"ט ע"ד 58] ובאמירת ויעבור נעשה זיווג, **שהוא זווג ז"א** דכללות, ו"ק דמ"ה וב"ן, הנקרא זו"ן הכוללים דכ"ד שעות, שהם ישראל[166] **ולאה** הגדולה, הנקרא בדברי קודשו של הרב ז"ל **זיווג מהחזה ולמעלה**[167], **ואזר**[168] **כך** ר"ל אחרי זיווג ישראל ולאה הגדולה **בא הזווג**[169] דג"ר

דיקנא הם אור מקיף, ולקמן בביאור ויעבור יתבאר בע"ה. ונמצא כי בברכת אבות נכנסו המקיפין דמצד אימא, במלת ואלה"י אבותינו כמבואר שם. ובתיבות אלה"י אברהם, אלה"י יצחק, ואלה"י יעקב, נכנסו הפנימיים דמצד אבא, ועתה בברכת כהנים נכנסו בו המקיפים דמצד אבא, והם ב' אותיות **ל"מ** דצלם שמצד אבא. **וטעם היות נעשה על ידי הכהנים הוא לפי שסוד הכהן הגדול הוא בחכמה, שהוא קו ימין, והוא אבא**, ולכן אין מקיפין דמצד אבא נכנסים אלא על ידי הכהנים.

164

הגהות וביאורים)ב(– דצלם או"א, מזל"ן.

165

שהוא מקיפי דישראל סבא, הנקרא אבא תתאה.

166

וכן הוא בסידור הטהור למרן הרש"ש.
תרשים ח – כ"ט.

167

הרב ז"ל תמיד מעלים את סוד בחינת זיווג של ו"ק דמ"ה וב"ן, הנקרא ישראל ולאה הגדולה, ולפעמים נקרא בדברי קודשו ישראל ורחל הגדולה, שהוא בעצם זיווג **מניה וביה**, וקורא לזיווג זה **זיווג עם לאה מהחזה שלו ולמעלה**, כך שהלומד את פשט דברי הרב ז"ל יבין שמדובר בזיווג של ז"א הנקרא ישראל עם לאה החיצונית, הנקראת קשר של תפילין, והיא עומדת מאחורי ז"א ממקום הדעת דז"א עד מקום החזה דליה. וצריך לדעת כי **לעולם אין זיווג של ז"א עם לאה קשר של תפילין**.
שער הכוונות, דרושי חזרת העמידה, דרוש ה' ד"מ ע"א – דע כי ענין נשיאות כפים הוא לצורך תיקון פרצוף לאה, כמו שנבאר. והענין הוא כמו שכתוב לעיל בסוד ברכת שים שלום דתפלת לחש, כי שני זיווגים נעשים עתה, האחד הוא זיווג הז"א הנקרא ישראל בי"ג מידות דרחמים של ויעבור כו', עם לאה **מן החזה שלו ולמעלה.**
כלל – זיווג ישראל ולאה הגדולה נקרא בדברי הרב ז"ל מן החזה שלו ולמעלה.
כלל – לעולם **אין** זיווג לז"א עם לאה הנקרא קשר של תפילין.

168

בית לחם יהודה ש"ו פ"ח – ואחר כך בא הזווג דיעקב ורחל בנפילת אפים. עיין בסוף פרק א' דשער ט"ו שכתב שהזיווג העליון הוא בנפילת אפים, ואינם דיעקב ורחל הקטנים דלחש, עד כן לשונו. ולכאורה הוא היפך ממה שכתב הכא, שזיווג יעקב ורחל הוא בנפילת אפים. אך הענין הוא כי יש ג' זמנים בתפלת שחרית, וכולם הם, דיעקב ורחל, כי בתפלת לחש עומדים יעקב ורחל בנה"י דז"א, ושם מזדווגין. ובחזרה הם נגדלין ועולים עד חג"ת דז"א, ושם מזדווגין. ובנפילת אפים עולין עד חב"ד דז"א. והיינו מה שכתב בסוף פרק א' דשער ט"ו, ואינם דיעקב ורחל הקטנים דלחש וכו', וכמבואר בהגהות השמ"ש בסוף פ"ב דלעיל, יעו"ש.

169

ידוע כי בתפילת שחרית דחול יש ג' יחודים ליעקב ורחל הקטנים, שהם מלכויות דו"ק דמ"ה וב"ן. האחד נעשה בברכת שים שלום דתפילת הלחש, והוא כאשר יעקב ורחל נמצאים בנה"י דישסו"ת. השני בברכת שים שלום דתפילת החזרה, והוא כאשר יעקב ורחל עולים בחג"ת דישסו"ת. והיחוד השלישי נעשה כאשר יעקב ורחל עולים לג"ר דישסו"ת, והוא הזיווג הנזכר כאן.
תרשים ח – ל.

שער הכוונות, דרושי העמידה, דרוש ב' – הנה עתה אשר נתהפכו יעקב ורחל פנים בפנים, ונמצא יעקב כנגד קו הנצח דז"א, ורחל כנגד קו ההוד דז"א, לפי שהזכר יונק מן הימין לעולם, והנקבה יונקת מן השמאל לעולם, וזה סוד מה שכתוב בתיקונים - **איהו בנצח ואיהי בהוד**, ר"ל איהו יעקב עומד בנצח דז"א, ואיהי רחל עומדת בהוד דז"א. ונודע כי כל הנצחים דא"א ואו"א כולם מתלבשים זה בזה, וכולם בנצח דז"א. נמצא כי בהיות יעקב בנצח דז"א גם כן הוא עומד בכל שאר הנצחים. ועל דרך זה רחל, בהיותה בהוד דז"א עומדת גם כן בכל שאר ההודות. ואם כן מה שכתוב בתיקונים איהו בנצח ואיהי בהוד, ר"ל כי יעקב עומד בצד ימין, אשר שם כל הנצחים דא"א, ודאו"א, ודז"א, ורחל עומדת בצד שמאל, אשר שם כל ההודות דא"א, ודאו"א, ודז"א. גם זהו מה שכתוב בתיקונים דנצח אקרי אספקלרייא דנהרא, והוד אקרי אספקלרייא דלא נהרא, והכוונה היא על יעקב ורחל, כי יעקב העומד בנצח, אקרי אספקלרייא דנהרא, ורחל העומדת בהוד, איהי אספקלרייא דלא נהרא. גם זהו מה שכתוב בספר התיקונים כי הוי"ה אדנ"י אינון פרודות, דא בנצח ודא בהוד, וכד אינון בתפארת אינון כחדא יאהדונה"י. והכוונה היא על רחל ויעקב העומדים פרודים, דא בנצח ודא בהוד, וכד יעקב ורחל אינון בתפארת אז שניהם חיבור אחד, כי אין שם הפרש שתי קוים כמו בהיותם בנצח והוד. וכן על דרך זה בחזרת העמידה של שליח ציבור, אשר אז יעקב ורחל בחו"ג דז"א.

שער הכוונות, דרושי העמידה, דרוש ו' – ולכן באומרך ברוך אתה הוי"ה המברך את עמו ישראל בשלום אמן, תכוין להמשיך טפת זרע החמש חסדים להוציאים מתוך היסוד דאימא, הנתון תוך דעת דז"א, ולהוציא גם מתוך הדעת ולהוציאים משם, ולהורידם עד היסוד דז"א, הנקרא עד כן שלום. ולכן תכוין בזו ההוי"ה של חתימת ברכה זו בניקוד שורק כנודע, כי זאת ההוי"ה בניקוד שורק היא ביסוד כנ"ל, בשם ספר התיקונים. גם תכוין כי אותיות שורק הוא אותיות **קשר**, ושרק הכל אחד. פירוש כי היסוד מחבר ומקשר כל העולמות **ומחבר יחד זו"ן והיו לבשר אחד**, ותכוין לקשר על ידי היסוד כל העשר ספירות דז"א בעשר ספירות דנוקבא. ודע שע"י כוונה זו יועיל לך מאד לעניין הזכירה... זהו עניין בשלום. פירוש כי שני היסודות של הזכר ושל הנקבא נקראים שלום, ולכן בתיבת בשלום תכוין אל חיבור שם של יאהדונה"י **שהוא חיבור ז"א בנוקבא**, גם לפי שהחסדים הם מים, והגבורה אש, ומתחברים ועושים שלום ביניהם, ונעשין חיבור שם יאהדונה"י.

ע"ח שט"ו פ"א מ"ב דע"ה ע"ג – מדרוש שלוח הקן הקן תבין שיש ג' (מיני) יחודים אל זו"ן, הנקרא נ"ר, והם הוי"ה אהי"ה, הוי"ה אלהי"ם, הוי"ה אדנ"י, והם נגד ג' פרצופים שיש (בנוקבא דז"א) בזו"ן. אחד י' ספירות דאחורריים שהם עיבור שלה בעמידה דלחש, שהיא למטה בנה"י שבו, שהוא גם כן פרצוף שלם דעיבור, ואז חיבורם פנים בפנים נקרא הוי"ה אדנ"י. וכשהזווג פנים בפנים בסוד פרצוף שלו דיניקה, עם פרצוף שלה דיניקה, דאז הוא נקרא חג"ת דז"א, ואז היא עולה עד שם גם כן בחזרת עמידה, אז הוא חיבור הוי"ה אלהי"ם. וכשהזווג פנים בפנים בסוד פרצוף גדלות שבו, עם פרצוף גדלות שבה, שאז נקרא חב"ד דזעיר אנפין, ועלתה עד שם, אז הוא חיבור הוי"ה אהי"ה, שכבר הוא בחינת בינה הנקרא אהי"ה שלימה, בעשר ספירות דגדלות, ואז הוא בעת נפילת אפים, שנבקע היסוד (דאמא) בויעבור. או נראה לי שאינו אלא בשחרית דשבת, ועיין במקומו ותראה כי כל עמידה דלחש וחזרה דחול בשחרית יש זווג, ואם כן איך [אמר שאין] זווג אלא בנפילת אפים, ובזה מתורץ כי בכל אחד יש זווג, אלא שהזווג עליון הוא בנפילת אפים, ואינם דיעקב ורחל הקטנים דלחש, והבן מאד.

ע"ח ש"י פ"כ פ"ט דק"א ע"א – והנה בעמידת **לחש דחול** הם לוקחים אחור ופנים דאמא דישראל סבא ותבונה, ו**בחזרה** הם לוקחים אחור ופנים דחכמה דישסו"ת. **ולכן עדייין אין זווג אלא ליעקב ורחל**, אלא שהוא במקום גבוה בחג"ת דז"א כנודע.

שער הכוונות, דרושי ויעבור, דרוש ב' – ואחר כך בעת נפילת אפים, מזדווגים יעקב ורחל גם כן, ונותן יעקב ברחל בסוד זווג גם את הה' חסדים, ונעשים אז אותם הטפות של החסדים וגבורות האלו בחינת נפש.

שער הכוונות, דרושי העמידה, דרוש ו' דל"ח ע"א – האמנם עתה אנו צריכים לבאר עניין אחד, והוא כי הנה בסוף ברכת אבות ביארנו שהזיווג הזה הוא זווג יעקב ברחל, וכפי מה שנתבאר עתה בברכה זו נראה שהיא זווג ז"א עצמו עם נוקבא, וממנו אנו ממשיכין ומורידים טפה זרעית של החסדים בברכת שים שלום. אמנם עניין זה הוא בזה האופן, דע כי אף על פי שאנו אומרים שזה הזווג הוא דיעקב עם רחל, עם כל זה יש עוד זווג אחר גם כן, והוא זווג ז"א עצמו הנקרא ישראל עם לאה מן החזה ולמעלה. ובזה נתיישבה שאלה הנזכרת. עוד יש טענה אחרת והוא כי הנה אי אפשר ליעקב להזדווג ברחל אם לא על ידי מה שמקבל מן ז"א כנודע, ולכן צריך שכל תיקון תפילותינו תהיה בז"א עצמו, כדי שממננו ימשך וירד שפע אל יעקב בהזדווג עם רחל. והנה בביאור

דיַעֲקֹב וְרָזֵ֑ל הקטנים[170] שהם המלכיות, הנקראים עטרת היסוד דו"ק דמ"ה וב"ן דזו"ן הגדולים עצמם, וזיווג זה נעשה **בִּנְפִילַת אַפַּיִם**[171] שהוא הזיווג המעולה דיעקב ורחל, שאז עולים יעקב ורחל לחב"ד[172] דזו"ן, כאשר

של י"ג מדות של ויעבור נתבאר ענין זה היטב בתכלית הביאור, ועין שם. אמנם קיצורו של דבר הוא כי הנה בתחלת הכל נכנסין המוחין ברישא דז"א, ואחר כך בשים שלום יורדת הטפה של החסדים ממוחין דז"א, ואמנם אינה יורדת לגמרי עד סיום פי היסוד שבו, אבל תיכף בהגיע אל מקום החזה דז"א אשר שם הוא בחינת היסוד העליון דז"א כמבואר אצלנו, והנה שם גם כן הוא פי היסוד דאימא המתלבש בז"א, ועד שם היו מחיצות יסוד דאימא מעכבות את הטפה מלירד במרוצה, ובהגיע שם טרם תרד למקום המגולה מן החזה ולמטה, שאין שם מחיצות, ותרוץ בכח תיכף למטה עד היסוד בו, אז אנו מקדימין לקחת את הטפה בהגיעה אל החזה, ועל ידי תיקון י"ג מידות של רחמים דויעבור, אנו מחלקין אותה לג' חלקים, חלק אחד **לחיבוק ראשון, והוא מעולה מאד**. וחלק השני לצורך זווג ז"א **עם לאה מן החזה ולמעלה**, אשר זה סוד תיקון י"ג מידות של רחמים, כמבואר אצלנו שם במקומו. וחלק השלישי יורד למטה עד פי היסוד דז"א, ומשם יוצא וניתן **בדעת דיעקב, ומשם יורד אל פי היסוד שלו, ונותנו אל רחל טפת מ"ד.**
170

רחובות הנהר ד"ז ע"ד - וזו"ן נתקנו ונעשו משבעה תחתונות דמ"ה, ומשבעה תחתונות דב"ן, כי יצאו ונתוספו להם תשעה ספירות עליונות, להשלים עשר ספירות לכל מלכות משבעה מלכיות דשבעה תחתונות דב"ן. ומאלו התשעה ספירות העליונות שניתוספו לכל מלכות, הוא שלקחה העתיק אותם השבעה כתרים דשבעה תחתונות דב"ן כנזכר לעיל, אלא שהוא ספק אם לקחם אם לאו. ונתחברו ו"ק שהם ז"א דמ"ה, עם ו"ק שהם ז"א דב"ן, ונכללו אלו באלו, ונתלבשו אלו באלו, והלבישו לתנה"י דא"א מהטיבור ולמטה מכל צדדיו, פנים ואחור, **ונקראים זו"ן הגדולים**. כי ו"ק דב"ן נקרא רחל הגדולה, מלכות שבגופה, ולפעמים נקרא בשם לאה, ובכללותם נקרא ז"א, וו"ק דמ"ה נקרא אותיות עצמם ממש, וו"ק דב"ן נקרא בחינת חשבון דאותיות דז"א. וכן נתחברו מלכות נוקבא דזעיר אנפין דמ"ה, עם מלכות נוקבא דז"א דב"ן, ונכללו אלו באלו, ונתלבשו אלו באלו, והלבישו לתנה"י דזו"ן הגדולים, **ואלו נקראים יעקב ורחל**, ובכללותם נקראים נוקבא דז"א. וכשנמשכים צלמי המוחין מאו"א לזו"ן, הנה הצלם דמוחין דאבא נמשך ומתפשט בו"ק דמ"ה, הנקרא בו"ק דמ"ה, הנקרא ז"א דכורא, והם בחינת אותיות עצמם. וצלם דמוחין דאימא נמשך ומתפשט בו"ק דב"ן, הנקרא נוקבא דז"א, והם בחינת מספר וחשבון דאותיות דז"א, וזה בערך ו"ק דמ"ה. אמנם בערך מלכות דב"ן נקרא גם הם בחינת אותיות ממש. ואחר כך יוצא הארת הבינות והגבורות מוחין שנתפשטו בזו"ן, ובונים ומתקנים את יעקב ורחל, כמו שכתוב בכוונת ברכת אבות בע"ה, **ואלו יעקב ורחל הם המלכיות הנקרא עטרת היסוד דו"ק דמ"ה וב"ן דזו"ן הגדולים עצמם**, לא המלכיות דמ"ה וב"ן הנזכר לעיל, שהם המלך השביעי, כי אותם יש להם בחינת אותיות ומספר, וכמו שכתוב בפרק ז' משער י"ד, שער או"א, עיין שם. והם דוגמת בינות דא"א וכל אלו הזו"ן הגדולים, עם הנוקבא שהם יעקב ורחל הגדולים, עם הקטנים, כולם תיקונם וזיווגם נתקן ונעשה על ידי האנשים לבד, וכולם נקראים בחינת דכורא, בערך הנוקבא הכוללת הנתקנת על ידי הנשים, אשר יש בה כל הפרטות הנזכר לעיל, **ועיין מאד להבין ענין זה היטב.**
171

הגהות וביאורים)ג(– ר"ל כי בנפילת אפים יש גם כן ב"ן המעלה מ"ן, עיין לקמן שער ט"ו פרק א', וצ"ע. ועיין בשער י"ט פרק ט', וקל למבין.
172

ע"ח שט"ו פ"א מ"ב דע"ה ע"ג – מדרוש שלוח הקן תבין, שיש ג')מיני(יהודים אל זו"ן הנקרא נ"ר, והם הוי"ה אהי"ה, הוי"ה אלהי"ם, הוי"ה אדנ"י. והם נגד ג' פרצופים שיש)בנוקבא דז"א(בזו"ן, אחד עשר ספירות דאחוריים, שהם עיבור שלה בעמידה דלחש, שהיא למטה **בנה"י** שבו, שהוא גם כן פרצוף שלם דעיבור, ואז חיבורו פנים בפנים נקרא הוי"ה אדנ"י. וכשהזוווג פנים בפנים בסוד פרצוף שלו דיניקה, עם פרצוף שלה דיניקה, דאז הוא נקרא **חג"ת** דז"א, ואז היא עולה עד שם גם כן בחזרת עמידה, אז הוא חיבור הוי"ה אלהי"ם. וכשהזווג פנים בפנים בסוד פרצוף גדלות שבו, עם פרצוף גדלות שבה, שאז נקרא **חב"ד** דזעיר אנפין, ועלתה ועלתה עד שם, אז הוא חיבור הוי"ה אהי"ה, שכבר הוא בחינת בינה הנקרא אהי"ה, שלימה בעשר ספירות דגדלות, ואז הוא בעת נפילת אפים שנבקע היסוד)דאמא(בויעבור.

לפני כן היה זיווג של יעקב ורחל בנה"י דזו"ן, והוא בברכת שים שלום דתפילת הלחש. וכן היה זיווג דיעקב ורחל
בחג"ת דזו"ן, והוא בברכת שים שלום דחזרה.

לרב ז"ל עוד ראיה, שאי אפשר לעשות יחוד בלי שיבואו מוחין דחיה, ומוחין אלו דחיה נמשכים לזו"ן במוסף דשבת,
והם גורמים ליחוד האמיתי דזו"ן. וראיה זאת גדולה מהראיה הראשונה, **צריך לדעת** כי ראיה זאת **סותרת את הראיה
הראשונה. ועֹוד**[173] **ראִיה**[174] שהיא **גְּדוֹלָה מִזֶּה** שביאר הרב ז"ל שבברכת הכהנים קבל ז"א מוחין דחיה,
ואז מתייחד ישראל עם לאה הגדולה בויעבור, **כִּי אֲפִילוּ** ל"ג **שֶׁזָּכַרְנוּ** צ"ל שנודע[175] **כִּי הַחִיצוֹנִיּוֹת
וְהָאַחֹזֹרִיים** שהם הנה"י[176] **שֶׁל** הפרצוף[177] **הָעֶלְיוֹן הֵם הַפָּנִים** והמוחין **שֶׁל** הפרצוף **הַתַּחְתּוֹן.**
בימות חול זו"ן הגדולים מקבלים מוחין דנשמה[178] מהפרצוף השלישי הנקרא בינה, והם פרצופי ישסו"ת, כאשר מוחין

173

בית לחם יהודה ש"ו פ"ח – ועוד ראיה גדולה מזה כי אפילו שנודע (כך צריך לגרוס) כי החיצוניות
והאחוריים של עליון הם הפנים של תחתון, (כמבואר בפרק ו' דא"א, ובפרק ב' דשער מ') ואז [בחול] אינו
זווג בז"א עצמו, אלא ביעקב, עם כל זה יש צלם דאבא כן בברכת כהנים. פירוש, ולא הספיק לזווג יעקב
ורחל, שהם זו"ן הקטנים באחוריים דז"א, הנעשה להם בחינת פנים, אלא בצלם אבא שהוא אבא היה. אם כן זו
ראיה גדולה שהנר"ן הם אור חוזר, וכליהם הם חיצוניות, ואורות דחיה הם אור ישר, וכליהם הם פנימיות, (כל
זה הוא מהגהות השמ"ש ז"ל בתוספת ביאור).

174

כרם שלמה ש"ו פ"ח אות י"ד – מה שכתב ראיה גדולה, מפני שראיה ראשונה בא על כל פנים מוחין דחיה,
ולזה הם נקראים מוחין דפנים, אבל בביאת הנר"ן אין נקראים מוחין דפנים. לזה אמר למעלה - עד ביאת מוחין
דחיה, עד שנקראים מוחין דפנים. אבל הראיה דהכא אף על פי שבאים מוחין דחיה, אין נקראים בחינת פנים
לז"א, עד שיקבלה במקומה. כך מובן מן הרש"ש ז"ל בהגהה.

175

ע"ח שי"ד פ"ט דע"ד ע"א – והבן ותראה איך **כל החיצוניות העליון, נעשה פנים אל הפנימית תחתון
הימנו.** וחוזר הפנימית התחתון ההוא בסוד חיצוניות, ואז החיצוניות הראשון שהיה בתחלה על הפנימית
התחתון אי אפשר לעמוד שם, ויורד להעשות פנימית תוך פנימית יותר תחתון ממנו, וכן על דרך זה עד סוף כל
המדרגות כולם. באופן שאי אפשר להיות שם רק ב' בחינות לבד, שהם פנימית אחד, וחיצוניות אחד. וגם תבין
שלעולם אין העליון מתלבש בתחתון, אלא חיצוניותו, ושם למטה חוזר להיות פנימים גמורים, כי אף על פי
שבערך העליון נקרא חיצוניות, הנה ברדתו למטה יהיה שם במדרגת פנימית.
ע"ח ח"ב ש"ל דרוש א' מ"ב דכ"ו ע"ד – גם מזה תבין מה שנמצא כתוב בספרינו, כי לפעמים אין ז"א
נוטל שפע אף אם הוא שלם בג' פרצופים, אלא מן הפרצוף החיצון של עתיק או א"א, הנקרא אחור שלו, **כי
היותר חיצון של העליון הוא מעולה יותר מפנימי שבתחתון.**

176

ע"ח שי"ד פ"ו מ"ת דע"ב ע"ג – והנה זה ד' של מילוי יו"ד שהיא מלכות דאמא, היא עשר ספירות
גמורות, אלא שכיון שכל שיעורם אינם רק ד' תתאים דאמא, המתלבשין בה בסוד מוחין כנ"ל. לכן כל אשר
ספירות שבה נקרא ד' על שם ד' מוחין שלה, שהם ד' תחתונות דאמא. **גם ענין ד' זו היא כנודע, כי לעולם
אין העליון מתלבש בתחתון, רק האחוריים שבו לבד, ונעשים פנימים לתחתון.** והנה נודע כי אין העליון
מתלבש בתחתון אלא המלכות שבו לבד, נמצא אם כן כי האחוריים של מלכות דאמא עלאה, הם מתלבשים
בתבונה ונעשין שם פנים, **והבן זה מאד.**

177

והוא גם בבחינת העולמות והספירות.

178

לכל אחד פרצופי ישסו"ת, שהם ישראל סבא ותבונה שעור קומה שלם, כאשר בתפילת הלחש זו"ן מקבלים
מוחין דנשמה דישסו"ת, שהם נשמה דתבונה ונשמה דישראל סבא. ובתפילת החזרה זו"ן מקבלים מוחין דחיה

אלו באים בשלבים, השלב ראשון בתפילת הלחש מקבלים זו"ן מוחין דנשמה דישסו"ת, הנקראים בינות. ובשלב השני בתפילת החזרה מקבלים זו"ן מוחין דחיה דישסו"ת, הנקראים חכמות, עם כל זאת כל בחינת המוחין דחול בכללותם הם מפרצוף הבינה, והם בכללותם מוחין דנשמה. **וכאשר** מוחין אלו דנשמה נמשכים מישסו"ת לזו"ן **אז** בימות החול

אינו זווג בז"א עצמו שהוא ישראל ולאה הגדולה, כי קבלו מוחין דנשמה, עדיין הם עומדים אחור באחור,

אלא ביעקב ורחל הקטנים, שזיווגם פנים בפנים בתפלת הלחש בנה"י דזו"ן, ובתפילת החזרה הם עולים לחג"ת דזו"ן ומזדווגים, ובנפילת אפים הם עולים לחב"ד דזו"ן ומזדווגים. כי כאשר זו"ן מקבלים מוחין דנשמה, יעקב ורחל מקבלים מוחין דחיה בערכם, והם יכולים לחזור פנים בפנים וליי יחד, **עם כל זה** אפילו שיש **צלם**

דאבא לזו"ן **גם כן בברכת כהנים**[179] ואין להם זיווג אלא ליעקב ורחל הקטנים. עד כאן נראה כי יש סתירות בדברי קודשו של הרב ז"ל, תחילה הרב ז"ל ביאר כי זו"ן מתייחדים אחרי ברכת כהנים, במילת ויעבור, ויעקב ורחל מתייחדים בנפילת אפים, אחר כך ביאר הרב ז"ל כי אין ייחוד לזו"ן אלא במוסף דשבת, והפרצופים המתייחדים במשך ימות החול הם יעקב ורחל הקטנים.

צריך לדעת כי הרב ז"ל מערבב את הסוגיות, ואין ח"ו סתירה בדברי קודשו, אלא יש הבדל מהותי בין זיווגי זו"ן דחול ודשבת, והוא כי במשך ימות החול יש זיווגים דזו"ן הנקראים ישראל ולאה, והם זיווגים פרטים הנקראים זיווג דכ"ד שעות, לבין זו"ן הגדולים הנקראים גם כן ישראל ולאה, הנעשה בשבת. **ונראה**[180] **לי הטעם** שאפילו שזו"ן מקבלים מוחין דחיה ביום חול, עם כל זה אין זיווג לזו"ן הגדולים, **שאלו היה הזווג דז"א** שהוא ישראל ולאה הגדולה **עצמו אז היה כעין** מוסף יום חול **דשבת, ש**בתפילת מוסף דשבת **עולה** ז"א **בצלם דאו"א** עילאין **למעלה, בבחינותיהן ובמקומם האמיתי** שהוא מהגרון דא"א עד החזה דיליה, ומקבל את בחינת מוחין החיה האמיתים, ונגדל שיעורו עד הגרון דא"א, ועומדים זו"ן הגדולים שהם ישראל ולאה פנים בפנים ומזדווגים, אך ביום חול נמצאים זו"ן מהטבור דא"א ולמטה, ועולים בתפילה למקום ישסו"ת, שהוא מהחזה דא"א עד הטבור, **אך**[181] **עתה** ביום חול, שזו"ן מקבלים מוחין דאימא מפרצופי ישסו"ת, שהם מוחין מהחיצוניות או"א עילאין, בסוד[182] הרכנת הראש, **יורד**[183] **צ' של המוחין דצלם** מישסו"ת **למטה** בסוד

דישסו"ת, שהם חיה דתבונה וחיה דישראל סבא. כללות המוחין דתפילת הלחש נקראים בינות, וכללות המוחין דתפילת החזרה נקראים חכמות. וכללות כל המוחין הללו הם מוחין דנשמה.

תרשים ח – ל"א.

נהר שלום די"ח ע"ד – והנה נודע כי תפלת שחרית דחול היא בכלים הפנימיים דכל העולמות, ובה נמשכים ב' צלמי המוחין דבינות דכלים הפנימים דישסו"ת בלחש, ושני צלמי המוחין דחכמות דכלים הפנימים דישסו"ת בחזרה, לפרצופי בינות וחכמות דכלים הפנימים דזו"ן.
179

הגהות וביאורים)ד(– באור זרוע פירש עוד ראיה אחרת שאין נקרא פנים אלא בבוא מוחין דאבא, שהרי בשחרית דחול זיווג יעקב ורחל, והיה מספיק שיאיר בו חיצוניות דז"א, שהוא אחור שבו, שהרי הדרך הוא כך שהאחורים של עליונים נעשה פנים בתחתונים, ועם כל זאת אין די להחזירם פנים של יעקב, וצריכים להביא מקיפי אבא, אלמלא שאין נקרא פנים אלא בבוא מוחין דאבא, זהו פירוש הדברים.
180

בית לחם יהודה ש"ו פ"ח – נראה לי הטעם. דקשיא לה, שכיון שקבל הז"א צלם דאבא אם כן למה לא יש זיווג לז"א עצמו. (כתב יד חכם רבי אליהו מני ז"ל).
181

בית לחם יהודה ש"ו פ"ח – אך עתה יורד הצלם למטה. הכוונה על זווג דהרכנת הראש, שפירושו דאו"א עלאין יורדין למטה, ומתלבשין בישסו"ת, כנזכר בפרק א' דשער ט"ו, (כתב יד הנז"ל, רבי אליהו מני זל"ל).
182

73

הרכנת הראש לזו"ן, ועולים זו"ן רק עד מקום ישסו"ת, שהוא מקום החזה דא"א, ומוחין אלו **אינם מוחין גמורים לז"א** והם רק מוחין מבחינת הנשמה דכללות, ולא מוחין דחיה דכללות, **ועם כל זה בערך יעקב** ורחל הקטנים שהם זו"ן הקטנים, העומדים מדרגה אחת תחת זו"ן הגדולים, **הם** מוחין **גמורים, ונקראים** דפנים[184] מוחין ויכולים בימות החול יעקב ורחל להזדווג, **ועיין**[185] **בדבר זה**[186] כי מה שגורם

לכל אחד פרצופי או"א שעור קומה שלם, עם כל זאת פרצופים אלו כל אחד לב' חלקים, החלק העליון שהוא הג"ר עד החזה נקרא או"א עילאין, והחלק השני שהוא בעצם מלכויות דא"א הנקראים ישסו"ת מתפשטים מהחזה ולמטה. עוד צריך לדעת כי אפילו שאו"א מתחלקים לב' בחינות או"א עילאין וישסו"ת, עם כל זה או"א עילאין מתחלקים, לג"ר ו"ק פרטים, והם ג"ר ו"ק דא"א עילאין. וישסו"ת מתחלקים לג"ר ו"ק, שהם ג"ר ו"ק דישסו"ת. כאשר זו"ן מקבלים מוחין דנשמה, שהם מהפרצוף השלישי, פרצוף הבינה, הנקרא אימא, המוחין אלו באים מזיווג פרצופי ישסו"ת, וזיוווג זה נקרא בדברי הרב ז"ל לפעמים **הרכנת הראש.**
תרשים ח – ל"ב.
וכל הבחינות האלו בסוד התפילין דרש"י ור"ת.
תרשים ח – ל"ג.
נהר שלום די"ז ע"א – בהנחת תפילין של יד יכיין להעלות נקודת הכתר דרחל מהבריאה, ולקשרה בזרוע שמאלי גבורה דז"א דאצילות, ולהמשיך לה רשימו של המוחין שלה העומדים בלבו דז"א, והם שמות אהי"ה, הוי"ה, ואדנו"ת מלא שמספרם פשוטים יב"ק, כמספר הוי"ה אלהי"ם, והם אהי"ה כנגד כ"א אזכרות, והם מוחין דעיבור א'. והוי"ות כנגד ד' פרשיות, והם מוחין דיניקה. ואדנו"ת כנגד הבית, והם מוחין דגדלות. ודר"ת יכוין השמות הנזכר, אלא שההויו"ת יכוין אותם בסדר יהה"ו. אלא שהתפילין **דרש"י הם מוחין דבינות דישסו"ת**, מלובשים בנה"י דבינה דז"א, ונמשכים לנוקבא. ודר"ת **הם מוחין דאו"א עילאין** מלובשים בנה"י דחכמה דז"א, ונמשכים לנוקבא. וכל אלו המוחין דעיבור, ויניקה, וגדלות, הם כולם דגדלות, **אלא שהתפילין דרש"י שהם מוחין דאימא**, נמשכים בנקודת הכתר דפרצוף בינה דנוקבא. **ודר"ת שהם מוחין דאבא**, נמשכים בנקודת הכתר דפרצוף חכמה דנוקבא.

ע"ח שט"ו פ"א דע"ה ע"א – שני מיני בחינות זוווגים יש באו"א דאצילות, האחד נקרא פנימי, השני נקרא חיצון, שהם סוד הכלים והעצמות (נ"א או העצמות), וזהו בב' בחינות או כשהם פנים בפנים בפנים שוה, או **בהרכנת הראש**, כמבואר אצלינו. וב' בחינות אלו בפנימיות שהוא העצמות, וב' בחינות אלו בסוד החיצוניות, שהם (י') הכלים, הרי הם ד' בחינות זווג או"א. ועל דרך זה ד' בחינות כיוצא באלו זווג זו"ן. והנה לעולם בחינת זווג חיצון למלאכים, וזווג פנימי לנשמות. עוד יש בחינה אחרת בסוד הזווג אם לברוא נשמות חדשות, או לחיות הנשמות שכבר יצאו לחדש להם מוחין, ואחר החורבן שאין זווג לזו"ן להוציא נשמות חדשות, גם באו"א לא יש זווג לנשמות חדשות, וזה סוד לא אבא בעיר וגו', באופן שעתה אחר החורבן לא יש זווג פנימי, לא שוה, ולא בהרכנת הראש, לא באו"א, ולא בזו"ן, וגם לנשמות ישנים ליכא, אלא לחיות בלבד, ולתת מוחין חדשים להם. דע כי יש ב' מיני זווג אל או"א האחד בהיותן שניהן שוין למעלה במקומן, שוין בקומתן פנים בפנים אשר זה נקרא בחינת זווג או"א עלאין, **והשני הוא בחינת אמא רביעא על בנין**, והוא כאשר אמא הנה"י שלה מתלבשין המוחין דז"א בתוכם, ואחר כך מתלבשים הנה"י דאמא תוך ז"א, ואז נקרא ואם רובצת על האפרוחים, לפי שהיא יורדת למטה משיעור קומת (אבא), ומשפלת עצמה למטה, ואז היא דומה על הנוקבא דז"א כאשר היא מזדווגת עם ז"א פנים בפנים בסוד ג' תחתונות שבו לבד כנודע. וכן עתה היא אמא עלאה פנים בפנים עמו נגד חצי תפארת התחתון ונה"י של אבא לבד, ואז בהיותן כן צריך שגם אבא ירכין ראשו, וישפיל עצמו למטה כדמיון ז"א עם נוקבא בג' תחתונות שבו כנ"ל. **וזווג זה הוא זווג דישראל סבא ותבונה, וזכור זה**, ולא נצטרך לחזור ולהזכירו בכל פעם ופעם.
183

הגהות וביאורים)ה(– א"ה עיין בשער הכוונות הנדפס מחדש, דף נ"ט ע"א ד"ה וכפי זה וכו', ובספר עולת תמיד דף ס"ה ע"ה הנה וכו', ודף ס"ו ע"א.
184

לזיווג הוא בחינת מוחין דחיה, וכאשר זו"ן הגדולים מקבלים מוחין דנשמה, עדיין הם עומדים אחור באחור, ולא מתייחדים. לעומתם יעקב ורחל שהם זו"ן הקטנים, מקבלים בערכם מוחין דחיה, ועומדים פנים בפנים ומזדווגים, וכל זה בימות החול. במוסף דשבת זו"ן הגדולים מקבלים מוחין דחיה מאו"א עילאין, והם בחינת מוחין דחיה האמיתים, ורק אז מזדווגים[187].

הרב ז"ל מביא עוד ראיות כי עיקר נשמת ז"א דכללות הם מוחין דחיה. **שֲׂהֲרֵי נוֹדֵע מֵהַתִּיקוֹנִים** בהקדמת פתח אליהו[188] **שֶׁנִּשְׁמַת[189]** ז"א הַפְּנִימִיוּת (נ"א הַפְּנִימִים) אֲשֶׁר לְ"ג עֲלָיו אלא צריך לגרוס **עֲלֶיהָ** ובסיבתה נִקְרָא ז"א אדם (נִקְרָא אָדָם) הוּא[190] שֵׁם מ"ה דְאַלְפִּי"ן יו"ד ה"א וא"ו ה"א, וְשׁוֹרְשָׁה, עצמותה, ויסודה של נשמת ז"א[191] הוּא[192] בְּזוּכְמָה, שהם אותיות כ"זז מ"ה ר"ל שורש ז"א

הגהות וביאורים)ו(– נ"ב, עיין בכוונות ראש השנה בזקיפת ה' לגבי יו"ד, שאז יש הורדת שם מ"ה מזווג או"א שהוא חדש, המתחדש בז"א בבחינת חיה שלו, והוא פנימי.
185

בית לחם יהודה ש"ו פ"ח – ועיין בדבר זה. ר"ל והבן היטב בדבר זה, כי מה שכתב לעיל שאין לז"א בחינת פנים כי אם בהיותו לו בחינת מוחין דאבא הנקראים חיה, שאין הכוונה לומר שלוקח בחינת חיה של אבא עצמו, אלא שלוקח בחינת הרוח דאבא, בחינת המ"ה שבו, שהוא חיה לז"א, וכמו שביאר בפרק ה' דעיל, ובחינת רוח דאבא היא חיה שלו, יעו"ש. וכמו שביאר נמי לעיל, שכתב נמצא כי מה שמבואר בענין זו"ן שעומדים פנים בפנים, או אחור באחור, אז הענין הוא דכשבאו מוחין דז"א שהם בחינת חיה דחכמה שבו וכו', שדקדק לומר דחכמה שבו, לאפוקי חכמה דאבא. והביא הכרח לדבריו מהתיקונים והוא בפתיחת אליהו שאמר - מלגאו איהו שם מ"ה וכו', מדקאמר מלגאו איהו שם מ"ה, מבואר מזה.
186

וכן הוא בסידור מרן הרש"ש, שכתב בברכת הכהנים באים מוחין דחיה דיש"ס ביום חול, וביום שבת מוחין דחיה דאבא.
תרשים ח – ל"ד.
187

מבואר בסידור למרן הרש"ש כי בתפילת העמידה דשחרית יש ג' מערכות של כוונות, אחת היא בפנימיות דפנימיות, השניה היא בחיצוניות דפנימיות, והשלישית בפנימיות דחיצוניות, תיקון של מערכת חיצוניות דחיצוניות נעשה על ידי שאדם נפנה, נוטל ידיו, מתעטף בציצית, מניח תפילין של יד, ותפילין של ראש.
תרשים ח – ל"ה.

צריך לדעת באיזה מערכת יש זיווגים לזו"ן הגדולים. לדוגמה זיווג זו"ן הגדולים שהם ישראל ולאה דכ"ד שעות, הנעשה בויעבור הוא במערכת של פנימיות דחיצוניות, וזיווג זו"ן הגדולים שהם ישראל ולאה הנעשה במוסף דשבת הוא במערכת של פנימיות דפנימיות, והיע"א.
188

תיקוני הזוהר, הקדמה ב', פתח אליהו די"ז ע"ב הסבר ותרגום – **מלגאו איהו** בפנימיות הוא שם מ"ה, שציורו הוא **אות יו"**ד, **אות ה"א, אות וא"ו, ואות ה"א, דאיהו ארח אצילות** והוא בדרך אצילות.
189

בית לחם יהודה ש"ו פ"ח – שנשמת ז"א הפנימית אשר עליה נקרא אדם. כך צריך לגרוס, ר"ל אשר בסיבתה נקרא אדם.
190

בית לחם יהודה ש"ו פ"ח – הוא שם מ"ה דאלפי"ן. כי מ"ה גימטריא אדם.
191

ע"ח ש"ו פ"ה מ"ב דכ"ג ע"א – ועתה נבאר ענינם, דע כי הכלים שהם גוף דז"א הנקרא עולם, הם בחינת אותיות, ובהם נכללין התגין שהם הנפש. אמנם מן הכ"ב אותיות נעשה הגוף כולל עשר שליטים, שהם כחב"ד, חג"ת, נהי"ם, כנזכר בהקדמה ב' דף י"ב, וכן בדף י"ב וז"ל - וכמה גופין תקינת לון, דאתקריאו גופין לגבי

הוא בחכמה, שהיא אבא בסוד[193] מה שמו ומה שם בנו, פירוש גם באבא וגם בז"א יש שם מ"ה. **מ"ה שמו**, כלומר אבא בשמו יש שם מ"ה, **ומ"ה שם בנו**, בנו של אבא שהוא ז"א, שמו מ"ה. כך שגם בז"א וגם באבא יש את שם מ"ה**,**

לבושין דמכסיין עליהון, ואתקריאו בתיקונא דא, חסד דרועא ימינא, כו'. ואחר כך נבאר איך מכ"ב אותיות נעשין עשר תקונין. והנה להיות שהתהגין משותפין באותיות, לכן נכללין נפש וגוף יחד בכ"ב אותון, וכולן נקרא כ"ב בחינות אתון. **והנקודות הם עשר כמו שנתבאר בע"ה, והם בחינת רוח**, והם נקראו עשר ספירות באמת, בסוד השמים מספרים, כי השמים הוא ז"א בחינת רוח, הכולל עשר ספירות, המספרים ומזהירים למלכות, הנקרא כבוד אל, כנזכר בפרשה תרומה דקל"ו ע"ב - מאי מספרים כו', אלא דנהרין ונצצין בנצוצי דנקודה עלאה כו'. **הרי כי הספירות הם מחכמה נקודה עלאה**. גם ידעת מפסוק מונה מספר לכוכבים, כי תפארת נקרא מספר, והוא רוח, כמו שכתוב דף י"ו וקרינן לון עשר ספרין, ואחר כך אמר לבושין תקינת לון, וכמה גופין תקינת לון כו'. **הרי כי עשר ספירות הם עצמות, שהם הנקודים שבתוך האותיות, הנמשכין מחכמה עלאה, הנקרא נקודה עלאה גם כן, ועל שמה נקרא נקודות**. וזה שכתב אחר כך מלגאו איהו שם יו"ד ה"א וא"ו ה"א, דאיהו בארוח אצילות. **וידוע כי שם זה גימטריא אד"ם, הרמוז בחכמה כ"ח מ"ה**, כי העשר ספירות הן הן העשר אותיות דשם מ"ה. וזה שכתב בזוהר – והמשכילים, אלין אתוון דכלילן בב' דבראשית, ראשית נקודה בהיכליה, ט' נקודין תליין מניה, ואתקרון עשר ספירות בלימה.
192

בית לחם יהודה ש"ו פ"ח – והוא בחכמה כח מ"ה. ר"ל דמטעם זה נקראת חכמה בלשון נקבה, ולא חכם בלשון זכר, כדי לרמוז שכח המ"ה דאבא שהוא בחינת הרוח הנקרא מ"ה, היא חכמה דז"א, שהיא בחינת החיה שבו.
193

משלי ל' ד' – מי עלה שמים וירד מי אסף רוח בחפניו מי צרר מים בשמלה מי הקים כל אפסי ארץ **מה שמו ומה שם בנו** כי תדע.
194

זהר יתרו דע"ט ע"א תרגום וביאור – אמר רבי ייסא **אבל סופא דקרא מאי קא מיירי** אבל בסוף הפסוק במה מדבר, **דכתיב מה שמו ומה שם בנו כי תדע**, כי בשלמא מה שכתוב **מה שמו תינח** ניחא שנאמר על החכמה שהוא סוד שם מ"ה, כי חכמה אותיות כ"ח מ"ה, הינו כי שם מ"ה, אבל **מה שם בנו מהו** שייך דבר זה בספירות העליונות, **אמר ליה** רבי שמעון לרבי ייסא, **רזא דמלה הא אוליפנא לרבי אלעזר ברי** את סוד הדבא כבר למדתי לרבי אלעזר בני, **אמר ליה** רבי ייסא לרבי שמעון **לימא לי מר** ילמד גם אותי מורי, **דהא בחלמי שאילנא קמיה דמר האי מלה** כי בחלומי שאלתי דבר זה לפני מורי ולימד אותי, **ואנשינא ליה** ושכחתי אותו, לכן עתה אני מבקש לומר לי בהקיץ, **אמר ליה** רבי שמעון לרבי ייסא **אי אימא תדכר** אם אומר לך פירוש הפסוק האם תזכור מה ששמעת ממני בחלום, **אמר ליה** רבי ייסא לרבי שמעון **ודאי** אני אזכור, **דהא מה דאוליפנא קמיה דמר** כי כל מה שלמדתי לפני מורי כל הימים, **יומא דא אדכרנא** מרוב חיבה אני זוכר את כל הדברים. **אמר ליה** רבי שמעון לרבי ייסא **רזא דמלא** סוד הדבר הוא, **היינו דכתיב** זה שכתוב שאבא אומר **בני בכורי ישראל** הכוונה היא ז"א נקרא ישראל, והוא הבן הבכור של אבא, הנמשך מיחוד או"א, **וכתיב** וזה שכתוב **ישראל אשר בך אתפאר** הכוונה היא, אני אבא מתפאר בך ז"א הנקרא ישראל, **והוא** ר"ל ז"א **ברזא עלאה** בסוד ז"א העליון, שהוא ז"א דאצילות הנקרא תפארת, ולא כללות ז"א שהוא עולם היצירה, **והאי אקרי בנו** וזה ז"א דאצילות נקרא בנו של אבא, ר"ל אבא נקרא חכמה, שהוא כ"ח מ"ה, לכן שם מ"ה הוא שמו של אבא, ועל ידי אבא נמשך אור המאציל ב"ה בכל הספירות דאצילות, בסוד הפסוק כולם בחכמה עשית, ומ"ה הוא שמו של ז"א, ועל ידי ז"א אפשר להשיג את אבא, **אמר רבי ייסא לרבי שמעון ינוח דעתיה דמר דהא רזא דא ידענא** תנוח דעתו של מורי, את הסוד הזה כבר ידעתי, וחסר לי מה שאמר לי מורי בחלום. **אדהכי לא אדכר רבי ייסא** בתוך כך לא נזכר רבי ייסא מה שאמר לו רבי שמעון בחלום, **חלש דעתיה** חלשה דעתו, **אזל לביתיה אדמוך** הלך רבי ייסא לביתו וישן, **אחזיאו ליה בחלמיה חד ספרא דאגדתא** הראו לו בחלום ספר אחד מספרי הקבלה, **דהוה כתיב ביה** והיה כתוב בו, **חכמה ותפארת במקדשו** הכוונה החכמה שהוא אבא, וז"א שהוא התפארת מאירים במלכות הנקראת מקדש, כמו שכתוב עוז ותפארת במקדשו, כי עוז הוא חכמה, בסוד הפסוק החכמה תעוז לחכם, **אתער הקיץ** רבי ייסא משינתו, **אזיל לגביה דרבי שמעון** הלך לרבי שמעון, **נשק ידוי** ונשק את ידיו של רבי שמעון בסוד המתקת הדינים, **אמר**

לכן[195] תמיד פנימיות ז"א הוא החכמה שלו, והוא שם מ"ה, **והוא בבחינת זחכמה דז"א**, ונקרא חיה דז"א, כמבואר בספר[196] הזוהר הקדוש. עם כל זאת צריך לדעת **כי**[197] רק החכמה דז"א שהיא בבחינת החיה דליה נקרא שם מ"ה, אבל **זחכמה עילאה דאבא הוא** שם **ע"ב דיודי"ן**[198] והוא יו"ד ה"י וי"ו ה"י, והחכמה העילאה הזאת דאבא היא מקנה לז"א את המוחין דחיה לזיווג פנים בפנים[199] כאשר זו"ן עולים ומלבישים מהגרון דא"א ולמטה.

רבי ייסא לרבי שמעון **הכי חמינא בחלמא** כך ראיתי בחלום, **זמנא אחרא חמינא בחלמא חד ספרא דאגדתא דאחזיו קמאי** פעם אחרת ראתי בחלום שהראו לפני ספר קבלה אחד, **והוה כתיב ביה** והיה כתוב בו **חכמה ותפארת במקדשו, חכמה לעילא** חכמה למעלה שהוא אבא הנקרא כ"ח מ"ה, **תפארת לתתא** תפארת שהוא ז"א למטה הנקרא שם מ"ה, שהוא הוי"ה דאלפי"ן, **במקדשו לגבייהו** והמלכות הנקראת מקדש אצלם כדי לקבל הארתם, **והכי אשכחנא בפומאי** וכך נפל המאמר הזה בפי, **אמר ליה** אמר לו **רבי שמעון, עד כען רביא אנת למיעל בין מחצדי חקלא** עד עתה אתה כמו נער להכנס בין קוצרי השדה, שהם החכמים שמתגלים להם סודות התורה, והסיבה שהחכמים האלו נקראים מחצדי חקלא הוא, כי המלכות נקראת שדה, והיא מגדלת שבולים שהם סודות התורה, והחכמים קוצרים אותם מהשדה העליון, וממשיכים אותם למטה, ומחדשים בתורה, **והא כלא אחזיאו לך** והרי הכל הראו לך, **ודא הוא דכתיב** וזאת התשובה שראית בחלום לשאלת אותי לבאר לך את הפסוק **מה שמו ומה שם בנו כי תדע**, הפירוש הוא **חכמה שמו** ר"ל סוד שמו של של אבא הוא שם מ"ה, וסוד שמו של **התפארת** שהוא **בנו** של אבא הוא גם הוא שם מ"ה.
תהילים צ"ו ו' – הוד והדר לפניו עז ותפארת במקדשו.
קהלת ז' י"ט – החכמה תעז לחכם מעשרה שליטים אשר היו בעיר.
195

כרם שלמה ש"ו פ"ח אות ט"ו – ומקשה כאן שהרי נודע מן התיקונים ממקומות הרבה, שנשמת ז"א העיקרית אשר היא שלו, ואשר על שמה נקרא הוא בשם אדם, ר"ל בסיבתה נקרא הז"א אדם, היא שם מ"ה דאלפי"ן, והוא פרצוף חכמה שלו, ואם תאמר איך רומזת החכמה בשם מ"ה, לזה אמר והוא בחכמה אותיות כ"ח מ"ה. **נמצא שתמיד יש בו הפנימיות שלו, שהוא החכמה שלו שהוא שם מ"ה.**
196

זוהר פרשת פנחס, רעיא מהימנא דרמ"ד ע"ב עם פרוש וביאור – **אתא סבא ונשיק ליה** בא הזקן ונשק את הרעיא מהימנא בסוד יחוד דנשיקין, והוא כי הזקן היה נשמת אדם הראשון, שהוא בסוד החכמה, ורעיא מהימנא היה נשמת משה רבינו, שהוא סוד ז"א, ונשיקה זאת למטה, גרמא שיתחברו שורשי נשמתם למעלה. **אדהכי קם בוצינא קדישא** בתוך כך קם המאור הקדוש, שהוא רבי שמעון בר יוחאי, **ודai כען מתחברין** ודאי עתה מתחברים שני שמות מ"ה, של החכמ"ה, ושל ז"א הנקרא מ"ה, שעליהם נאמר **מ"ה שמו** שהוא בחכמ"ה, כמספר אדם שהוא בחכמה, **ומ"ה שם בנו** כי ז"א הוא בנו של החכמה, והוא סוד שם מ"ה.
197

בית לחם יהודה ש"ו פ"ח – כי חכמה עלאה דאבא היא ע"ב דיודי"ן. כלומר ואם היה הז"א לוקח בחינת החיה שבו מחכמה דאבא עצמה, אם כך היה ראוי הז"א להקרא ע"ב ולא מ"ה.
198

הגהות וביאורים)ז(– פירוש, דבא להסכים כי הזיווג הוא כשבא בבחינת החיה חכמה, והוא שם מ"ה, כח מ"ה. ועיין שער מ' פרק ו', דעל ידי שם מ"ה חוזרין זו"ן פנים בפנים.
199

וכרם שלמה ש"ו פ"ח אות ט"ו – ומה שאמרנו לעיל שהחיה שקונה אותה מחדש לצורך הזיווג דפנים בפנים, ולצורך הנשמות החדשות, והוא מן אבא, שהוא חכמה עילאה דאצילות, הוא שם ע"ב דיודי"ן ולא שם מ"ה, ולזה שכתב כי חכמה עילאה דאב"א, ר"ל הבאה מאבא לז"א כנזכר לעיל הוא ע"ב דיודי"ן.

77

הרב ז"ל מבאר את ירידת בחינת המ"ד להולדת נשמות חדשות, והוא בסוד השתטחות על קברות הצדיקים[200]. **גַּם**[201] **בָּזֶה**[202] **תָּבִין עִנְיַן הַעֲלָאַת** מ"ן[203] **והורדת מ"ד,** כי כדי להוריד את טיפת המ"ד צריך שיהיה העלאת מ"ן בסוד[204] אין לך טפח מלמעלה **שהוא ירידת מ"ד,** שאין תהום יוצא לקראתו **שהיא עליית מ"ן** שלשה טפחים, ובסוד

200

שער רוח הקודש, הקדמה ה' יחוד א' – והנה יחוד העליון של חו"ב, הוא שם הוי"ה בחכמה, ושם אהי"ה בבינה, ובהתחברם יחד כזה - יאההויה"ה, הוא זווג העליון. והשם המחברם, הוא שם ההוי"ה במלוי יודי"ן, כזה - יו"ד ה"י וי"ו ה"י, והוא עולה בגימטריא ע"ב, כמנין חס"ד, והוא חסד עילאה, המזווג את הזווג העליון, והוא הנקרא מזל"א. וזה נעשה על ידי נשמת הצדיק, העולה למעלה בבינה, ואולי שהיא מ"ן דבינה, כאשר נבאר. וזה סוד, כך עלה במחשבה. ואמנם תפארת ומלכות, הם שם הוי"ה בתפארת, ושם אדנ"י במלכות. ובהתחברם יחד, יהיה יאהדונה"י, והשם המחברם, הוא שם הוי"ה במלוי אלפי"ן, כזה - יו"ד ה"א וא"ו ה"א. וזה נעשה על ידי הרוח של הצדיק, ונפש הצדיק, היא מ"ן דילה. ואל תשיבני, כי הנה בזווג התחתון, צריך רוח ונפש, רוח לחברם, ונפש למ"ן. ובזווג עליון, אין כי אם נשמה לבד. דע, כי יש נשמה, ויש נשמה לנשמה, זה לזווג, וזה למ"ן. נשמה לנשמה מצד חכמה, לזווגם. ונשמה מבינה בסוד מ"ן. וכן בזווג תחתון, רוח מתפארת לזווגם, ונפש ממלכות, להעלות מ"ן.

201

בית לחם יהודה ש"ו פ"ח – גם בזה תבין ענין העלאת מ"ד על ידי שם מ"ה דז"א כנודע. הם הדברים האמורים בפרק ה' דטנת"א, דידעין לזרקא להאי אבנא. והענין כי כשעולין זו"ן בסוד מ"ד ומ"ן לגבי או"א, ז"א באבא, ונוקביה באימא, אין עולה רק בחינת הרוח שבהם, שהם אלו הנקודים, שהם עשר ספירות דרוח, כי בחינת הגוף והנפש שלהם נשארים במקומם, יעוין שם. ונראה לעניות דעתי שצריך לגרוס **גם בזה תבין ענין הורדת מ"ד וכו',** לפי שסוגיין דהכא הוא עסיק בזווג זו"ן כדמפרש, ואזיל שהוא מוריד מ"ד והיא מעלה מ"ן, והענין הוא כמו שביאר רז"ל בפרק י"א דשער ט"ל כלל י"ד, וז"ל - שם ס"ג מעלה מ"ן דבינה, ושם ע"ב מוריד מ"ד דאבא. ושם מ"ה מוריד מ"ד דז"א, ושם ב"ן מעלה מ"ן דנוקבא, עד כאן לשונו.

202

כרם שלמה ש"ו פ"ח אות ט"ז – פירוש, כי אמרינן לקמן בשער ט"ל בכללים פרק י"א כלל י"ד, כי שם ס"ג מעלה מ"ן דבינה, ושם ע"ב מוריד מ"ד דאבא. ושם מ"ה מוריד מ"ד דז"א, ושם ב"ן מעלה מ"ן דנוקבא, עד כאן לשונו. נמצא ששם מ"ה הוא המוריד המ"ד דז"א, וכאן בא לפרש הענין המ"ד מהו. כי המ"ד העיקרי הוא הטיפה הזאת הנזכרת לעיל הנקרא בחינת החיה דז"א, הבאה מחכמה עילאה שהוא אבא, והורדתה נעשית על ידי העלאת נשמה הפנימית דז"א, והוא השם מ"ה שלו, והוא השם מ"ה אשר לו הנזכר לעיל בסמוך, שהוא כח מ"ה.

203

גמרא תענית ד"ט ע"ב – תניא רבי אליעזר אומר, כל העולם כולו ממימי אוקיינוס הוא שותה, שנאמר - ואד יעלה מן הארץ והשקה את כל פני האדמה. אמר לו רבי יהושע והלא מימי אוקיינוס מלוחין הן, אמר לו ממתקין בעבים. רבי יהושע אומר, כל העולם כולו ממים העליונים הוא שותה, שנאמר - למטר השמים תשתה מים, **אלא מה אני מקיים ואד יעלה מן הארץ, מלמד שהעננים מתגברים ועולים לרקיע, ופותחין פיהן כנוד, ומקבלין מי מטר,** שנאמר - יזוקו מטר לאדו, ומנוקבות הן ככברה, ובאות ומחשרות מים על גבי קרקע, שנאמר - חשרת מים עבי שחקים.

204

גמרא תענית דכ"ה ע"ב – תנו רבנן, עד מתי יהו הגשמים יורדין והצבור פוסקין מתעניתם, כמלא ברך המחרישה, דברי רבי מאיר. וחכמים אומרים בחרבה טפח, בבינונית טפחיים, בעבודה שלשה טפחים. תניא רבי שמעון בן אלעזר אומר, **אין לך טפח מלמעלה שאין תהום יוצא לקראתו שלשה טפחים.** והא תניא טפחיים, לא קשיא, כאן בעבודה, כאן בשאינה עבודה. אמר רבי אלעזר כשמנסכין את המים בחג תהום אומר לחבירו, אבע מימיך, קול שני ריעים אני שומע, שנאמר - תהום אל תהום קורא לקול צנוריך וגו', אמר רבה לדידי חזי לי האי רידיא דמי לעיגלא (תלתא), ופירסא שפוותיה וקיימא בין תהומא תתאה לתהומא עילאה לתהומא עילאה, אמר לו חשור מימיך לתהומא תתאה, אמר לו אבע מימיך, שנאמר - הנצנים נראו בארץ וגו'.

הפסוק[205] ואד יעלה מן הארץ. והעלאת המ"ן לזו"א שהוא שם מ"ה נעשית על ידי הנוקבא והיא שם ב"ן, ואחרי שהנוקבא מעלה מ"ן שהם[206] הבירורי הכלים ורפ"ח ניצוצי האורות של שבעה המלכים, ז"א מוריד לה את טיפת המ"ד. וכן אימא שהיא שם ס"ג, מעלה מ"ן לאבא שהוא שם ע"ב, ואבא נותן לה את בחינת טיפת המ"ד. והצורך להעלאת מ"ן הוא כדי לעורר[207] את הזכר אל היחוד. וצריך[208] לדעת כי לעולם בלי העלאת מ"ן אין זיווג[209], חוץ מהזיווג הראשון שנעשה

205

בראשית ב' ו' – ואד יעלה מן הארץ והשקה את כל פני האדמה.

206

ע"ח שי"א פ"ז מ"ז דנ"ז ע"ב – ודע כי אף על פי שאנו אומרים שנתקנו אלו הז' מלכים של זו"ן, עם כל זה בהכרח הוא שלא נגמר בירור שלהם להצטרף, ונשאר קצת ניצוצי קדושה שלהם בתוך הקליפות, הנקראים סיגים שלהם, והם נקרא רשות הרבים, בסוד הן רבים עתה עם הארץ, שהם הקליפות, לפי שלא נתקנו ונשארו נפרדין בבחינת רבים. והנה בימות החול השכינה שהיא נוקבא דז"א, היא בגלות בין הקליפות, והבן ענין השכינה בגלות מה עניינה, והנה היא נקראת שם ב"ן, שהיא הוי"ה דמלוי ההי"ן כנודע, היא מבררת ברורין מתוך הסיגים, **והיא מעלה אותן למעלה בבחינת מ"ן**, ושם נתקנים, והבן זה מאד היטב ביאור מ"ן מה עניינה.

ע"ח שי"ה פ"ו מ"ב דכ"ד ע"א – אך בבא הוי"ת שהם רוח, והם סוד המוחין דז"א כידוע, אז נגדל הז"א, ואז נעשו בן עשר ספירות גמורות, אף בבחינת הכלים. ואז ננסרת הנקבה ממנו, ולקחה הדין של אלהי"ם, והזכר הוי"ת, ואז נקרא הוי"ה אלהי"ם שמא שלים, והבן. ולכן ננסרת ממנו, כי הוי"ת דוחין אלהי"ם וניתנין לנקבה. ומה שאנו אומרים תמיד חיצוניות העולמות, הם הכלים האלו, הגוף ונפש, ופנימיות העולמות הם עשר ספירות דרוח, שהם מלגאו בארח (נ"א באורות) אצילות, כנזכר דף י"ז, כי הנשמות של אדם באים מזה האדם דאצילות, שם מ"ה מלגאו, הנקרא עשר ספירות דרוח. ומלאכים מן החיצוניות, שהם הגוף ונפש, וזה הגוף של אלהי"ם יורד לפעמים בבי"ע, **ושם מתקשטת ומתלבשת באותן הלבושים להתנאות בהם בפני בעלה, לומר ראה גידולים שגדלתי**, ולהיות כי אור הנקודות הם אור החוזר, **לכן עולה תמיד בסוד זרקא.**

האילן הקדוש לרמח"ל – בזיווג כיצד, מעלה נוקבא מ"ן, בירוריהם של כלים, ויורדים כנגדם אורותיו של מ"ה. עומדים בנוקבא ונתקנים בה, זה העיבור. יצאו למקומם, זו היא לידה. הלבוש תחתון לעליון והגיע לשיעורו, זה הגדלות. יונק מתחלה, שהוא צריך לעליונו. השלים והלביש, עושה את שלו.

דעת ותבונה פ"ח דמ"ה ע"ד – גם פירוש כד סליק ברעותיה וכו', הוא יותר נעלם, והוא כי הנה אין הזכר העליון נתעורר לזווג. רק עד אחר שהנוקבא העליונה תתקשט ותכין עצמה לזווג, ותמצא חן בעיניו. ואז הוא מתעורר להזדווג עמה, שאם לא כן הנה הוא עסוק תמיד למעלה לקבל שפע ולינק מאמו, ואינו רוצה לתת מהשפעתו לזולתו, עד אשר הכלה העליונה תעדה כליה ותקשט עצמה, ואז יזדווג עמה ומשפיע בה. ונודע כי קשוטי כלה העליונה הם הנשמות הצדיקים, העולים בה בבחינת מ"ן, והם גורמין לזווג עליון.

207

ע"ח ח"ב שט"ל דרוש ב' דס"ז ע"ג – כי הנה אין הזכר העליון נתעורר לזווג, רק עד אחר שהנוקבא עליונה תתקשט ותכין עצמה לזווג, ותמצא חן בעיניו, ואז הוא מתעורר להזדווג עמה, שאם לא כן הנה הוא עסוק תמיד למעלה לקבל שפע ולינק מאמו, ואינו רוצה לתת מהשפעתו לזולתו, עד אשר הכלה העליונה תעדה כליה ותקשט עצמה, ואז יזדווג עמה ומשפיע, בה ונודע כי קשוטי כלה העליונה הם הנשמות הצדיקים העולין בה בבחינת מ"ן, והם גורמין לזווג עליון.

שיר השירים רבה א' כ"ד – אמרו ישראל לפני הקדוש ברוך הוא, רבונו של עולם, **כלום האשה מתקשטת אלא לבעלה**. אמר רבי יהושע בן לוי, להוטים היו ישראל אחרי שכינה, כמה דאת אמר - יבא דודי לגנו, לגינונו.

208

רחובות הנהר ד"ג ע"א – והנה אחר שבירת הכלים דמלכים דאצילות, שהוא החיה דכל פרט, וירידתם לבי"ע שהוא הנר' דכל פרט, נתגלו ונפרדו מהם הקליפות. וכאשר רצה המאציל העליון להעלות הכלים הנזכרים עם האורות דרפ"ח שנשארו בהם, למ"ן להשלים בירורם ותיקונם, ולהוציא התשע ספירות העליונות דב"ן החסרים מכל פרט, אשר עדיין לא יצאו, ועשר ספירות דמ"ה על ידי זווג דע"ב וס"ג דא"ק. **ונודע כי אין זווג בעולם זולתי על ידי העלאת מ"ן מן התחתונים.**

209

כלל – אין זיווג בעולם בלי העלאת מ"ן מן התחתונים.

עַל יְדֵי הַמַּאֲצִיל יתברך, בְּסוֹד[210] כַּד סָלִיק בִּרְעוּתֵיהּ. וְאַחֲרֵי שֶׁהַנּוּקְבָא מַעֲלָה מ"ן לְז"א, ז"א מוֹרִיד אֶת טִפַּת הַמ"ד עַל יְדֵי שֵׁם מ"ה שֶׁבְּז"א כַּנּוֹדָע[211].

וְהָעִנְיָן[212] שֶׁמ"ד שֶׁהִיא צ"ל הוּא (נ"א הוּא) הַטִפָּה הַבָּאָה בְּזִווּג לְהוֹצָאַת נְשָׁמוֹת חֲדָשׁוֹת, וז"א אֵינוֹ מוֹרִיד אוֹתָהּ אֶלָּא ל"ג עַל שֵׁם אֶלָּא צָרִיךְ לִגְרוֹס עַל יְדֵי הַזָּכָר שֶׁהוּא שֵׁם מ"ה, וְהוּא בְחִינַת הַחָכְמָה דְז"א (נ"א ע"י שֵׁם הַנּ"ל דְמ"ה שֶׁהוּא שֵׁם הַחָכְמָה בְּז"א) שֶׁהוּא בְחִינַת הַחַיָּה שֶׁבּוֹ, וְאֵינָהּ[213] זוֹ הַחָכְמָה בִּבְחִינַת הָעִיבּוּר שֶׁלּוֹ, שֶׁהוּא בְחִינַת הַנֶּפֶשׁ שֶׁבּוֹ, אוֹ בִּבְחִינַת פַּרְצוּף הַיְנִיקָה שֶׁבּוֹ הוּא בְחִינַת הָרוּחַ שֶׁבּוֹ, אוֹ בְחִינַת פַּרְצוּף הַבִּינָה שֶׁבּוֹ, וְהוּא גַּדְלוּת א', שֶׁהִיא בְחִינַת הַנְּשָׁמָה שֶׁבּוֹ, רַק בְּחִינַת פַּרְצוּף הַחָכְמָה שֶׁבּוֹ, וְהוּא גַּדְלוּת ב' הַנִּזְכָּר שֶׁהוּא בְחִינַת פַּרְצוּף דְּפְנִימִיּוּת וְלֹא דְחִיצוֹנִיּוּת, וְהוּא בִּבְחִינַת חַיָּה דְז"א[214].

___

210

ע"ח ח"ב שט"ל דרוש ב' דס"ז ע"ב – והנה הזווג הראשון שהיה בעת בריאת העולם, היה על ידי נס בבחירתו יתברך וברצונו הפשוט, כמו שכתוב בזוהר פעמים רבות כד סליק ברעותיה למברי עלמא כו'. וצריך להבין על מה בכל פעם שמדבר בבריאת העולם, או בתחלת אצילות, מדבר בלשון זה כד סליק ברעותיה. אך הענין הוא באחד מב' פנים, והם ענין אחד והוא כי אי אפשר לאו"א שיזדוגו אם לא על ידי מ"ן שהם הזו"ן, שהם הבנים ראשונים שלהם, כי זהו ענין - ואדם אין לעבוד את האדמה, כי אין עבודה וזריעת האדמה שהיא נקבה העליונה, נעשית אלא על ידי האדם המעלה מ"ן. ואם כן בפעם ראשון שנברא העולם, לא היה אפשר להבראות, כי הרי עדיין לא היו זו"נ נבררין ועולין בבחינת מ"ן, ואם כן גם הזווג עליון לברא את העולם לא היה יכול להזדווג, **לכן עלה ברצונו הפשוט, ובבחירתו יתברך שאפילו בלתי העלאת מ"ן נזדווגו**, והאציל את עולמו, אמנם אחר שכבר נולדו זו"ן, אז משם ואילך אי עוד שום זווג למעלה רק על ידי העלאת מ"ן.

211

הגהות וביאורים)ח(– בשער מ"ן.

212

בית לחם יהודה ש"ו פ"ח – והענין שמ"ד שהיא הטפה דהוצאת נשמות חדשות אינו מוריד אותה אלא על ידי הזכר שהוא החכמה דז"א שהוא החיה שבו. כך צריך לגרוס. ר"ל דאין שם מ"ה הנזכר הוא עצמו בחינת הטפה גופה, כי הטפה היא משכת מחו"ג החדשים של הדעת, כמבואר בסוף פרק ז' ובריש פרק ח' דשער ט"ל, יעוין שם. אלא שם מ"ה הוא בחינת כלי ומלבוש שבו תתלבש טפת המ"ד דז"א, ומ"ה הנזכר הוא מוריד אותה לנוקבא, כמו שמבואר בדיבור הקודם. והמ"ה הוא חכמה דז"א, שהוא דכורא, כי החכמה הוא זכר, והבינה היא נקבה. ואמר דהוצאת נשמות חדשות וכו', לפי שנשמות חדשות שלא נבראו עדיין בעולם, אינם יוצאים **כי אם על ידי פרצוף הפנימי, הנקרא חיה**, אבל זווג הפנימיות דחיצוניות אינו כי אם לחדש נשמות הישנות שכבר נבראו, וגם לצורך חיות העולמות, כמבואר בסוף פרק ג' ובסוף פרק ו' דשער טנת"א, ובפרק א' דשער ט"ו, יעוין שם.

213

בית לחם יהודה ש"ו פ"ח – ואינה זו החכמה בבחינת עיבור או יניקה. לפי שגם בעי"מ דחיצוניות יש ג' כלים, כמו שמבואר לעיל בד"ה או אפשר לומר וכו'. ולכן אמר שאין חכמה זו בחינת החכמה דפנימיות דחיצוניות הנקראת נשמה, אלא היא החכמה דחיה דז"א.

214

הגהות וביאורים)ט(– נ"ב, כנודע בדרושי מ"ן כי שרשו הוא מג' ע"ב דנוצר חסד, שמשם רוחא דאימא דשביק בה אבא, ומשם שורש הרוחא דשביק ז"א בנוקבא.

הרב ז"ל מבאר את השם המעלה מ"ן. **וְהִנֵּה**[215] **נוֹדָע**[216] **כִּי שֵׁם ב"ן** שהוא יו"ד ה"ה ו"ו ה"ה **הַמַּעֲלָה** **מ"ן** שורשו האמיתי הוא לא מן הנוקבא עצמה, אלא[217] הזכר נותן לה אותו בזיווג הראשון בסוד שדי חד רוחא בגווה,

---

215

בית לחם יהודה ש"ו פ"ח – והנה נודע כי שם ב"ן המעלה מ"ן הוא בנימין. הוצרך לזה לפי שפירש בחינת הכלי דמ"ד, שהוא שם מ"ה, משום הכי פירש נמי כלי המעלה מ"ן דנוקבא, שגם הוא צריך להיות מבחינת חיה דאבא, דאם לא כן היאך תוכל הנוקבא להוליד להוצאת טפה דהוא גם היא טפה דהוצאת נשמות חדשות. וקאמר והנה נודע כי שם ב"ן המעלה מ"ן הוא בנימין, שהוא בחינת הכלי דמ"ן, כמבואר בסוף פרק ו' דשער כ"ט, ובסוף פרק ז' דשער ט"ל, ובסוף פרק ז' דשער מ' יעויין שם. ושרשו דכורא משם ע"ב דיודי"ן. כמבואר באורך בפרק י' דשער ט"ל יעויין שם. ולאפוקי כלי אחר המעלה מ"ן גם כן שהוא נעשה מן הבירורים דז' מלכים, כנזכר בפרק ב' דשער כ"ט, יעוין שם. שאותו כלי הוא מעלה מ"ן לצורך הנשמות הנעשים מהבירורים, ולא לבחינת נשמות חדשות כדהכא. ועיין בדברינו בסוף פרק ו' דשער תנ"א, ד"ה כי הנשמות וכו'.

216

שער בפסוקים, פרשת וירא – ונתחיל בענין בחינת בנימין, הבא מזווג תחתון דיסוד ביסוד. ובו יתבאר דרוש של מ"ן מה עניינו באורך. הנה נודע כי בעת הזיווג, נותן הזכר טיפת מ"ד. והנקבה נותנת טיפת מ"ן, ומשניהם נוצר הולד ההוא. גם נודע מה שכתוב בסבא דמשפטים, ענין ההוא רוחא דיהיב בה בעלה בביאה קדמאה. גם נודע מה שאמרו חז"ל, אין האשה מתעברת מביאה ראשונה, גם נודע מה שאמרו חז"ל, אין האשה כורתת ברית אלא למי שעשאה כלי. וביאור כל המאמרים אלו, הוא באופן זה, דע, **כי ענין כלי המעלה את המ"ן** **של הנקבה, היא ההוי"ה דמלוי ההי"ן, שהיא בגימטריא ב"ן. ועל ידי הוי"ה זו אשר בה, היא מעלה** **את המ"ן בעת הזווג, כדי להוליד בנים**. והנה טעם לזה הוא, כי זאת ההוי"ה היא בחינת נפש הנקבה, ולכן הוי"ה זו היא לעולם במלכות כנודע, או בעולם העשיה, הרומזת אל המלכות. והוי"ה זו הפנימיות והרוחניות של הנקבה, ונקראת נפש שלה. וכל זמן שאין בה בחינת נפש, הנה היא טריפה, ואינה יולדת. **והנה אין נפש זו** **נכנסת בה, אלא על ידי בעלה**, כנודע כי כל אורות הנקבה, אינה ניתנות בה, אלא על ידי בעלה. ולכן אינה נכנסת בה, עד שיזדווג בה בעלה בביאה ראשונה, ואז נותן בה הנפש ההיא, שהיא בחינת אור הנפש של הכלי, ולא בחינת כלי עצמו. ואל הנפש הזו היא שנקרא בסבא דמשפטים, **רוחא דיהיב בה בעלה**, כי להיותה נמשכת מזעיר, **הנקרא רוח, נקרא רוחא, אבל אינו רק בחינת נפש, כי אורות הנקבה אינם נקראים אלא נפש** **כנודע**. ולקמן נרחיב בענין זה ע"ש. **ואחרי הנתן בה בביאה ראשונה נפש הזו, אז נשאר בחינתה ביסוד** **שבה, ועל ידו היא מעלה מאז ואילך מ"ן בשאר הזוווגים**. באופן כי מ"ן היא בחינה אחת, והאי רוחא היא בחינה אחרת המעלה אותם. וזהו טעם, שאין האשה מתעברת מביאה ראשונה. גם מה שאמרו חז"ל שבביאה ראשונה עושה אותה כלי. והענין הוא, כי בביאה ראשונה נותן בה נפש זו, ואז נגמר תקונה, וכבר היא יכולה משם ואילך להעלות מ"ן בשאר הזווגים, להוליד בנים. אבל עתה ניתן בה הנפש הזאת, ונעשה ביסוד שלה כלי גמור, להיות בה בית קיבול, לקבל טיפת ההזרעה משם ואילך. ולכן אינה מתעברת באותה הביאה הראשונה, כי אז נעשה אור הכלי, ומשם ואילך תעלה מ"ן, ותתעבר ותוליד בנים. ובזה תבין ענין נפש האדם הזכר, הבאה לו מן המלכות שהיא נקבה כנודע, כי בהיותו נוצר בתוכה, ניתן בו כח הנפש הזאת של אמו, ועל ידה נוצרת נפש הולד בהיותו במעי אמו, וכשנולד נכנסת הנפש הזאת בקרבו תכף ומיד, כנודע. וצריך שנבאר בחינת הנפש הזאת הנקראת רוחא דשבק בה בעלה כנזכר, כי הרי איך אפשר שעתה יכנס הנפש שבה בביאה ראשונה, והרי מעת שנאצלה יש בה נפש. והענין הוא זה, דע, כי תרין עיטרין שיש בדעת דז"א שהם חו"ג, והם שתי הויו"ת, הוי"ה דמ"ה דאלפין, היא עטרא דחסדים. והוי"ה דב"ן דההי"ן, היא עיטרא דגבורות. ונודע, כי תרין עיטרין אלו, הם עיטרא דחסדים לצורך הגדלת ז"א עצמו, שהוא הוי"ה דמ"ה. ועטרא דגבורות, לצורך הגדלת נוקביה, שהיא הוי"ה דב"ן. וחלקה נמשכת לה על ידי בעלה כנז"ל, ולכן החמשה חסדים מתפשטים בגופא דזעיר. וחמשה גבורות הם יורדות ביסוד שלו, ואז עדיין נוקביה עומדת עמו אחור באחור מן החזה ולמטה, והדעת שלה מכוון כנגד היסוד דזעיר כנודע, והארת אותם הגבורות עוברות דרך מחצית כלי יסוד דזעיר לחוץ, ונכנסת דרך מחצית כלי הדעת דנוקביה, ועל ידי כך מתפשטים אותם הארות דגבורות בגופה, ונגדל פרצופה, על דרך הגדלת פרצוף זעיר על ידי החסדים. ואחר שנבנבה פרצופה, חוזרת פנים בפנים, והם מזדווגים יחד, ואז נותן בה ה' הגבורות עצמם, שהיו ביסוד שלו, וניתנים ביסוד שלה בביאה ראשונה, ואלו

81

נשארים שם תמיד, והם החיות שלה, ונפש שלה. אבל מה שנגדל פרצופה בתחלה, לא היה אלא על ידי הארתם בלבד, אבל עתה הם עצמות הגבורות ממש כנזכר. ובחינה זו נקראת רוחא דשבק בה בעלה בביאה ראשונה. והנה אלו הגבורות הראשונות נשארות שם תמיד, כעין שאור המחמץ את העיסה, והוא, כי הנה כאשר חוזרים ומזדווגים פעם אחרת, **אז האי רוחא מעלה בה את המ"ן לקבל מ"ד, ומשניהם נוצר הולד כמו שנבאר**. ולכן נבאר עתה בחינת המ"ן עצמם מה עניינם. דע, כי עם היות שכבר לקחו זו"ן אלו התרין עיטרין כנזכר, בעת שנאצלו בבריאת העולם, ונודע, כי כל בחינת המשכת טיפת הזרע בעת הזיווג, הוא מתרין עיטרין אלו אשר בדעת כנודע, כי לכן נקרא הזיווג בלשון ידיעה, כמו שאמר הכתוב - וידע אדם עוד את אשתו, להורות כי מן הדעת נמשכת טיפת הזיווג. אבל עם כל זה, אותם תרין עיטרין הראשונים שלקחו כשנאצלו, היו לצורך תיקון הגדלת פרצופם עצמם, כי אף גם הזיווג דביאה ראשונה, היה לתת בה בחינת נפש וחיות שלה כנזכר, אבל להוליד בנים, צריך שיחזרו לקחת עוד מחדש תרין עיטרין כיוצא בהם, בכל זווג וזווג, כדמיון האדם שאף על פי שיש בו מוח הדעת, צריך שתמיד יאכל, ועל ידי כך יתחזק המוח שלו, ואז יוכל להמשיך ממוחו טיפת זרעית להוליד בנים, ואם לאו, יחלש מוחו וימות. וכנודע, שאם יזדווג האדם כמה פעמים רצופות זו אחר זו, יחלש כח ההזרעה ותהיה טיפת דם חלושה מאד, בלתי ראויה להוליד, וגם מוחו עצמו יחלש. ואם ירבה יותר על הראוי, אפשר שימות מרוב תשמיש כנודע, וכמו שכתב הרמב"ם ז"ל הלכות דעות. והנה גם זו"ן, אף על פי שבעת אצילותם נתקן מוח הדעת שלהם, שהם תרין עיטרין הראשונים, על כל זה צריכים להתמיד, ולקבל כח חדש נוסף, כדי שיזדווגו ויולידו בנים.
217

ע"ח ח"ב שט"ל דרוש ז' דע"ב ע"ב – והנה נודע כי זו"ן כשמזדווגין יחד, זה ניתן מ"ד, והיא נותנת מ"נ. ונודע מה שאמרו רז"ל - **אין האשה כורתת ברית אלא למי שעשאה כלי**. וגם אמרו רז"ל - **אין האשה מתעברת מביאה ראשונה**. גם נודע מה שכתוב בסבא דמשפטים שבביאה ראשונה שהאדם בא באשתו, שדי חד רוחא בגווה. ופירוש הדברים הם כך, שכבר נודע שאין הנוקבא לוקחת שום אור, אלא על ידי ז"א, ונודע שב' עטרין הם בדעת ונקרא חו"ג, והם שם מ"ה ו-ב"ן, ואף על פי שבהיות הנוקבא אחור באחור עם ז"א, אינה יכולה להתתקן וליעשות פרצוף, אם לא על ידי שנותנין לה עטרא דגבורות, שהם החמשה גבורות, עם כל זה אינה לוקחת החמשה גבורות גבורות עצמן, רק הארתן עוברת דרך האחוריים דז"א, שהרי ה' גבורות ירדו אחר כלות החסדים, ועמדו ביסוד דז"א, ומשם עברה הארתן אל הנוקבא. אך הגבורות עצמן אי אפשר שתקבלם אם לא על ידי זווג ממש בביאה ראשונה דבעל עמה, ואז הם יוצאין לגמרי מן יסוד שלו, וניתנין ביסוד שלה, **ואלו נשארין בה תמיד שם**, והם חיותה, והם נקרא נפש המלכות, ולפי שעצמותה שלה לא נעשה רק מהארת שלהם בלבד, לכן עדיין לא היתה ראויה לילד, כי אין האשה ראויה לילד אלא אם כן תהיה שלימה, שאם היא חסרה אינה יולדת. ואמנם כל השלימות אינו אלא עד שיהיה בה כל החמשה גבורות גבורות עם אלו שהם שם ב"ן הנ"ל, כי זה ממש נפש של הנוקבא כנודע, כי שם ב"ן הוא בנוקבא דאצילות, וכן הוא בעולם עשייה הנקרא נפש של ב"ן, לכן על ידי שם זה נוצר נפש של האדם תחלה, וזהו הבא לאדם בעת צאתו ממעי אמו, ששם זה הוא פנימית ורוחניות עולם הנוקבא, **ואין נפש זה של הנוקבא העליונה נותן בה עד ביאה ראשונה דבעלה עמה**, ואז נותן בה הנפש הזו, ועל ידי כך נשאר נפשה הזאת ביסוד שלה. **ושם ב"ן הזה הוא המעלה אחר כך כל המ"ן דשאר הזווגים דמאז ואילך**. וזה הטעם שאין האשה מתעברת מביאה ראשונה, כי ביאה ראשונה עושה אותה כלי, לקבל טפת הזרע, ואחר שקבלה הכלי ההוא בביאה ראשונה, אז משם ואילך תתעבר ותקבל טפת הזרע בזווגים אחרים. ושם ב"ן הזה שהוא הנפש שלה, שהם החמשה גבורות גבורות עצמן כנ"ל, הם נשארים תמיד שם ביסוד שלה לשורש, כדמיון השאור אל העיסה, וזהו ענין רוחא דשביק בה בעלה בביאה קדמאה.

פרי עץ חיים, שער ראש השנה, פרק ג' – הענין כי הלא אין אשה מתעברת מביאה ראשונה, גם ארז"ל, אין אשה כורתת ברית אלא למי שעשאה כלי, פירוש שמן ביאה ראשונה עושה אותה כלי, לקבל טפת הזרע, ואחר שקבלה הכלי ההוא בביאה ראשונה, אז משם ואילך תתעבר ותקבל טפת הזרע בזווגים אחרים. ושם ב"ן הזה שהוא הנפש שלה, שהם החמשה גבורות גבורות עצמן כנ"ל, הם נשארים תמיד שם ביסוד שלה לשורש, כדמיון השאור אל העיסה, וזהו ענין רוחא דשביק בה בעלה בביאה קדמאה. **ואלו הם נשארין בה תמיד, בסוד שם ב"ן, דההוא רוחא דשדי בגווה, ובכחם מעלה מ"ן תמיד בשאר הביאות**, ויש שמה מקום לקבל הטיפה, ולצייריה בצורת ולד, ואם לא היתה אותה כלי, היו כל הטפות הולכות לבטלה, ולכן אין אשה מתעברת מביאה ראשונה, כי אותה הטיפה עושה כלי, ואין וולד מצטייר עד שיהיה בה בחינת כלי.

כדי לעשותה כלי[218], כדי שתוכל להתעבר, כי היא לא יכולה להתעבר מביאה ראשונה[219] עד שבעלה נותן בה את בחינת חד הרוחא בגווה, **הוא** נקרא **בנ'מין**[220] ר"ל **ב"ן ימי'ן**, שם ב"ן הבא מצד ימין[221], ר"ל שם ב"ן הבא מצד ימין שהוא הזכר, בערך הנוקבא הנקראת שמאל, **ואפילו** ששם ב"ן הוא בחינת נוקבא, עם כל זאת **שרש'ו**[222] של שם ב"ן זה הוא **דכורא** והוא **משם ע"ב דיוד'ן** וזה נרמז בתורה הקדושה[223] שדווקא **אביו** ר"ל אבא עילאה הוא קרא לבנימין את שמו, **שהוא זזכמה** והוא כללות אבא, והוא מוחין דחיה, **ושם ע"ב הוא**[224] **כמנ'ן זזסד** גימטריא ע"ב[225], והיא טיפת ההזרעה, **(והנה הזזסד שבע"ב)** וחכמה גימטריא חסד ע"ה, והנה

---

[218]

גמרא סנהדרין כ"ב ב' – אמר רב שמואל בר אוניא משמיה דרב, אשה גולם היא, **ואינה כורתת ברית אלא למי שעשאה כלי**, שנאמר - כי בועליך עושיך הוי"ה צבאו"ת שמו.

[219]

בראשית רבה, פרשה מ"ה ד' – ויבא אל הגר ותהר, רבי לוי בר חייתא אמר מביאה ראשונה נתעברה, אמר רבי אלעזר, לעולם אין **האשה מתעברת מביאה ראשונה**, והכתיב - ותהרין שתי בנות לוט מאביהן, אמר רבי תנחומא, שלטו בעצמן, והוציאו ערותן, ונתעברו **כמביאה** שניה.

[220]

הגהות וביאורים)י**(** – ר"ל בנימין פירוש בן ימין, כי ב"ן הוא בן המלכות, והוא ימין, כי בא מצד הזכר בבריאה קדמאה. כי הדוכרא נקרא ימין, סוד החסד, והנוקבא נקרא שמאל, סוד סטרא דגבורה. ואמנם כל הצדיקים שהיה מעלים מ"ן, נקראים על שם בנימין, שהוא צדיק תחתון, ויוסף נקרא צדיק עליון (ע"ה כתב יד).

[221]

ימין הוא צד הזכר בערך הנקבה הנקראת שמאל.

[222]

בית לחם יהודה ש"ו פ"ח – ושרשו דכורא משם ע"ב דיודי"ן. כמבואר באורך בפרק י' דשער ט"ל יעוין שם. ולאפוקי כלי אחר המעלה גם כן מ"ן, שהוא נעשה מן הבירורים דז' מלכים, כנזכר בפרק ב' דשער כ"ט, יעוין שם. שאותו כלי הוא מעלה מ"ן לצורך הנשמות הנעשים מהבירורים, ולא לבחינת נשמות חדשות כדהכא. ועיין בדברינו בסוף פרק ו' דשער תנ"א, ד"ה כי הנשמות וכו'.

[223]

בראשית ל"ה י"ח - ויהי בצאת נפשה כי מתה ותקרא שמו בן אוני **ואביו קרא לו בנימין**.

[224]

בית לחם יהודה ש"ו פ"ח – והוא כמנין חסד. פירוש כי ע"ב גימטריא חסד. וגם חסד ע"ה גימטריא חכמה. והוצרך לזה כדי לפרש תיבת בנימין לשני מלות ב"ן ימי"ן, שר"ל שנקרא שם ב"ן והוא ימין, שהוא חסד גימטריא ע"ב.

[225]

יוצא כי לעולם הטיפה הזרעית הם שם ע"ב, וכאשר הטיפה הזאת מגיעה לז"א, ז"א צריך לתקן את הנוקבא. וצריך לתת חלק מטיפה זאת אליה. הרב ז"ל מבאר בשער ט"ל כי שם ע"ב הזה נחלק לב' שמות ב"ן, אחד לז"א ואחד לנוקבא, כך שז"א לוקח חלק לו ונותן חלק לנוקבא.
תרשים ח – ל"ח.
ע"ח ח"ב שט"ל דרוש י' דע"ה ע"ד – ואמנם כשעולה אחור באחור באצילות, אז ניתן לה כלי הנ"ל, והוא כי הנה אותו הרי"ו (צ"ל ע"ב) שלקח מאמא בדעת שלו, שהוא ד' יודי"ן נחלק לב' ונעשית ב' שמות ב"ן כי כל יו"ד דמילוי נחלק לב' ההי"ן ונשלם בו ב"ן, וב"ן בה נזכר, עיין שם מאד. נמצא כי האי רוחא נחלק לב' רוחין, חצי בדעת שלו, וחצי בדעת שלה, ונמשך עד היסוד שבה, בסוד כלי. ועיין מאד איך כל זה הרוחא הוא סוד בחינת מוחין.
שמן ששון ח"ב שט"ל פ"י אות ל"ז – מה שכתב שהוא דיודי"ן נחלק לב' וכו', צריך לגרוס שהוא דיודי"ן נחלק וכו', **טעות סופר נפל** ועיין בספר עולת תמיד דף ס"ד, ופירשו הוא **דנחלק דוקא הב' יודי"ן דמילוי**

בחינת חסד זה שבשם ע"ב הוא **יכול להעלות מ"ן לצורך זווג אבא ואימא, וזה**[226] הכח

שהוא סוד הטיפה שלו **נמשך אל הז"א מאבא, שהוא זחכמה** והוא בחינת מוחין דחיה, לכן

נקרא[227] **רוזא** דשביק בה, ולא אמר **נפשא** דשביק בה, **כי** היה צריך לתת לנוקבא את בחינת הנפש בזיווג

הראשון לעשותה כלי, והנפש הוא שורשה, אבל ז"א נותן לא את בחינת הרוח, שהוא בחינת דוכרא, כדי שבחינה הזאת

תעלה מ"ן, לכן הבחינה הזאת שנותן ז"א בנוקבא **הוא זכר ממש, שהוא בזויגת רוזז, שהוא**

ז"א.

[ד"ל ע"א 59] הרב ז"ל ביאר לעיל[228] כי בחינת החיה היא אור מקיף לפרצוף, ובתוך הפרצוף מתלבשים בחינות הנר"ן,

כאשר[229] המוח הוא מדור לנשמה, ועליו מקיף דנשמה דחיה. הלב מדור לרוח, ועליו מקיף דרוח דחיה. והכבד הוא מדור

לנפש, ועליו מקיף דנפש דחיה. **והנה**[230] **הזכר**[231] הנזכר **במקום אזור** הוא **בזוינת הזויה** כלולה מג'

בחינות נר"ן פרטים, תחילה בחינת החיה נכנסת לתוך הפרצוף, ואין הפרצוף יכול לסבול את אור החיה, ויוצא[232] אור

ההי"ן, והם ד' אותיות והיו"ד וי"ו דמילוי וי"ו מצטרף עם הדל"ת דמילוי יו"ד ראשונה, ונעשה יו"ד אחד
דב"ן, נשאר וי"ו אחד דמילוי לוי"ו דב"ן הרי שם ב"ן.
226

בית לחם יהודה ש"ו פ"ח – וזה נמשך אל הז"א מאבא שהוא חכמה. כמבואר בריש פרק י' דשער ט"ל,
שכתב שדעת דאבא הוא הוי"ה דע"ב, וכשמזדווג עם אימא בביאה ראשונה כדי לעשותה כלי, נמשכת הטפה
מהוי"ה דע"ב שבדעת אבא עד היסוד שבו, ואבא נותנה ביסוד אימא בסוד רוחא דשדי בגווה, ועל ידי שנה"י
דאימא מתלבשין בחב"ד דז"א בסוד מוחין, אז לוקח הז"א בחינת הכלי דאימא שהוא ע"ב הנזכר, וגם הוא נתנו
בנוקבא בביאה הראשונה, כדי לעשותה כלי, יעין שם בבאורו.
227

בית לחם יהודה ש"ו פ"ח – לכן נקרא רוחא כי הוא זכר ממש. פירוש שהוא נמשך מז"א, שהוא רוח לכן
אמר בזוהר משפטים רוחא דשדי בגווה, ולא אמר נפשא דשדי בגווה. ואפשר שהיא ג' אותיות צלם דאבא.
כלומר ומה שנחלקת לג' בחינות נר"ן, אפשר שהוא כנגד ג' אותיות של צלם דאבא.
228

ע"ח ש"ד פ"א מ"ק די"ז ע"ג – והנה העינים שהם סוד ראיה, שהיא החכמה, הוא סוד נשמה לנשמה, בסוד
חכמה. ודע כי נר"ן מתלבשים תוך פנימיות הכלים שהוא הגוף. אך הנשמה לנשמה אין יכולת בגוף האדם
לסובלה, ונשארת מבחוץ בסוד אור מקיף. וכשהוא מקיף את המוח מדור הנשמה, אז הוא בחינת מקיף אל
הנשמה. וכשהיא מקפת את הלב, שהיא מדור הרוח, אז הוא בחינת מקיף אל הרוח, וכשהיא מקפת לכבד, מדור
הנפש, אז הוא מקיף לנפש. כי כמו שיש ג' בחינת אלו שהם נר"ן, כך הנשמה לנשמה צריך שיהיה בה בחינת ג'
אלו כולם בסוד אור מקיף.
229

תרשים ח – ל"ז.
230

הגהות וביאורים)א(– טעות סופר, וכך צריך לגרוס - והנה, במבוא שערים ש"א ח"ב פ"ב הזכיר בחיה,
שהוא ג' מקיפין נר"ן כו'. עיין שער אח"פ פרק א'.
231

בית לחם יהודה ש"ו פ"ח – והנה הזכר הנזכר בחינת חיה. הוא תשלום דבריו שכתב לכן נקרא רוחא, כי הוא זכר
ממש וכו', ועל זה מסיים והנה הזכר הנזכר הוא בחינת חיה. וכלומר ונמצא שגם הכלי המעלה מ"ן דנוקבא
עיקרו הוא מאבא, שהוא בחינת חיה, כמו כלי המ"ד דז"א הנמשך ממ"ה דאבא שהוא חיה.
232

ע"ח ח"ב שמ"ה פ"א מ"ת דק"א ע"ד – ענין המקיפין של האצילות, דע כי ראשונה יצא מן א"ס אור גדול,
ונחלק לב' חלקים, **אחד יצא ונכנס בסוד אור פנימי, ומה שלא היה יכול להכנס ולהצמצם מרוב גדלו**

זה דרך השערות הראש בסוד אור חוזר, וכל אחד מהבחינות הפרטיות **שֶׁל** הנר"ן דחיה **הוּא**[233] מקיף פרטי לאחד מבחינות הנר"ן הפנימיים, כך שג' **מַקִּיפֵי נֵר"ן** דחיה הם מקיפין לג' בחינות הנר"ן הפנימיים, נשמה דחיה מקיף לנשמה הפנימית, רוח דחיה מקיף לרוח הפנימית, ומקיף דנפש דחיה הוא מקיף לנפש הפנימית, **וְאֶפְשָׁר**[234] **שֶׁהוּא ג' אוֹתִיּוֹת צֶלֶ"ם דְּאַבָּא כַּנַּ"ל,** מ' דצל"ם כנגד חב"ד, והוא בחינת הנשמה דחיה המקפת על בחינת הנשמה הפנימית. ל' דצל"ם כנגד חג"ת, והוא בחינת רוח דחיה המקפת על הרוח הפנימית. וצ' דצל"ם כנגד נה"י, והוא בחינת נפש דחיה המקפת על הנפש הפנימית, יוצא לפי זה כי לנר"ן הפנימיים שהם בחינת אחור, יש מקיפין פנימיים שהם פנים דאחור. עם כל זאת בחינת החיה הכללית נקראת פנים בערך כל האורות הפנימיים והמקיפים המתלבשים בתוך הפרצוף.

נשאר בחוץ בסוד אור מקיף, כמבואר בדרוש א"ק. וזה האור המקיף הוא המקיף לכל האצילות כולו, כי הלא גם הכתר שהוא עתיק וא"א כנודע, הם מתפשטים בכל האצילות, כמבואר אצלינו. והנה אור מקיף זה הוא בסוד אור ישר מלמעלה למטה, **ואמנם אור שנכנס בסוד אור פנימי גם הוא אין יכולת בכתר לסבול את כולו, ולכן חלק אחד ממנו נשאר עומד בפנים של הכתר, וחלק אחד ממנו יצא ממטה למעלה אחר שנכנס ונתפשט בתוכו, חוזר לעלות וייוצא דרך השערות,** ואלו הם סוד בחינת השערות אשר בראש, שהם צינורות והמשכות של זה האור היוצא, ובצאתו מן השערות בסופי צנורותיהן, שהם סופי צנורותיהן, **אז הוא בחינת אור מקיף, עלה ממטה למעלה, ונקרא אור חוזר.** הרי נתבאר ב' מיני אורות מקיפין, אחד אור ישר, ואחד אור חוזר, אלא שהאור הישר הוא כולל לכל אצילות כולו, ומקיף כולו. **ואמנם אור המקיף החוזר, הוא מקיף אל פרטי הכתר לבדו,** ולא אל שאר אצילות. ואם תשאל אם כן מאחר שסוף האור הזה לצאת אחר כך בסוד אור מקיף, לפי שלא היה יכול הכתר לסובלו בתוכו כולו, אם כן מה טעם נכנס בתחלה, והיה לו ליישאר בסוד המקיף כמו הראשון שלא נכנס כלל. והתשובה הוא כי אחר שכוונת המאציל היה לשיהיה בחינת ב' מקיפין, אחד בסוד מקיף לכל אצילות כולו, אור ישר בבחינת יחידה, ומקיף אחד לכתר בבחינת אור חוזר, סוד חיה, שנכנס בפנים ובחוץ. וכבר נודע בדרוש א"ק כי בכל הפרצופים שמטבור ולמטה דא"ק, אי אפשר להיות רק ב' מקיפים לבד, לכן היה מוכרח תחלה לכנוס בבחינת אור פנימי, לפי שאם בתחלה היה נשאר בחוץ, ולא היה נכנס, הנה היה אורו גדול מאד, והיה מתפשט גם הוא עד סוף האצילות כולו, כמו שעשה מקיף הראשון. ועתה אשר נכנס בפנים ונתפשט ממעלה למטה, ואחר כך חוזר להתפשט ולעלות ממטה למעלה, ואחר כך חוזר ומתפשט מלמעלה למטה מבחוץ, בסוד אור מקיף, נמצא שעל ידי כך נתמעט אורו, ואינו מקיף רק אל הכתר לבדו. וזה סוד המקור של מעין, כי כפי גובה המקום ומוצא המקור שממנו יצאו המים תחלה, כפי ערך גובה זה, יכולין לעלות, ואף על פי שירדו בעומק במאד מאד, יכולין לעלות אל שיעור גבהו הראשון שממנו יצאו, כנראה בחוש הטבע. וכן היה הענין כאן כי אחר אשר האור הזה נכנס וחזר לעלות, אין בו כח לעלות רק עד ראש הכתר בלבד, אשר הוא נעשה מקום המקור של האור הזה, ועל כן אין יכול לעלות עד א"ס, משאין כן אלו לא נכנס תחלה אור זה בכתר, שאז אור זה יכול לעלות יותר ולהדבק במקורו הראשון, שהוא הא"ס, והיה אורו רב, והיה יכול להתפשט עד סוף אצילות.

233

בית לחם יהודה ש"ו פ"ח – שהוא ג' מקיפי נר"ן. כי החיה העולה מדרך השערות, בסוד אור חוזר, היא נחלקת לג' מקיפין, והיא מקפת מבחוץ על ג' נר"ן שבפנים, משאין כן היחידה שאינה נחלקת, כמבואר בפרק א' דשער אח"ף, יעוין שם. ואף על פי דחיה הנזכרת היא מלובשת בפנימיות הנה"י דאימא, ונה"י דאימא נכנסה תוך ז"א, כמו שמבואר לעיל, בד"ה - וזה נמשך וכו', ואם כן היאך קרי לחיה הנזכרת לעיל בחינת ג' מקיפי נר"ן, שהם מבחוץ לכלים, לא קשיא מדי, כי אחר שנכנסת תוך ז"א, חוזרת וייוצאה מדרך שערי רישא, בסוד אור חוזר ונעשית מקיף, כמבואר בהדיא בסוף פרק ג' דשער מ"ב, יעוין שם.

234

בית לחם יהודה ש"ו פ"ח – ואפשר שהיא ג' אותיות צלם דאבא. כלומר ומה שנחלקת לג' בחינות נר"ן, אפשר שהוא כנגד ג' אותיות של צלם דאבא.

הגה"ה זאת היא מספר קהילת יעקב, והוא מ"ב. הגה"ה זאת בעצם שיכת לדכ"ט ע"ג, ושם צריך ללמוד אותה. וכך הוא בספרי ע"ח הישנים[235], רק שבספר ע"ח דפוס ירושלם משנת עת"ר משום מה היא כאן.

הגה"ה[236][237], ספר הזהר הקדוש מבאר כי יש בחינת זיווג של אחור שממנו נולדה נשמת אדם הראשון, עם כל זאת מבאר הרב ז"ל בפרקין כי לעולם אין זיווג אחור באחור, **וזווג אזור באזור** הנזכר בזהר הקדוש **אינו כפשוטו** ר"ל שזו"ן מזדווגים אחור באחור, **רק דע פירושו כי**[238] סיבת **הזיווג**[239] **הוא** כדי לתקן את שבעה המלכים דמיתו, והוא נעשה על ידי **שהזכר מוליד ומוריד מ"ד**, וירידת מ"ן זה נעשה אחרי **שהנוקבא מעלה מ"ן של הבירורין** דניצוצי הקדושה דכלים ורפ"ח שירדו לבי"ע עם האורות שירדו להחיות אותם. וכאשר הנוקבא מעלה את בחינת הברורים אלו[240] שהם בעצם חומר גלם דמוחין וצלמים, עולים בחינות המ"ן האלו מז"ון לישסו"ת, ומשם לא"א ונוקבא דליה, ומשם לעתיק ונוקבא דליה, ממדרגה למדרגה עד[241] רום המעלות, ומזדווגים ע"ב וס"ג דא"ק, וייוצאים דרך העינים דא"ק תשלום עשר הספירות דב"ן

235

תרשים ח – ל"ח.
236

כרם שלמה ש"ו פ"ח אות י"ח – ההגהה הזאת כבר מבוארת לעיל בפירקין, אלא שלעיל מבוארת בקיצור, וכאן הוא יותר באורך. ומקומה האמיתי הוא בשער ט"ל פרק א'. ובעל ההגהה העתיקה מלקמן.
237

הגהות וביאורים)ב(– עיין שער ט"ל פרק א', ספר כתב יד.
238

כרם שלמה ש"ו פ"ח אות י"ח – מה שכתוב כי הזיווג הוא שהזכר מוליד ומוריד מ"ד, והנוקבא מעלה מ"ן של ברורים. פירוש כי הזיווג האמיתי כשהם במקומם, והם פנים בפנים. פירוש זיווג הוא כי היא מעלה מ"ן, פירוש מן בירור הניצוצות שהם בתוך המלכים, ומה שעולה מהם לתוך היסוד דנוקבא דז"א, זהו נקרא מ"ן, והם גבורות. ומה שמוריד הזכר מלמעלה מן מ"ה החדש, ומן התשע ספירות דב"ן שעדיין לא יצאו, אלו נקראים מ"ד, וזהו זיווג האמיתי, וזהו דווקא כשעולה המ"ן השייך לחלק אותה הנוקבא. וכשיורד מ"ד השייך לאותו דוכרא, אז נקרא הוא זיווג במקומם, והוא כשיש להם מוחין דפנים, ועל ידם יכולים לחזור למטה במקומם פנים בפנים.
239

ע"ח ח"ב שט"ל דרוש א' דס"ה ע"א – ענין מ"ן מה ענינם, והנה נודע כי כמו שהאיש נותן מ"ד לאשתו, ונמשכין מן המוח שלו, כן גם כך מן האשה מן מוח שלה יורדין מ"ן ברחם שלה, ומאלו מ"ן ומ"ד הנמשכין מן המוח של הנקבה והזכר, מהם ממש נוצר הולד, שהם הנשמות. ואלו הם סוד ב' יודי"ן שיש בצורת א', כי י' עלאה הוא מוח זכר, וי' תתאה מוח נוקבא, ואות ו' בנתיים הוא חד פריסא דאתפרס, הנזכר בזוהר. וי' עילאה מ"ד, ויורדין עד ההוא פריסא שהוא ו', וי' תתאה הוא מ"ן ועולין לגבי ההוא פריסא. והנה כל המ"ן הם גבורות, והם בחינת כל המלכים שמלכו בארץ אדום. והענין הוא כי כבר בארנו איך כל קדושת המלכים שמתו, ונתבטלו, ונתבררו ומן הסיגים, נעשה מהם ענין הקליפות כנודע, והטעם הוא כדי שיהיה בעולם בחירה, ורצון, ושכר, ועונש, וזה היתה כוונתו לברא מלכים אלו ולהמיתן, והבן זה.
240

תרשים ח – ל"ט.
241

שער הפסוקים, וירא ד"י ע"א – ודע, כי אין זו"ן מזדווגים שום זוג כלל, עד שבתחילה יזדווג או"א. וגם או"א אינם מזדווגים, עד שבתחילה יזדווג א"א מינ"ה וביה כנודע. וכן על דרך זה **עד רום המעלות, עד המאציל העליון הנקרא אין סוף.** ונמצא, כי בכל זווג תחתון דזו"ן, צריך שבראשונה יזדווגו הבחינות הראשונות המקבלות מא"ס. כי הא"ס לבדו יכול לחדש בכל יום תמיד אורות חדשים, אבל הנאצלים כולם, אין יכולת וכח בשום אחד מהם לחדש שום אור, עד שיקבלוהו תחלה מהא"ס. וממשיכים אותו בכל עת ממדרגה

החסרים, שהם ט' הספירות העליונות, וממצח דא"ק יוצאים עשר ספירות דמ"ה החדש. ועל ידי זיווג זה דע"ב וס"ג דא"ק נתקנים פרצופי האצילות אחד אחרי השני[242], תחילה פרצופי עתיק ונוקבא דליה, אחריו פרצופי א"א ונוקבא דליה, ואחר כך פרצופי או"א, פרצופי ישסו"ת, ואחרונים פרצופי זו"ן, כנזכר במטבע הברכה ובעוד מקומות,

וכשהם ר"ל זו"ן מקבלים מוחין דנשמה הבאים מישסו"ת הם **עדיין** עומדים **אזור באזור** מפחד החיצונים שלא יאחזו באחוריים המגולים שלהם, **ואין בהנוקבא עדיין כח לברר מ"ן** לצורך מוחין גדולות, **ואין ביסוד (נ"א בהיסוד) שלה מ"ן להעלות** כי רק כאשר היא מקבלת מוחין דפנים יש בה כח לברר את הברורים, ואז יש בה כח להתייחד עם ז"א, וכל עוד הנוקבא לא קבלה מוחין דפנים היא עומדת אחור באחור עם ז"א, **ואם כן איך יהיה הזווג** שזו"ן עומדים אחור באחור, כי כל זיווג מתחיל מעליית מ"ן[243] של הנוקבא.

ולזה צריך שיהיו שניהן עולין זו"ן למקום חיק **או"א עילאין** ששם אין חשש של אחיזת החיצונים, **ואז** שזו"ן נמצאים בחיק[244] או"א עילאין, הנוקבא לוקחת בהשאלה מ"ן מאימא, **והיא** ר"ל הנוקבא **מעלה מ"ן עצמה (נ"א עצמן) דבינה, והוא**[245] ז"א **מוריד מ"ד** שלקח בהשאלה מאבא. **ובהיותן שם** בחיק או"א עילאין ודאי שזוחזרין שניהם **פנים בפנים (נ"א פניהם) לצורך הזווג**[246] הפרטי שלהם, **כי אי אפשר** לזו"ן **להזדווג אם לא פנים בפנים, ובהיותן למטה** לפני שעלו זו"ן לחיק או"א עילאין, לא קיבלו **עדיין** מוחין דחיה, שהם מוחין דפנים, **ואין להם תיקון גמור, להיותן עומדין פנים בפנים**, לכן הם עומדים אחור באחור

<hr>

למדרגה, בבחינת הזווגים שלהם כנזכר. ואין כח בשום אחד מהנאצלים, רק מה שנתן להם לעצמם ולצרכם בעת שנאצלו, אבל לחדש אורות חדשים ולהוליד נשמות, אין בהם כח, עד שיקבלוהו מהאין סוף כנזכר. ואז ממשיכים השפע ההיא שקבלו מהא"ס, אל הבחינות שלמטה מהם, ואחר כך גם הם מזדווגים, והם ממשיכים השפע, אל אותם שלמטה מהם, וכן הדבר הולך ונמשך מזיווג אל זיווג, מן הבחינות הקרובות אל המאציל, עד זו"ן המקבלים השפע והכח מן או"א שלמעלה מהם, שקדמו להזדווג קודם שיזדווג הוא בנוקביה, וחזר להמשיך כח ושפע חדש מלמעלה, משורש התרין עיטרין שלהם, אשר למעלה למעלה, ונותנים אותם בסוד מוחין חדשים לזו"ן, ואז הם מזדווגים ומולידים בנים, על ידי שהוא ממשיך טיפת מ"ד, מן החסדים הראשונים שנמשכו לו בדעת שלו מחדש, וגם נוקביה נותנת טיפת מ"ן, ממה שנמשך לה מחדש בעיטרא דגבורה שבדעת שלה, ומב' טיפות אלו, נוצר הולד ברחם שלה.

242

תרשים ח – מ.

243

כלל – מ"ן הם המלכויות דב"ן שירדו לבי"ע. מ"ד הם עשר ספירות דמ"ה החדש שיצאים ממצח דא"ק, ותשלום תשע הספירות העליונות דב"ן שיוצאים מהעינים דא"ק.

244

תרשים ח – מ"א.

245

כרם שלמה ש"ו פ"ח אות י"ח – וזה שכתב והוא מוליד מ"ד, ובהיותם שם ודאי שחוזרים שניהם פנים בפנים לצורך זיווג, פירוש כי כן צריך לצורך הזיווג שיחזרו פנים בפנים. והטעם כמו שכתב אחר כך, כי אי אפשר להזדווג אם לא פנים בפנים.

246

הגהות וביאורים)ג(– שלהם ליתא בכתב יד, וכך צריך לגרוס - שלכן עלו.

מזימת[247] **הַקְּלִיפוֹת, שֶׁלֹּא יִתְאַחֲזוּ בָּהֶם הַחִיצוֹנִים בָּאֲחוֹרַיִים** המגולים שלהם **כִּנְזְכָּר** בתחילת הדרוש. **לָכֵן עָלוּ** זו"ן **לְמַעְלָה עַד אוּ"א** חיק או"א עילאין, **וְשָׁם חוֹזְרִים** זו"ן לעמוד **פָּנִים בְּפָנִים, כִּי אֵין שָׁם** במקום או"א עילאין **פַּחַד** מֵ**הַקְּלִיפוֹת** מפני שזו"ן קבלו בהשאלה מוחין דחיה, ומוחין[248] דחיה דוחים את הקליפות, **וְאָז שָׁם מִזְדַּוְּוגִים** זו"ן **עַל יְדֵי מ"ן דְבִינָה עַצְמָהּ שֶׁלְּקֻזֹּה הִיא** הנוקבא **בִּיסוֹד שֶׁלָּהּ, וּמַעֲלָה אוֹתָן** הנוקבא בסוד **מ"ן,** וזיווג זה דזו"ן בחיק או"א עילאין הוא כדי לתקן את היסוד של הנוקבא, ולתת בה כלי ורוחא. **נִמְצָא**[249] **כִּי כְּמֵעַט זִווּג זֶה** אינו נחשב כזיווג של זו"ן, אלא **הוּא** נחשב כזיווג **עֶלְיוֹן** של או"א, **וְאֵינוֹ נִקְרָא עַל שְׁמָם** של זו"ן, ונקרא **רַק עַל שְׁמָם** של **אוּ"א** עילאין, **שֶׁהֲרֵי עַל יְדֵי כָּזֶה מ"ן שֶׁלָּהֶם עַצְמָן** ר"ל של או"א הם ר"ל זו"ן **מִזְדַּוְּוגִים. וְאַחַר**[250] **שֶׁנִּגְמַר תִּקּוּנָם** של זו"ן ומקבלים מוחין דחיה למטה במקומם, אז חוזרים לעמוד **בִּבְחִינַת פָּנִים בְּפָנִים** מצד עצמם, **וִיכוֹלִין**[251]

247

כרם שלמה ש"ו פ"ח אות י"ח – ואם תאמר, למה עלו למעלה, והלא כשהיו הם למטה זו"ן יכולים לחזור פנים בפנים, והיו לקחים המ"ן דאימא כמו שלקחו אותם למעלה, ולמה הוצרכו לעלות למקום או"א. לזה כתב בהיותן למטה עדיין אין להם תיקון גמור, להיותם עומדים פנים בפנים מחמת הקליפות, שלא יתאחזו בהם החיצונים באחוריים כנזכר, פירוש הואיל והם חוזרים פנים בפנים מוכרח הוא להיות האחוריים שלהם מגולים, והואיל והאחוריים שלהם מגולים, יש אחיזה לקליפה כשהם עדיין למטה. ולזה כתב, לכן עלו למעלה עד או"א, ושם חוזרים פנים בפנים, כי אין שם פחד הקליפות, ואז שם מזדווגים על ידי מ"ן דבינה עצמה, שלקחה היא ביסוד שלה. ומעלה אותן בסוד מ"ן, והואיל והם עלו למעלה במקום או"א, ושם נזדווגו בכח המ"ן דבינה, לזה הזיווג דזו"ן נקרא על שם או"א.

248

ע"ח ש"ו פ"ב מ"ב דכ"ה ע"ב – ודע כי כאשר לא יש בפרצוף בחינת חיה פנימים, שהוא בחינת הטעמים, שנקרא מוחין, כי כל המוחין בסוד חכמה הוא שם ע"ב, אי אפשר להזדווג, ועדיין שאר האורות שיש לו, שהם נר"ן פנימית, נקרא אורות אחרים, ואז עומדין אחור באחור. והטעם כי כאשר אין לו בחינה הנ"ל, עדיין הם דינין, ונקראו נקודות, שהוא ס"ג, שהוא הנשמה, דינין, ולכן כדי שלא יהיה בהם אחיזה אל החיצונים, הם מוכרחים להיות אחוריים היותר חיצונים, שהם בחינת אותיות ותגין, שהם נפש ורוח, להיות דבוקים יחד, ואינם נגלין רק אור פנימי, שהם נשמה בינה. אך בבא חיה חיה פנימי שהם המוחין, אז אין הקליפות יכולין להתאחז כלל אפילו באחוריים, כי אור החיה מאיר עד שם. אך בעוד שאין בה אלא נשמה בינה, אמת הוא שאין כח בקליפות לאחוז בנשמה עצמה, שהוא פנים, אך באחוריים שולטין. לכך עומדין אז אחור באחור. **ובבא חיה אין יכולין אז לאחוז החצונים אפילו באחוריים, מרוב האור שמאיר החיה באחוריים,** ונגדלים יותר, ואז חוזרת פנים בפנים, ומזדווגים ביחד.

249

כרם שלמה ש"ו פ"ח אות י"ח – וכל זה כשעדיין לא נגמר תיקונם ובירורם של זו"ן, ולזה הוצרכו לעלות למעלה למקום או"א. אבל כשנולד אדם, והכרית הקליפות מן מקום הזו"ן, ואז יכלו לחזור למטה פנים בפנים, כי נמשכו מוחין דפנים להם, ויכולים לברר המ"ן שלהם, ואין צריכים עדיין למ"ן דאו"א.

250

כרם שלמה ש"ו פ"ח אות י"ח – וזה שכתב, ואחר שנגמרו תיקונם בבחינת פנים בפנים, פירוש אחר שנולד אדם הראשון, ועשה מצות, ועשה תיקונים, עד שנמשכו מוחין דפנים לזו"ן.

251

להיות למטה במקומם בלי פחד מהקליפות, ולהתייחד **פנים בפנים, או יש בה** ר"ל בנוקבא **יכולת להעלות מ"ן** ובדוכרא להוריד מ"ד, **וזה נקרא זווג פנים בפנים** דזו"ן האמיתי, זיווג דהולדה.

כרם שלמה ש"ו פ"ח אות י"ח – וזה שכתב, ויכולים להיות למטה במקומם פנים בפנים, אז יש בה יכולת לעלות מ"ן, וזה נקרא זיווג פנים בפנים. פירוש מכח עצמם ולא מכח אחרים, ופשוט. ועיין לקמן בשער ט"ל פ"א באורך.

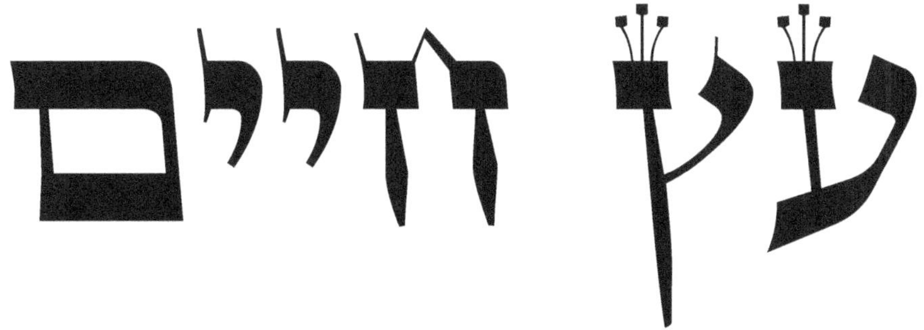

עֵץ חַיִּים

לרבינו חַיִּים וויטאל

שֶׁקִּיבֵּל מַמרן הָאֲרִ"י זלה"ה

שַׁעַר ו'

שַׁעַר הָעֲקוּדִים

פֶּרֶק זז'

חֵלֶק הַתרשׁימים טַבְלָאוֹת וצִיורים

שִׂמְחַת חַיִּים

הקדמה קצרה

דע כי כל התרשימים הציורים והטבלאות, הם אך ורק לשכך את האוזן, ולשבר את העין. וכל הציורים הם לא שלמים.

כתב הרי"ח הטוב ברב פעלים ח"ב בסוד ישרים ה' - אך דע לך כי סדר התלבשות המחצבים שכתב מהרח"ו בשערי קדושה עד עולם הזה שאנחנו עומדים בו. וכן סדר התלבשות הפרצופים אשר בכל מחצב ומחצב, וסדר התלבשות העולמות זה בזה, והיושר והעיגולים, לא אית אינש דכיל למנלע רזא דנא, איך היא עשוי, איך הוא עומד, ולא אפשר לשכל אנושי לצייר כל הנזכר על אמתיתם, ועל בוריין מפני כי שכל האנושי בהיותו עצור ומונח בגוף גשמיי, אי אפשר לי להשיג דבר רוחני, והוא זה דומה לאדם סומא מן הבטן שלא ראה מאורות מימיו, דודאי אי אפשר לו לצייר מראות השמש והירח הנראין לעיני הבריות, וכל שכן מה שיש למעלה למעלה.

וכן כתב ברב פעלים ח"א בסוד ישרים א' - סוף דבר הכל נשמע, ה' אחד ושמו אחד, ואין לו גוף ולא דמות הגוף, ואין לו שום ציור, ותמונה ודמיון כלל ועיקר, וגם כל העולמות וספירות הקדושים למעלה אין להם ציור ודמיון של גופים האלה כלל, ואין מי שיוכל לידע איך הוא עמידתם וסדרם, ואיך עומדים עולמות ועולמות העיגולים, ואיך מתחברים זה עם זה, ואיך נמשך השפע מזה לזה, ואיך הוא תוארם ומראיהם, ואיך הוא מהות השפע המחיה אותם, ומקיים אותם, וכמה הוא שיעור אורכם וגובהן ורחבם, ואיך הם נכללים זה בזה, ומלבישים זה לזה, כי בכל זאת אין שום שכל אנושי יוכל לדעת, ולהבין, ולהשיג, כלל ועיקר.

הרב ז"ל כתב בשער אח"פ תחילת פ"א וז"ל - כבר ידעת כי אין בנו כח לעסוק קודם אצילות עשר ספירות, ולא לדמות שום דמיון וצורה כלל ח"ו, אך לשכך האזן, אנו צריכים לדבר דרך משל ודמיון, לכן אף אם נדבר במציאות ציור שם למעלה, אין הדבר רק לשכך האזן. אמנם דע כי עשר ספירות דאצילות הם שתי עניינים. האחד הוא התפשטות הרוחניות, והשני הוא כלים ואברים אשר העצמות מתפשט בהם. והנה צריך שיהיה לכל זה שורש למעלה לשתי בחינות אלו, ולכן צריכין אנו לדבר בסדר המדרגות מראש עד סוף, והנה נתחיל ונאמר כי הלא הא"ס ב"ה אין בו שום ציור כלל ח"ו כמבואר.

הרב ז"ל כתב בשער טנת"א פ"א - והנה אף על פי שאנו מכנים וקוראים כאן כנויים אלו כגון אדם ראש אזנים וכיוצא אינו רק לשכך האזן לשיובנו הדברים לכן אנו מכנים כנויים אלו במקום גבוה, עד כאן לשונו.

וכן הרמ"ק בפרדס רימונים ש"ו פ"א - וציירו להם המקובלים צורות ביריעות גדולות וקראום אילן. הרב ז"ל כתב בסוף ש"ה פ"ד וז"ל - ואמנם דבר גלוי הוא כי אין למעלה גוף ולא כח גוף חלילה. וכל הדמיונות והציורים אלו לא מפני שהם כך חס ושלום. אמנם לשכך את האוזן לכשיוכל האדם להבין הדברים העליונים הרוחניים בלתי נתפסים ונרשמים בשכל האנושי, לכן ניתן רשות לדבר בבחינת ציורים ודמיונים, כאשר הוא פשוט בכל ספרי הזוהר. וגם בפסוקי התורה עצמה כולם כאחד עונים ואומרים בדבר הזה כמו שאמר הכתוב עיני ה' המה משוטטים בכל הארץ. עיני ה' אל צדיקים. וישמע ה'. וירח ה'. וידבר ה'. וכאלה רבות וגדולה מכולם מה שאמר הכתוב ויברא אלהים את האדם בצלמו בצלם אלהים ברא אותו זכר ונקבה וגו'. ואם התורה עצמה דברה כך גם אנחנו נוכל לדבר כלשון הזה, עם היות שפשוטו הוא שאין שם למעלה אלא אורות דקים, בתכלית הרוחניות, בלתי נתפשים שם כלל, וכמו שאמר הכתוב כי לא ראיתם כל תמונה, וכאלה רבות.

ואמנם יש עוד דרך אחרת כדי להמשיך ולצייר בה הדברים העליונים, והם בחינת כתיבת צורת אותיות, כי כל אות ואות מורה על אור פרטי עליון, וגם תמונת זו דבר פשוט הוא כי אין למעלה לא אות, ולא נקודה, וגם זה דרך משל וציור לשכך את האוזן כנזכר. ולכן נבאר עתה הקדמה הנזכר על דרך ציור האותיות גם כן, ובבחינת ציורים אלו, הן ציור האדם, והן ציור אותיות, שתיהן מוכרחים להבין ענין האורות העליונים, כאשר תראה ספרי הזוהר בנויים על שתי בחינות הציורים האלה, עד כאן לא.

ולכן גם אנחנו הרשינו לעצמינו לצייר ציורים, תרשימים וטבלאות, אך ורק כדי לשכך את האוזן, ולשבר את העין, כדי להבין את הסוגייה.

אח"י

תרשׁימים שׁעׄר ו' פרק זׁז'

סדר שמות שׁמׄות ההיכלות והשערים בעץ חיים

שם היכל	שער	שם השער	א	ב	ג	ד	ה	ו	ז	ח	ט	י	יא	יב	יג	יד	טו
אדם קדמון	א	עיגולים ויושר	א	ב	ג	ד	ה										
	ב	השתלשלות י"ס דרך עגו'	א	ב	ג												
	ג	סדר אצילות למהרח"ו	א	ב	ג												
	ד	אח"פ	א	ב	ג	ד	ה										
	ה	תנת"א	א	ב	ג	ד	ה	ו	ז								
	ו	עקודים	א	ב	ג	ד	ה	ו	ז	ח							
	ז	מטי ולא מטי	א	ב	ג	ד	ה										
נקודים	ח	דרושי נקודות	א	ב	ג	ד	ה	ו									
	ט	שבירת הכלים	א	ב	ג	ד	ה	ו	ז	ח							
	י	תיקון	א	ב	ג	ד	ה										
	יא	מלכים	א	ב	ג	ד	ה	ו	ז	ח	ט	י					
הכתרים	יב	עתיק	א	ב	ג	ד	ה										
	יג	א"א	א	ב	ג	ד	ה	ו	ז	ח	ט	י	יא	יב	יג	יד	
או"א	יד	או"א	א	ב	ג	ד	ה	ו	ז	ח	ט	י					
	טו	זווגים	א	ב	ג	ד	ה	ו									
	טז	הולדת או"א וזו"ן	א	ב	ג	ד	ה	ו	ז								
ז"א	יז	ז"א	א	ב	ג	ד											
	יח	רפ"ח נצוצין	א	ב	ג	ד	ה	ו									
	יט	אנ"ך	א	ב	ג	ד	ה	ו	ז	ח	ט	י					
	כ	המוחין	א	ב	ג	ד	ה	ו	ז	ח	ט	י	יא	יב			
	כא	לידת המוחין	א	ב	ג												
	כב	מוחין דקטנות	א	ב	ג												
	כג	מוחין דצלם	א	ב	ג	ד	ה	ו	ז	ח							
	כד	פרקי הצלם	א	ב	ג	ד	ה	ו	ז								
	כה	דרושי הצלם	א	ב	ג	ד	ה	ו	ז	ח							
	כו	צלם	א	ב	ג	ד											
	כז	פרטי עי"מ	א	ב	ג	ד											
	כח	עיבורים	א	ב	ג	ד	ה										
	כט	נסירה	א	ב	ג	ד	ה	ו	ז	ח	ט						
	ל	פרצופים	א	ב	ג	ד	ה	ו	ז								
	לא	פרצופי זו"ן	א	ב	ג	ד	ה										
	לב	הארת המוחין	א	ב	ג	ד	ה	ו	ז	ח	ט						
	לג	אונאה	א	ב	ג	ד	ה										
נוק' דז"א	לד	תיקון הנוקבא	א	ב	ג	ד	ה	ו	ז								
	לה	הירח	א	ב	ג	ד	ה										
	לו	מעוט הירח	א	ב	ג	ד											
	לז	יעקב ולאה	א	ב	ג	ד	ה										
	לח	לאה ורחל	א	ב	ג	ד	ה	ו	ז	ח	ט						
	לט	מ"ן ומ"ד	א	ב	ג	ד	ה	ו	ז	ח	ט	י	יא	יב	יג	יד	טו
	מ	פנימיות וחצוניות	א	ב	ג	ד	ה	ו	ז	ח	ט	י	יא	יב	יג	יד	טו
	מא	חשמל	א	ב	ג												
אבי"ע	מב-א	דרושי אבי"ע	א	ב	ג	ד	ה	ו	ז	ח	ט	י	יא	יב			
	מב-ב	כללות אבי"ע	א	ב	ג	ד											
	מג	ציור עולמות אבי"ע	א	ב	ג	ד											
	מד	שמות	א	ב	ג	ד	ה	ו	ז								
	מה	מקיפין	א	ב	ג	ד											
	מו	כסא הכבוד	א	ב	ג	ד	ה	ו									
	מז	סדר אבי"ע	א	ב	ג	ד	ה	ו									
	מח	קליפות	א	ב	ג	ד											
	מט	קליפת נוגה	א	ב	ג	ד	ה	ו	ז	ח	ט						
	נ	קיצור אבי"ע	א	ב	ג	ד	ה	ו	ז	ח	ט	י					

טבלת ערכים

עולמות	אדם קדמון	אצילות	בריאה	יצירה	עשיה
פרצופים	ע"י וא"א	אבא	אמא	ז"א	נוקבא
ספירות	כתר	חכמה	בינה	חג"ת נה"י	מלכות
הוי"ה	קוץ של י'	י	ה	ו	ה
אורות	יחידה	חיה	נשמה	רוח	נפש
מילוי	שורש הוי"ה	ע"ב - יוד הי ויו הי	ס"ג - יוד הי ואו הי	מ"ה - יוד הא ואו הא	ב"ן - יוד הה וו הה
טנת"א	שורשים	טעמים	נקודות	תגין	אותיות
נקודות	קמץ	פתח	צרי	סגול, שוה, חולם חיריק, קבוץ, שורוק	אין ניקוד
אדם	גולגולתא	מוח ימין	מוח שמאל	גוף וברית	עטרת היסוד
מל"צ	מ - מקיף, יחידה	ל - מקיף, חיה	מוח	לב	כבד
שנגל"ה	שורש	נשמה	גוף	לבוש	היכל
י"ב פרצופים	ער"ן אא"ן	או"א עלאין	ישסו"ת	זו"ן	יעו"ר
כל צמא	אורות	מוחין	צלמים	לבושים	כלים
אברים	מוח	עצמות	גידין	בשר	עור
חושים	מוח	ראיה	שמיעה	ריח	דיבור
מחצבים	א"ס	ספירות	נשמות	מלאכים	חושך
צלם	מ' מקיף ב'	ל' מקיף א'	צ' מוח	צ' לב	צ' כבד
דחצ"מ	אלוקות	מדבר	חי	צומח	דומם
יסודות	יולי	מים	אש	רוח	עפר
רקיעים	ערבות	ערבות	ערבות	מכון, מעון, זבול שחקים, רקיע	וילון
גלגלים	גלגל השכל	גלגל היומי	מזלות	ככבים	לבנה
היכלות	קודש קודשים	קודש קודשים	קודש קודשים	אהבה, זכות, רצון, נוגה, עצם השמים, לבנת הספיר	לבנת הספיר
מילוי הוי"ה		מו - וד יי י	לז - וד אוי י	יט - וד אא או	כו - וד הוה
אהי"ה		קס"א - אלף הי יוד הי	קס"א - אלף הי יוד הי	קמ"ג - אלף הא יוד הא	קנ"א - אלף הה יוד הה

תרשים ח - א

מזמ"צ החושך	מזמ"צ המלאכים	מזמ"צ הנשמות	מזמ"צ הספירות		
מזמ"צ החושך	מזמ"צ המלאכים	מזמ"צ הנשמות	מזמ"צ הספירות	קו אא"ס ב"ה	א"ק ואבי"ע דא"ק
מזמ"צ החושך	מזמ"צ המלאכים	מזמ"צ הנשמות	מזמ"צ הספירות		א"ק ואבי"ע דאצילות
מזמ"צ החושך	מזמ"צ המלאכים	מזמ"צ הנשמות	מזמ"צ הספירות		א"ק ואבי"ע דבריאה
מזמ"צ החושך	מזמ"צ המלאכים	מזמ"צ הנשמות	מזמ"צ הספירות		א"ק ואבי"ע דיצירה
מזמ"צ החושך	מזמ"צ המלאכים	מזמ"צ הנשמות	מזמ"צ הספירות		א"ק ואבי"ע דעשיה

תרשים ח - ב

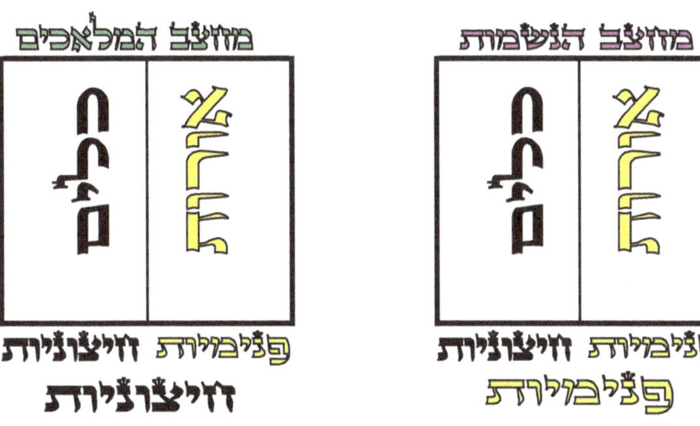

תרשים ח - ג

תרשים ח - ד

תרשים ח - ה

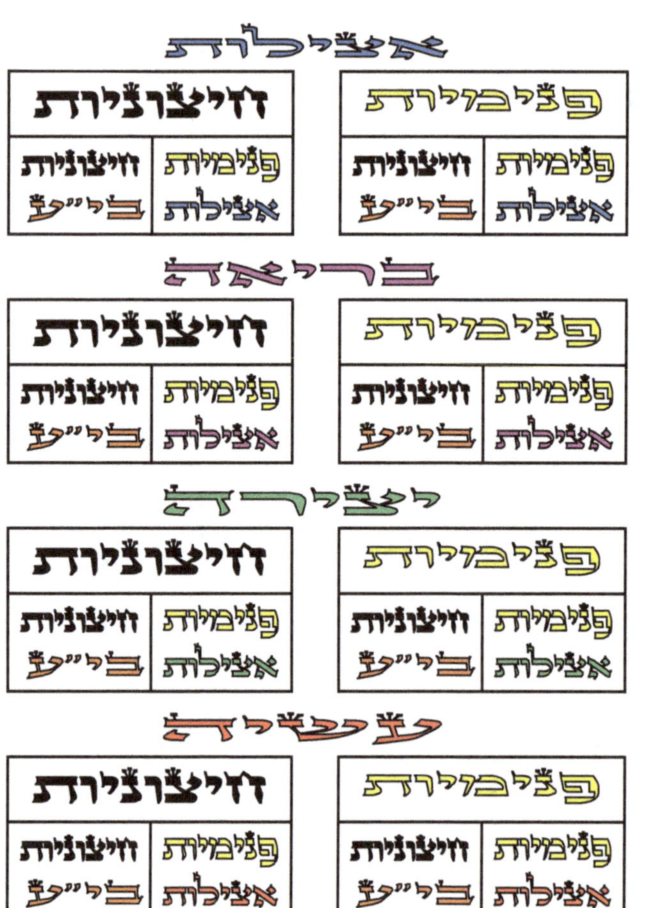

תרשים ח - ו

אר"א

אבא	אימא
ג"ר	ג"ר
ו"פ	תבונה
ר"ק	ר"ק

פנים

אזור

דר"ע

ישראל	לאה
ג"ר	ג"ר
יעקב	רחל
ר"ק	ר"ק

פנים

אזור

תרשים ח - ז

אר"א

אבא	אימא
ג"ר	ג"ר
ר"ק	ר"ק

פנים — פנים דפנים
אזור — אזור דפנים

ו"פ	תבונה
ג"ר	ג"ר
ר"ק	ר"ק

פנים — פנים דאזור
אזור — אזור דאזור

דר"ע

ישראל	לאה
ג"ר	ג"ר
ר"ק	ר"ק

פנים — פנים דפנים
אזור — אזור דפנים

יעקב	רחל
ג"ר	ג"ר
ר"ק	ר"ק

פנים — פנים דאזור
אזור — אזור דאזור

המנוקד בקמ"ץ, אל שם אֱלֹהֵי״כ.. ואז תכוין
לנקד שם אלהים הזה כלו בקמ"ץ ג"כ. ואח"כ
תכוין להמשיך ג"כ מפנימיות החוטם, מן אותיות
ו"ד שבנקב שמאלי, עד שם אלהי"ם זה, לעורר
את הנקבה גם היא אל הזווג, כנז"ל בתחלת
הדרוש. ואח"כ תכוין להעלות רוח הצדיק, ורוחך
עמו, ע"ד הנ"ל בענין הנשמה. ואז תחברם יחד
שתי (שמות) אלו כזה: יאהלוההי"ם.

יחוד
דשמות מנוקדים

אח"כ תכוין לזווג זווג שלישי, ותכוין שהם
יהו״ה אדנ״י, ותכוין להמשיך אות יי"ד מן יה"ו
השלישי, של הבל הפה המקיף, המנוקד כלו
בשב"א קמ"ץ כנז"ל, ותמשיכהו עד שם ההוי"ה

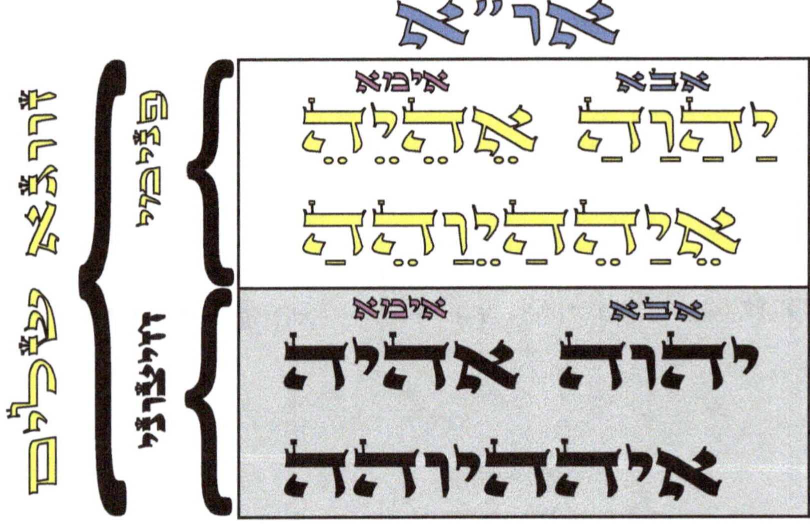

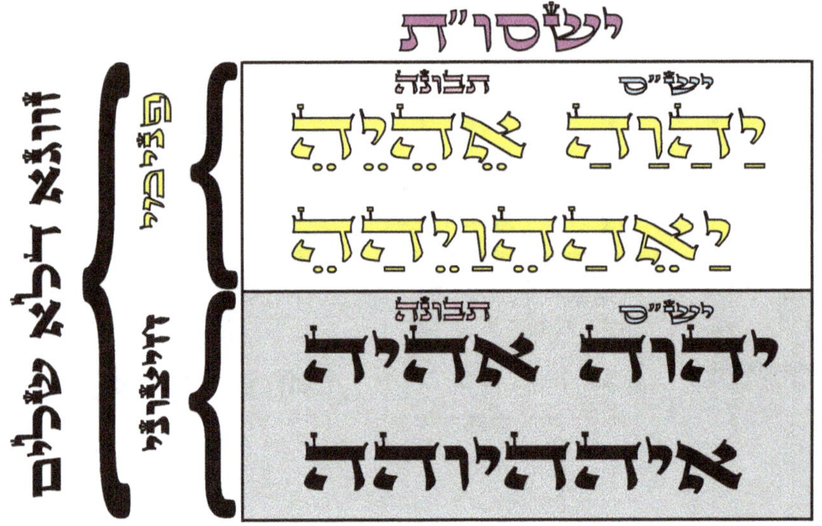

מוחין

גדלות ג'	יחידה	כתר	מצח
גדלות ב'	חיה	חכמה	עין
גדלות א'	נשמה	בינה	אזן

| יצי"רה | רוח | ר"יק | חותם |
| עיבור | נפש | מלכות | פה |

אזור	פצלים
אור הבינה	אור החכמה
אור הנשמה	אור החיה
זיווג בכלי דנקודות	זיווג דנקודות
זיווג ישסו"ת	זיווג דאו"א עילאין
זווגא דלא שלים	זווגא שלים
אור חוזר	אור ישר
אור אזור	אור פנים
אור דחיצוניות	אור הפנימיות
אור דין	אור הרזמים הגמורים
מוזין דקטנות	מוזין דגדלות
נשמות ישנות	נשמות חדשות

שם	ציור	עבידה
הוי"ה	יהו"ה	פנים דפנים
הוי"ה ברבוע	י', י"ה, יה"ו, יהו"ה	אזור דפנים
אלהי"ם	אלהי"ם	פנים דאזור
אלהי"ם ברבוע	א, א"ל, אל"ה, אלה"י, אלהי"ם	אזור דאזור

תרשים ח - י"ג

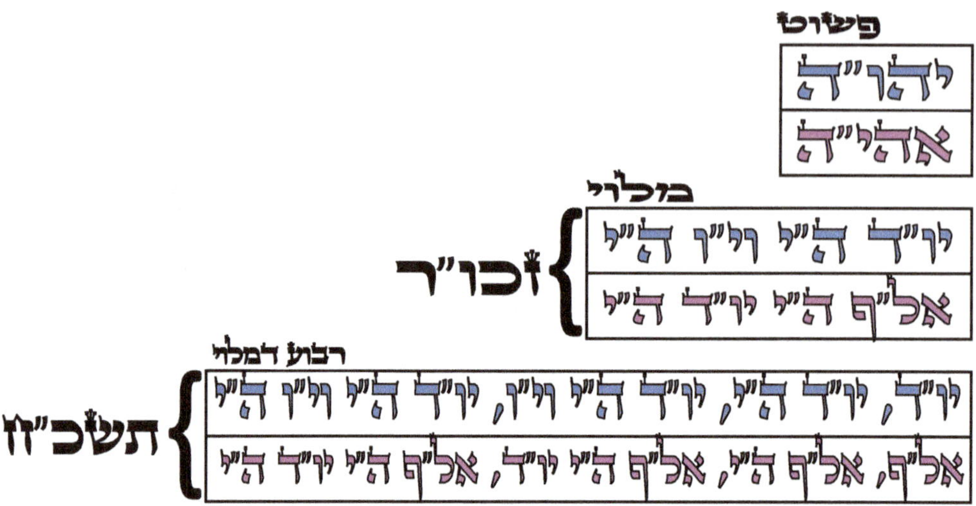

תרשים ח - י"ד

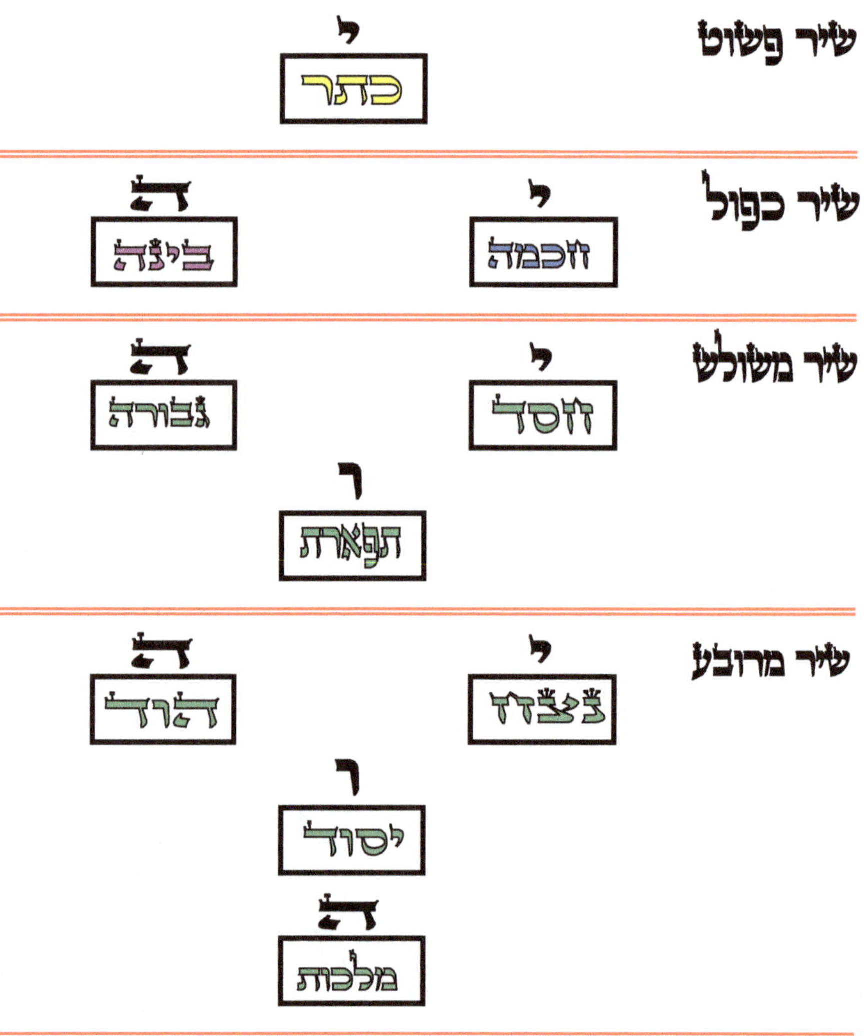

תרשים ח - ט"ו

תרשים ח - ט"ז

תרשים ח - י"ז

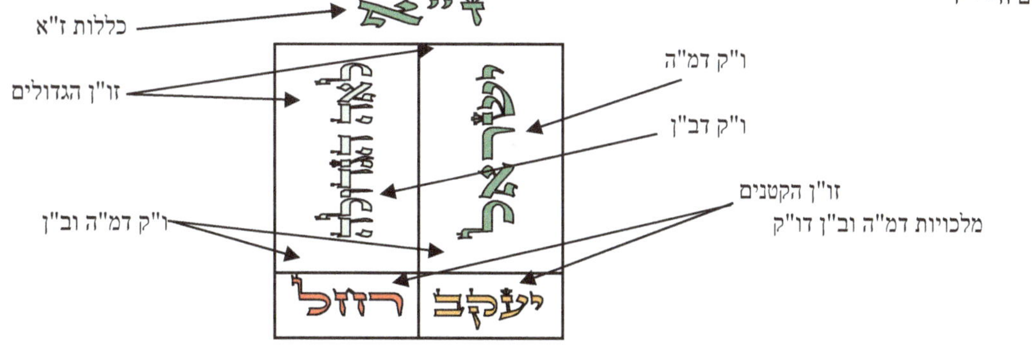

תרשים ח - י"ח

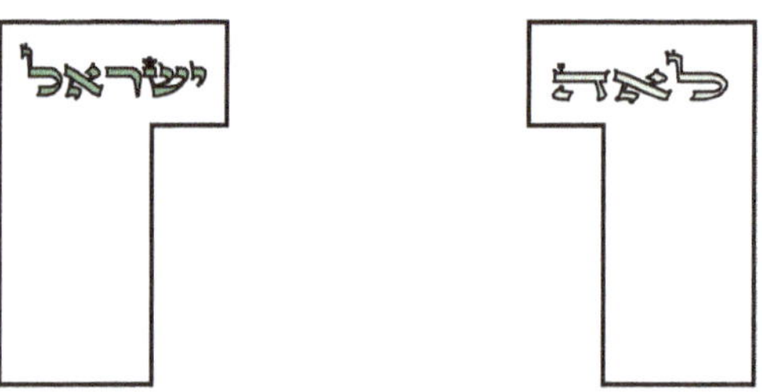
עִיבּוּר
נֶפֶשׁ
נה"י

תרשים ח - י"ט

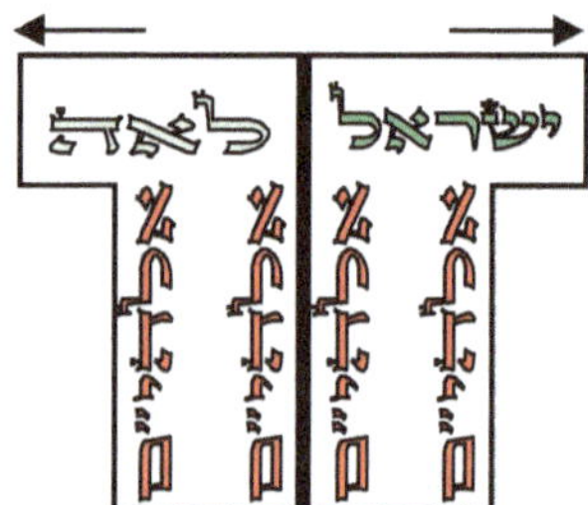
יְצִיקָה
רוּחַ
חג"ת

תרשים ח - כ

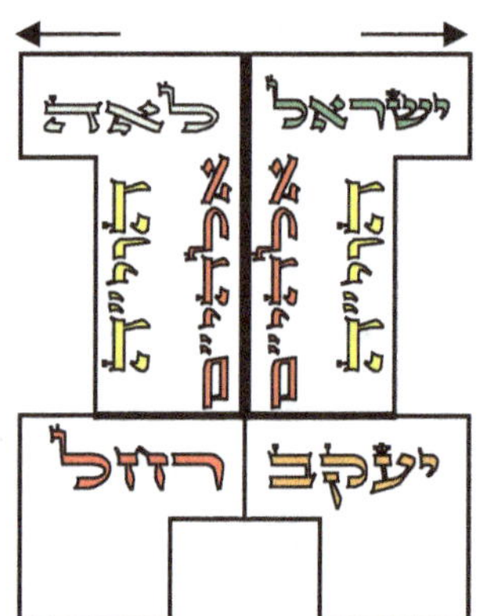
גַדְלוּת א'
נְשָׁמָה
בינה

תרשים ח - כ"א

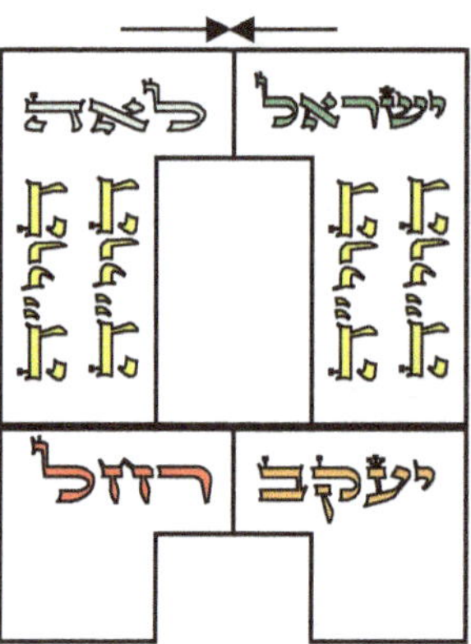
גַדְלוּת ב'
חַיָּה
חכמה

תרשים ח - כ"ב

תרשים ח - כ"ג

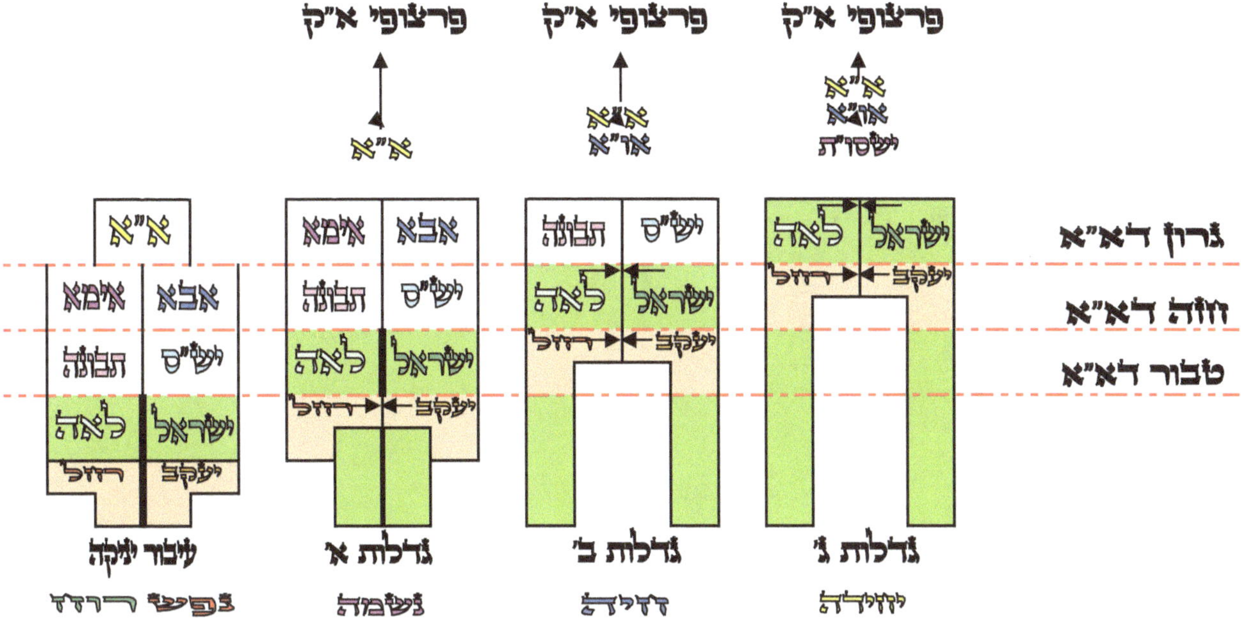

תרשים ח - כ"ד

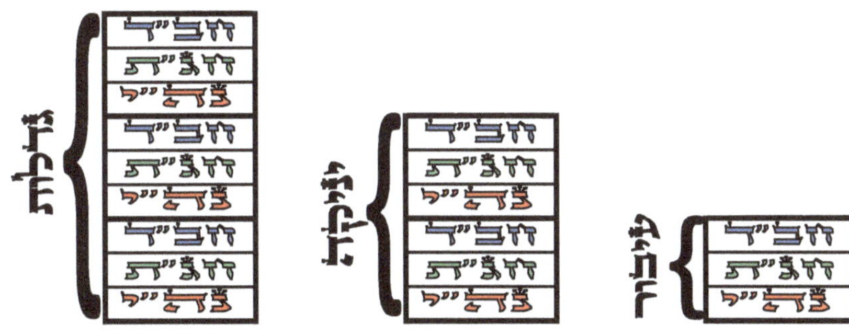

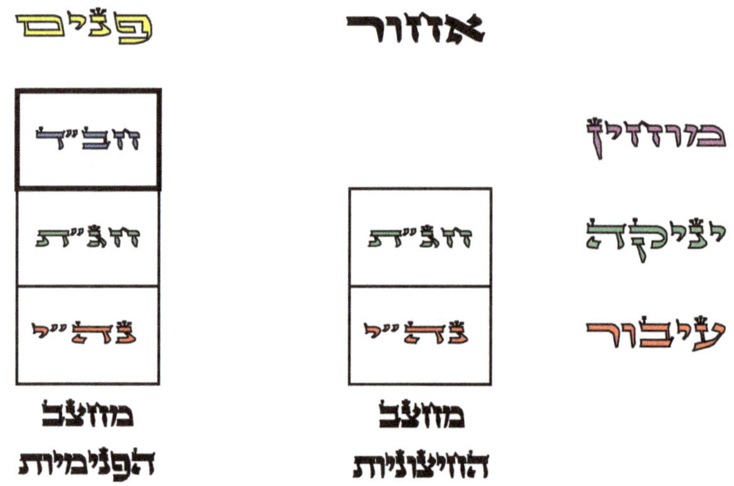
פנים
אזור
חב"ד
חג"ת
נה"י
מצב
הפנימיות
חג"ת
נה"י
מצב
החיצוניות
מוחין
יניקה
עיבור

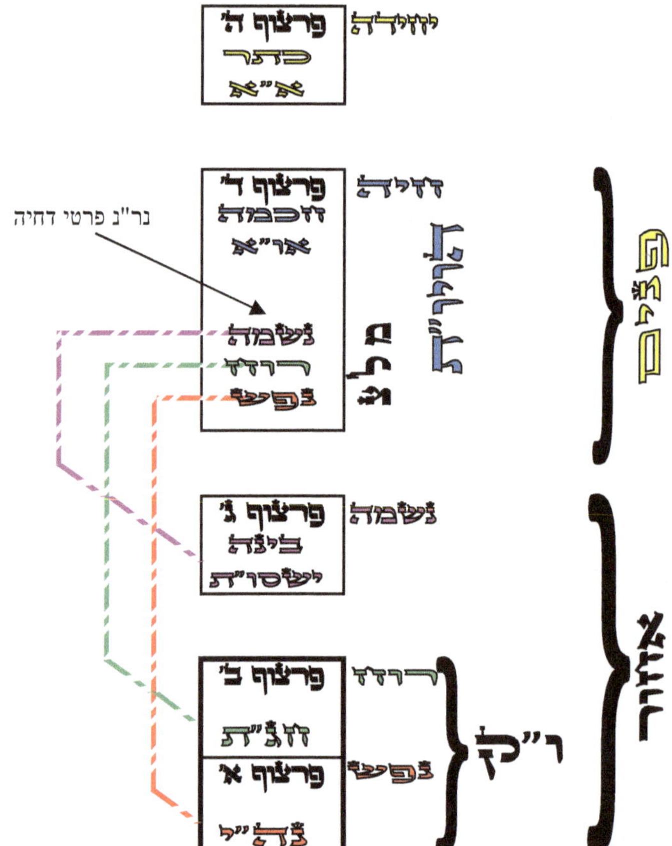
נר"ן פרטי דחיה
פרצוף ה'
כתר
א"א
יחידה
פרצוף ד'
חכמה
או"א
נשמה
רוח
נפש
חיה
צלם
מ"ה
פנים
פרצוף ג'
בינה
ישסו"ת
נשמה
פרצוף ב'
חג"ת
פרצוף א'
נה"י
רוח
נפש
ו"ק
אחור

תרשים ח - כ"ז

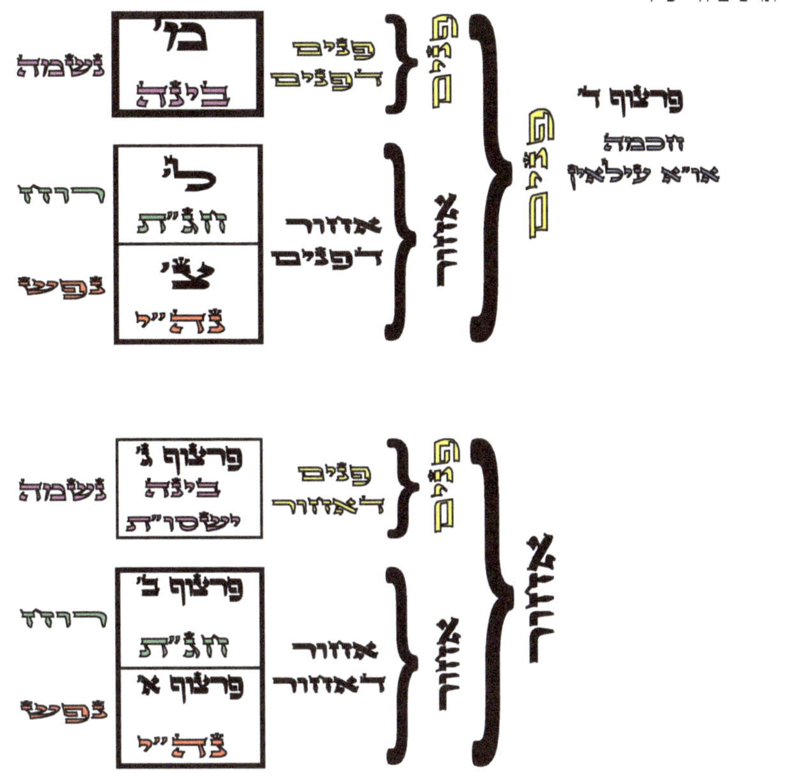

תרשים ח - כ"ח

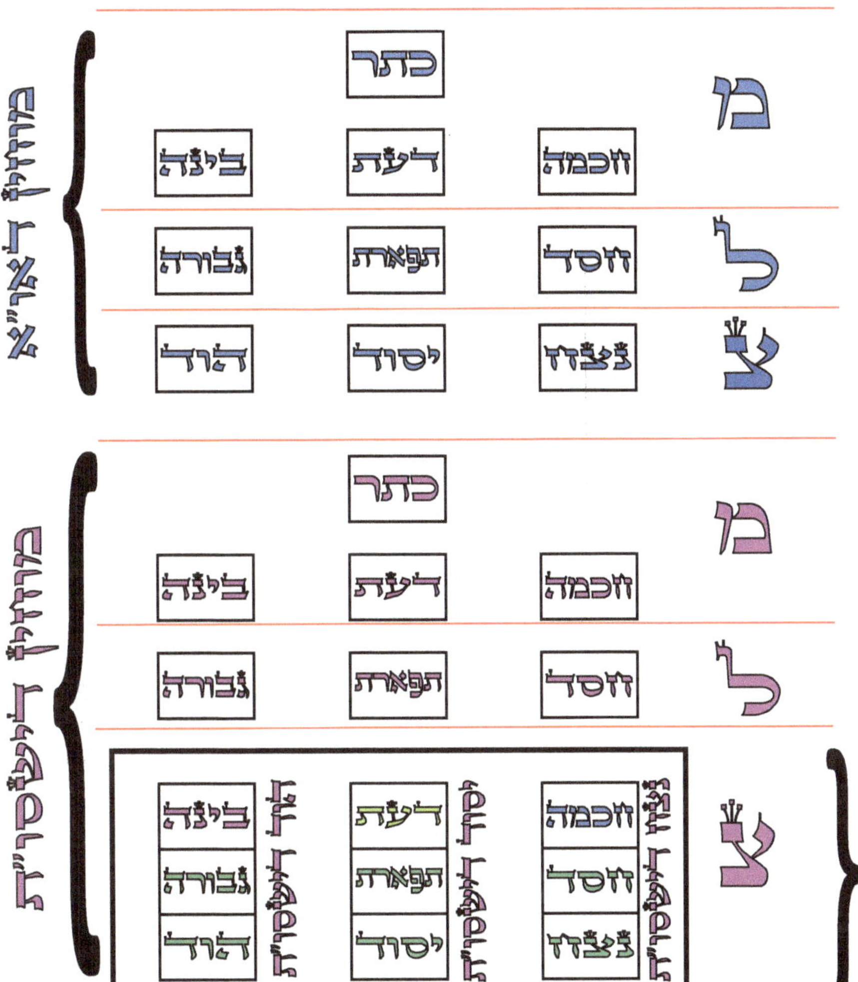

אות צ 'דצל"ם דישסו"ת מתלבשת תוך ז"א, ואותיות ל 'ום 'דצל"ם הם מקיפין דליה. וכל אלו נקראים מוחין דפנים בערך ז"א.

כאשר מתלבשים מוחין דצל"ם של או"א עילאין תוך ז"א, מוחין אלו דאו"א יקראו פנים בערך המוחין דישסו"ת שנקראים עכשיו אחור.

יש ב 'דרכים שמתלבשים הצלמים בז"א

א - 'שכל המוחין דצל"ם של ישסו"ת מתלבשים תוך ז"א ואחר כך המוחין דצל"ם של או"א מתלבשים תוך ז"א בתוך המוחין דישסו"ת.

ב -או צ 'דצל"ם דאו"א מתלבשים תוך צ 'דצל"ם דישסו"ת, וב 'מוחין אלו מתלבשים תוך ז"א, וכן באותיות ל 'ום 'של הצלמים.

ובב 'הדרכים תמיד מוחין דאו"א הם פנימים למוחין דישסו"ת

וְיַעֲבוֹר למכב אור הטיפה. לבקוע יסוד דאימא. לגלות חו"ב וחו"ג דז"א.
להשלים י"ג תיקונין. יסוד ומ"ן דאימא ללאה. ה"ג מדעת ז"א ללאה.
להמשיך ע"ב חלק א' מהטיפה לחסד דז"א ולקבץ ג' ע"ב דחנ"ת לגבורה.

ע"ב לחסד דז"א

יוד הי ויו הי
יוד הי ויו הי

רי"ו לגבורה דז"א

יוד הי ואו הי יוד הי ואו הי
יהוה יוד הא ואו הא

זיווג דכ"ד שעות

לזווג ישראל עם לאה

יאהלוההים

להמשיך ע"ב מחסד דז"א ללאה

יוד הי ויו הי

ס"ח

יְהֹוָה   יַהְוַהָ

להמשיך טיפת ה"ח מדעת ז"א ללאה

יְהֹוָה

יַהְוָה   יְהֹוָה

יוד הי ויו הי

ע"ב יכוין להטלות חלק א' מהטיפה
להעשות ד' תיקוני' עילאין דדיקנ' דז"א
להמשי' האהרה מע"ב רי"ו לרשימו דעק'
שבאחורי ז"א ומה נשלם ז"א הויה
שלימה.

יוד הי ויו הי
יוד הי ואו הי יוד הי ואו הי
יהוה יוד הא ואו הא

דִּין הַגְּדוֹלִים

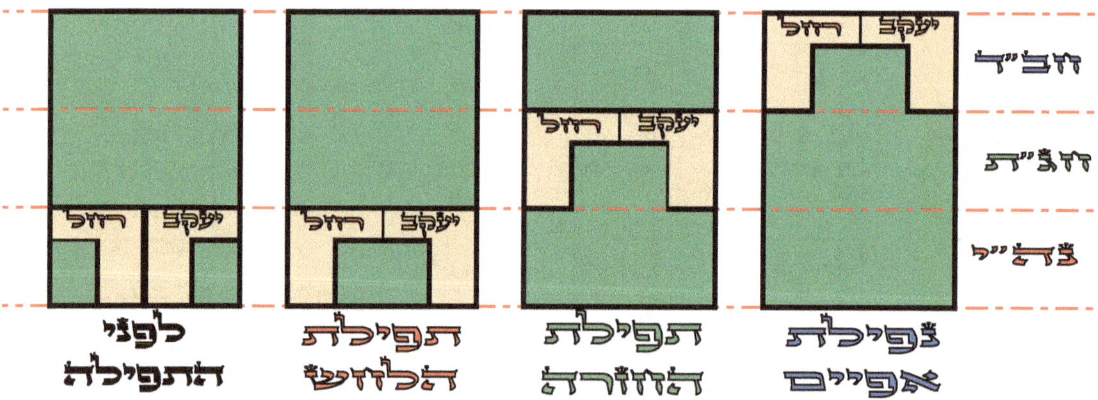

תפילת שחרית דחול

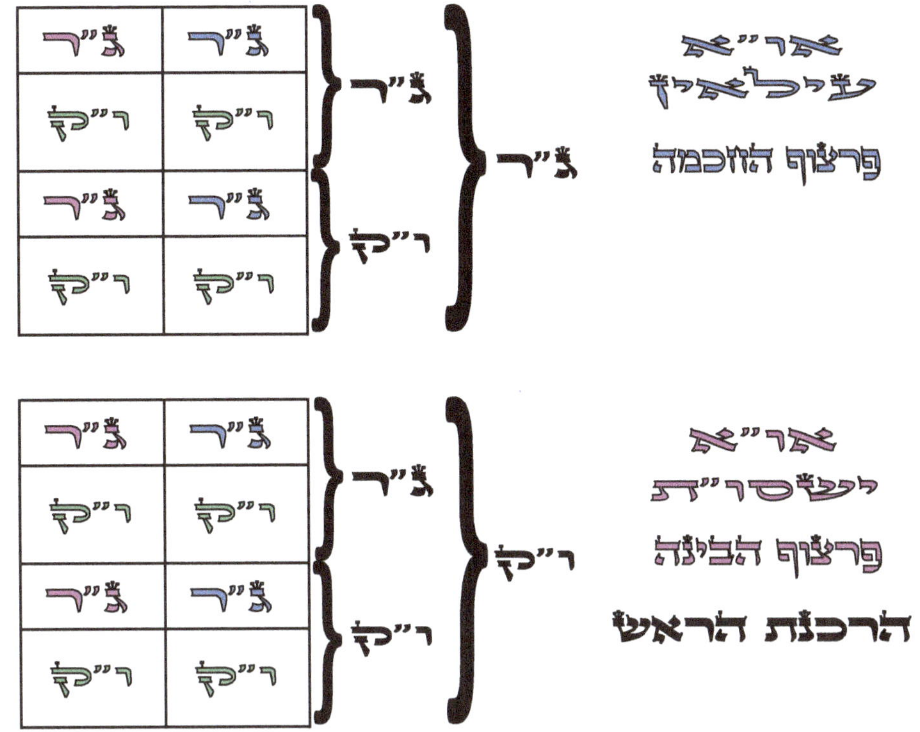
אר"א
עילאין
פרצוף החכמה

אר"א
ישסו"ת
פרצוף הבינה
הרכנת הראש

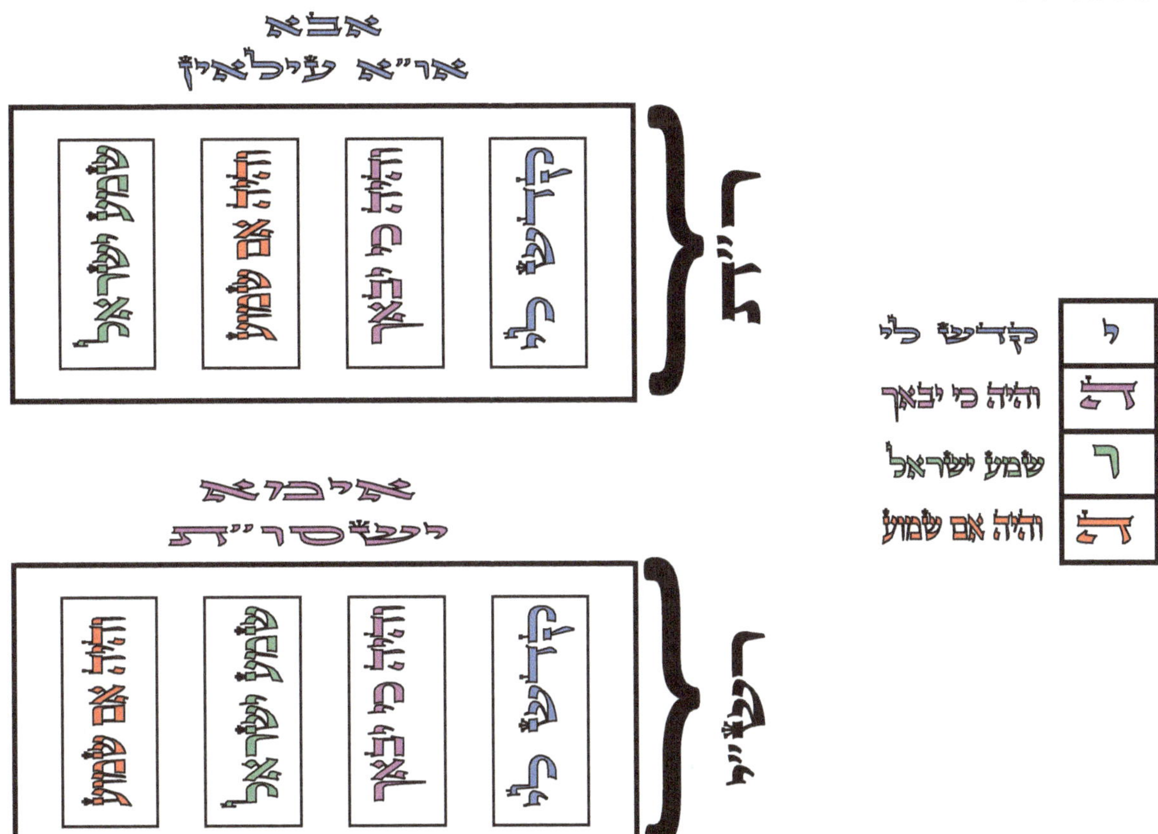
אבא
אר"א עילאין

אימא
ישסו"ת

קדיש לי
והיה כי יבאך
שמע ישראל
והיה אם שמע

תרשים ח - ל"ד

סידור המודפס דקי"ב ע"ב

יום חול יש"ס

יום שבת אבא עילאה

סידור תפלה להרש"ש
ב ר כ ה

יכוין להמשיך מח"ן דחכמה דעס"י דיש"ס (ובשבת דה"פ חג"ת דאבא
עי' ובמוסף דה"פ חכמה דאבא עי') עם חח"ן דלבס דל' עם המומין. ובתוכס
ג' הויות בניקוד פס"ח עם מקיפיסם שהם חיות דרוח דחיה דנפש דנשמה.
(דרוח דחיה (במוסף דחיס דחיה) דמ"ה דמ"ס :

אַהֲיֶה　　חכמה דל　יברכך

יַהֲוֹה　　גלגלתא　י יוד הי ויו הי יוד הי ויו הי
　　　　מיודלתי　　יוד הי ויו הי

אָהֱיֶה　　אויִרא　ב יוד הי ויו הי יוד הי ויו הי
　　　　כימין　　יוד הי ויו הי

יַהֲוֶה　　ר יוּד　מיוורתא א'
　　　　יוד　כימא א'
　　　　יוד אל

אָהֱיֶה　　כ הי　מיוורתא ב'
　　　　הי　כימא ב'
　　　　הי רחום

יהוה　　ד וין　מיוורתא ג'
　　　　וין כימא ג'
　　　　ויו וחנון

לחח"ן דחג"ת דחכמ' דעס"י דבי'כ'
דמ"ס דמ"ס דז"א, (ובשבת דה"פ
חג"ת, ובמוסף דה"פ חכמה)
דחכמה דמ"ס דמ"ס דז"א :
ומספרס שהס נפשות דגרגמ"י
לחח"ן דחג"ת דיטקב ורחל דני'הכז':

תרשים ח - ל"ה

סידור המודפס ד"ס ע"א

סידור תפלה להרש"ש　　ם

פנימיות דחילוניות
מקיפין דתפילין דמח"ן דחכמה

וד י או י דמקיפי חג"ת
וד י או י דמקיפיס שבכ"ת
מחב"ד הפנימיס
י מקונל דסטרי דא"א
וד י או י אל מקיף דמסר דא' מחן למלח דז"א מקיף לחכמה דז"א.
ן דפת עליון וג' יודן שקבל מחב"ד דמקיפיס שבכ"ה לחח"ן דפר' החילון דז"א.
י חכמה ה לחח"ן בג"ה דמ"י דז"א פסיטה למל' מנקב ימין דחוטם
ן מסד
י נלח א להרין תפוחין וחוטמא דמוק'　לספה סעליונה נלח דפה דז"א.

פנימיות דפנימיות
אלהי יצחק

פנימיות דפנימיות
חילוניות דפנימיות
מקיפיס דחו"א דבג"ה

אֶהֱיֶה אֶהֱיֶה
יַהֲוֹה יַהֲוֹה
אֶהֱיֶה אֶהֱיֶה
יְהוֹה יְהוֹה
אֶהֱיֶה אֶהֱיֶה
יַהֲוֹה יְהֹוָה
לבג"ה דפר' אמלעי דחכמה
דכתר דבינה דחילוניות
דפנימיות דמ"ס וב"ן דז"א.

פנימיות דפנימיות

אהיה
ב　פ"ח דהוד דאבא (א)
יהוה
וד י יו י
אֶהֱיֶה
א　ס"ע דהוד דאימא (כ)
יְהֹוָה
ג' כלי בינה
אלֵף אלֶף הא אלֶף הא
יוד אלֶף הא יוד הא
אלֶף הא יוד הא
א ה י ה
להמשיך מ"ו ננלאה סיולאה מסארת ספרחיסוד
דאימא שבניסודה ממוח בינה דאבא. וד יו י
פנימיות דחילוניות　מקיף דתפילין דבנ"ס דבינה

ע"ב
לי"ד ה"יי רי"יר ה"יי
ה"א יו"ד יו"ד
ק"ד
יו"ד ה"א יו"ד ו יו"ד ו ה"א יו"ד
ק"ד
יו"ד ה"א יו"ד ו יו"ד ו ה"א יו"ד
ו ההה ההה ההה
ק"ד
יו"ד ו ה"ה ה"ה ו ו ה"ה ה"ה
יו"ד ה"ה ו"ו ה"ה
בן דנוקבא
יו"ד ה"ה ו"ו ה"ה
בן ד"וא

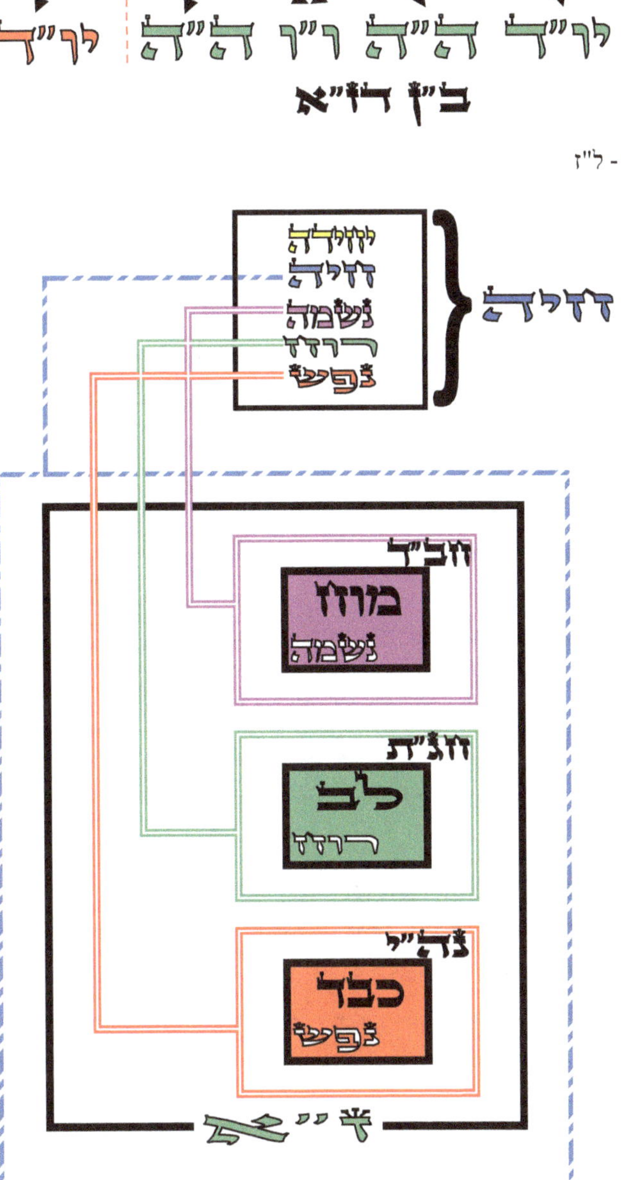
יחידה
חיה
נשמה
רוח
נפש
חיה
חב"ד
מוחין
נשמה
חג"ת
לב
רוח
נה"י
כבד
נפש
א"י

צלום מספר ע"ח דפוס שקלאוו
שנת תק"ס
דכ"ג ע"ג

אמנם אין בהם כח לקבל אור המוחין נ... התפשטות למטה
במקומן שאז כך' אור יושר כי בעמדך למטה אין מקבלים רק
אור מוח'וע"כ למט'אינו רק אב"א וכשיעלו אז הם כב"פ והחכ'
מה שהם בבחי' הללו בין בחורות בין בכללים ל"ע מה עליהם
ואפשר לומר שג' בחי' גלם

שהם כר'ן שבמוחין דז"א הם
ג' בחי' הפנימי' שהם עיבור
יניקה ומוחין וכולם פנימי'
כנודע כי המוחין הם פנימי'
אלא שק' לזה למה לא נשאר
למיטטית רק לאו ב' בחי'

הגה"ה
וזיווג אב"א היט כפשוטו רק
דע פירושי כי הזווג הוא
שהזכר מוליד ומוריד מ"ד
והנוק' מעלה מ"כ של
הבירורי' וכשהם עדיין אב"א
אין בה עדיין כח לברר מ"ן

תפלת מעריב דליל שבת

עם בירורי הכלים והאורות דרפ"ח דג' פר' כמב"ד הכוללים דפני' דאומו
פר. (אם היא מצוה בדבור דפני' דאבי"ע דאצי', ואם היא מצוה מעשים
דמי' דאבי"ע דאצי') עם נרתמ"י דיליה לזו"ן,

מדרגה		בירורי
מדרגה ז' מלכות דחסד	ע"כ דע"ב יוד ה' וו ה'	בירורי ב"ן דעתיק ואבא ח"א
מדרגה ס' ח' מלכות דגבורה	ע"כ דס"ג יוד ה' ואו ה' יוד ה' ואו ה'	בירורי ב"ן דנוק' דעתיק, ואימא, וגוק'
מדרגה ג' ח' מלכות דתנה"י	ע"כ דמ"ה יהוה יוד הא ואו הא מ"ד לאבא	בירורי ב"ן דא"א וישס"ם ויעקב
מדרגה כ' שהיא ד' מל' דמלכות	ריבוע סוי"ה ג' ע"כ י יה ידו יהוה מ"ן לאימא	בירורי ב"ן דנוק' דא"א ומבונה ולסל

ואז ניתן כח בזו"ן ומנגרים גם הם מבירורי אחור דיסו'ת, ומחלקי כמב"ד
דיסו'ת, הכוללים עם הרפ"ח ומעלים אותם עם הבירורים שלהם שנגררו
ע"י ליסו'ת.

ואז ניתן כח ביסו'ת ומנגרים גם הם מבירורים הנמ' חלקי מכ"ד דאו"א,
ומבמי' אחור דאו"א, ומעלים אותם עם הבירורים שלהם שנגררו ע"י זו"ן
לאו"א.

וכן ניתן כח באו"א ומנגרים גם הם מאתורים דנ"כי חלקי כמב"ד דא"א
ומעלים אותם עם הבירורים שלהם שנגררו ע"י ישסו"ת לא"א.

וכעדין מא"א לעתיק, וכן מזה לזה עד ע"ס דא"ק.

ויכוין לזווג ע״כ וס״ג דא״ק

יוד הי ויו הי   יוד הי ואו הי

איההיוהה

ולהמשיך עשר ספירות דמ״ה ממלא דא״ק, ותשלום עשר ספירות דכ״ן מעינים דמ״ק דאותם הציורים שעלו, ובתוכם עשרה הויות ואהיה בניקוד י״ס שהם הנרמז״י דנרמנ״י דנח״י, עם אור הטעמים ואור א״ס הסמלובש בכתר דעתיק דא״ק המתיחסים לברכה זו, ולהמשיכם בבחינת מוחין לפר' חב״ד דמ״ה וכ״ן דעתיק, ולהשאיר שם המובחר שנהם שהם טעמים דמ״ה ומקלא טעמים דכ״ן:

ולזווג המ״ה וכ״ן דעתיק

איההיוהה

ושאר המוחין יכוין להמשיך למ״ה וכ״ן דא״א, ולהשאיר שם המובחר שנהם שהם נקודות דמ״ה ושאר טעמים דכ״ן:

ולזווג המ״ה וכ״ן דא״א

אידהיוהה

ושאר המוחין יכוין להמשיך למ״ה וכ״ן דאו״א ולהשאיר שם המובחר שנהם שהם תגין דמ״ה ונקודות ותגין דכ״ן:

ולזווג המ״ה וכ״ן שבהם

אידהיוהה

ושאר המוחין יכוין להמשיך למ״ה וכ״ן דישסו״ת ולהשאיר שם המובחר שנהם שהם תגין דמ״ה ונקודות ותגין דכ״ן:

ולזווג המ״ה וכ״ן שבהם

איההיוהה

ולהמשיך שארית המוחין שהם אותיות דמ״ה וכ״ן ליסוד ומלכות דישסו״ת מלובשים בנצ״ה המוחין שלהם שכבר על ונתקט:

יכוין לקבל עליו ארבע מיתות בית דין

סקילה	י	א	א	יוד ה"י ויו ה"י
שריפה	ה	ד	ה	יוד ה"י ואו ה"י
הרג	ו	נ	י	יוד ה"א ואו ה"א
חנק	ה	י	ה	יוד ה"ה וו ה"ה

להעלות זו"ן לחיק מו"א ויקחו המ"ד ומ"ן דמו"א ועי"ן יחזרו פב"פ
ולזווגם זיווג כ"ר.

בכתריס

יאההויהה

במב"ד

יאהלוההים

וכו"ת

יאהדונהי

ולהמשיך מיסוד דז"א ליסוד דנוק' הרי"ו התתמון

י, יה, יהו, יהוה. ע"ב

יוד, יוד ה"ה, יוד ה"ה וו, יוד ה"ה וו ה"ה. קד"ס.

לכוון כלי היסוד שלה שהוא ב' לירים וב' דלתות, ונותן לה מ"ה דז"ן
ולהחזיר זו"ן למקומם.

זו"ן עולים לחיק
או"א, ולקחים
בהשאלה מ"ן ומ"ד